U0518003

纵深

华为如何实现持续、正确领先

曾 志 王程宇 著

中信出版集团 | 北京

图书在版编目（CIP）数据

纵深：华为如何实现持续、正确领先 / 曾志，王程宇著 . -- 北京：中信出版社，2022.8
ISBN 978-7-5217-4624-2

Ⅰ . ①纵… Ⅱ . ①曾… ②王… Ⅲ . ①通信企业－企业管理－经验－深圳 Ⅳ . ① F632.765.3

中国版本图书馆 CIP 数据核字（2022）第 138997 号

纵深——华为如何实现持续、正确领先
著者：　　　曾志　王程宇
出版发行：中信出版集团股份有限公司
　　　　　（北京市朝阳区惠新东街甲 4 号富盛大厦 2 座　邮编　100029）
承印者：　　天津丰富彩艺印刷有限公司

开本：880mm×1230mm　1/32　　印张：13.5　　　字数：267 千字
版次：2022 年 8 月第 1 版　　印次：2022 年 8 月第 1 次印刷
书号：ISBN 978-7-5217-4624-2
定价：79.00 元

目录

第 1 章　企业不易，暗合纵深

第 2 章　客户与市场层面
——成为客户首选，市场结构领先

纵　深

第 9 章　纵深战略框架的误区与使用策略

推荐序一

　　华为公司带给未来中国的最大贡献可能是"大十几万见过这个世界的中国人"，而不是通常所说的企业文化和管理、高精尖技术突破、全球领先的营收规模……这里的"见过这个世界"，更准确的说法是"深刻理解工商业文明的运行规则并亲身实践过"。中国近代一百多年的屈辱历史，是历经数千年沉淀的精致东方农业文明，在西方工商业文明降维打击下的溃败。即使时至今日，中国的很多底层文化还能看到"农业文明"的印记。但在华为公司，在任正非总裁"穿美国鞋"的基本原则下，其内部形成了一个近乎完全按照"工商业文明"运作的小环境，包括人力资源、财务、研发、战略、营销、市场、公共关系、审计、知识产权等各方面的制度和常识，支撑华为在全球市场上面对西方公司，无所畏惧，披荆斩棘。这个环境也深刻影响和改造了几十万曾在华为工作过或者仍在华为工作的人。这群深刻理解了"工商业文明运行规则"，并且实践过的中国人，已经开始逐步散入中国社会的方方面面，或躬身实务，或传道解惑，他们必将给中国的企业界甚至中国社会带来不一样的变化。

具体到战略领域，当前市面上影响比较大的相关书籍和理论，多是西方人所写，介绍的也多是西方企业管理实践。《纵深》由长期从事战略工作的前华为人所写，是对在华为内部被誉为"圣无线"的华为无线产品线战略规划经验的总结提炼、融会贯通和升华扩展，代表的是基于中国企业战略实践的理论。

无线产品线是华为各个领域中最有霸气的，经几代人二十年的艰苦奋斗，从零做到了全球第一，其 2017 年收入超过 200 亿美元，战胜的对手是一长串曾经耀眼的明星企业。华为无线产品线持续优化业务布局，不断提升自身的竞争力，不断强化行业领导力，在 5G 领域取得了绝对优势。即使到今天已面临美国制裁两年多之久，全球很多客户还是坚定选择华为的 5G 产品。

华为无线产品线成功的背后，战略是如何被制定和执行的？作者曾在华为的无线产品线工作超过二十年，其中十多年在战略规划领域，由他来总结无线产品线的战略规划经验，再合适不过。

"纵深"概念萌芽于八年前华为公司最高层的一些战略思考。这个战略框架范式的关键价值主张是核心产品，建立起了内有"魂"（核心技术），外有"协防"的周边产品群和"护航"的行业布局。"纵深"，既体现在每一层水平方向上的多点布局，也体现在垂直方向上的多层布局，更重要的是各层、各点之间的相互协同。可以说，"纵深"战略框架既有西方哲学的逻辑思维，也有东方哲学的中庸智慧，是对华为无线产品线战略规划过程和方法的一次系统性总结，揭示了其成功的底层逻辑之一。

时势是在不断发展的。读者在进行具体的"层""点""关系"

设计时，要考虑实际的外部环境。例如，"纵深"战略框架范式在思想、技术、人才、资金等企业竞争力核心要素可以全球无障碍获取的背景下更具优势，但在今天西方与中国有"脱钩"趋势的大背景下，"纵深"战略框架也可能面临新的问题——某些点无法布局的情况下，企业如何参与全球市场竞争。

华为前无线网络产品线首席战略官　余泉

2021 年岁末

推荐序二
纵深战略框架——一种活的新战略思维

　　曾志、王程宇两位先生的大作《纵深——华为如何实现持续、正确领先》付梓在即，我有幸先睹为快。作为曾经的通信从业人士，其中不少细节自然有久违的亲切。但此文我想从一个战略学者的角度，来谈谈我的所想所得。

　　这本书的两个特征值得注意。一方面，该书的核心是战略而非管理。战略是横贯各专业职能的、以企业高管视角为出发点的全局性思维和视野，而管理是协调组织各方活动来实现既定目标的过程。不同于介绍华为管理经验、管理工具的同类书籍，这本书试图提供一个整合的战略思维框架。这种整合十分重要，也是该书的核心贡献所在。另一方面，作者努力思考华为成功背后的一般性逻辑，而非止步于对华为实践的描述性介绍。把华为二字从大标题移到副标题，是华为作者群体的一个可喜变化！这种努力使得这本书呈现给读者的是"模式"而非"模板"，进而触发思考而非给出答案。基于一家企业的实践是否能提炼出一般性的理论？无论这个问题的答案如何，这本书两位作者的努力都值得赞赏。

华为的成功和战略是一个综合且复杂的结果。两位作者以亲身经历为基础，几易其稿，将这个综合复杂体刻画为由客户层面、产品层面、技术层面和产业生态层面相互支撑、循环协同的纵深战略框架。如何评价这个框架的学术意义？尽管作者和大部分读者可能并不关注这个问题，但我不想错过这个机会。战略理论发展到现在流派林立，各执一端而缺乏对话，使战略理论对复杂现象的解释力和指导性日益下降。阅读这本书让我欣喜地发现，纵深战略框架有可能为战略理论未来摆脱这一困境提供全新的思路。

本文接下来包括四小节。前三小节是纵深战略框架与现有主流战略理论的关系。该框架的不同章节分别与不同的战略理论有所联系。这些小节也帮助大家理解一些章节的梗概。顺理成章地，第四小节对纵深战略框架做出总体评价。

纵深战略框架与波特战略理论

这本书第 2 章对客户与市场层面的论述很大程度遵循上述逻辑。自波特于 1980 年提出五力模型以来，它常被诟病为过度关注竞争。实际上，波特在 1985 年出版的《竞争优势》一书中强调，为客户创造价值是差异化和低成本两大基本战略背后的理论前提。无论是差异化还是低成本，都必须体现为客户创造价值的维度上，否则不会带来竞争优势。波特还强调，有利可图的产业定位须得到某种独特的价值链活动配置的支撑。联系上述两个观点的概念叫买方价值链（buyer chain），指买方使用产品或服务所涉或嵌入的全部环节或场景。企业差异化优势是由买方价值链和企业价值链所有环节之间的多个接触点塑造而得。

熟知波特理论的读者，将不难理解为何"以客户为中心不是口号，而是基于商业的选择"，也不难领会"全生命周期价值最大化、建立普遍客户关系"的重要性。当然，他们也会明白为何"结构性领先才算拥有市场格局"。波特逻辑还有助于理解这本书第3章。该章所强调的产品定义权（新高度、新维度、新品类和新客户等）对应于波特的竞争范围。企业可以创新性地定义竞争范围进而创造出原本不存在的有利产业定位。该章所强调的产品协议实现、基站形态创新、站点级创新和网络与产业级创新等活动，则有力支持华为在其所定义的产品市场获得结构性领先。这或许是波特可以对华为成功提供的解释。

然而，波特理论似乎遗漏了什么。从波特理论出发，华为就不该进入移动通信产业，因为移动通信产业具备极高的进入壁垒和强大的买方议价能力。波特理论遗漏的是移动通信行业的快速发展。这种发展不断创造着市场机遇，其中不少是巨头们不愿或无暇顾及的利基空间，为后来者敞开了大门。这本书写道：华为无线为什么能在发展的初期从强大的竞争对手手中抢下农村与中小城市市场？就是因为当时的行业巨头忙不过来，留下了市场缝隙。

纵深战略框架与资源本位观

资源本位观的创始人沃纳菲尔特教授也不同意波特逻辑。他会说，如果大家都听信波特的那一套去占据所谓的高地，会在要素市场带来激烈竞价。那么，最终攻下这个高地的人会发现根本无利可图，因为客户市场的高利润都被要素市场的高价格所抵消了。在他看来，具备竞争优势的企业要么控制了某种独特资源，要么能够以较低的价格从市场获取该资源。这里论及的要素市场竞争，是波特面向产品市场的分析没有考虑的。

从这个角度出发，要解释华为的成功，核心是要回答华为的独特资源是什么，而这一资源又是如何形成的。姑且假设该资源是技术。华为所处的行业存在有利于其技术积累的特征。如这本书所言：移动通信行业相对标准化，并且基本保持每10年出现一代新的通信制式的节奏⋯⋯设备商沿着这条主路径积累的经验与能力能够不断叠加。因此，尽管也经历过技术投资决策失误，华为总体上可以相对安全地、较早地沿着西方公司开辟的路子启动技术积累。至少在过去20年，移动通信行业同时具备市场快速发展和技术方向相对稳定两大特征。这可能是华为成功的边界条件。问及华为无线的技术专长如何形成，答曰"持续20年的坚定投入"，或许符合事实，但其他行业不一定能直接借鉴。

这不是说华为的技术专长应完全归功于产业特征。尽管移动产业提供了有利于资源积累的条件，真正决定竞争优势的是华为的资源积累过程能独特地、充分地利用好这一条件。这本书第4章关于技术与资源层面的论述有助于读者理解这一点。当然，整个纵深战略框架某种程度上都是在解释华为的资源积累或曰成长过程。尽管结果体现在资源层面，但这个过程以多个层面循环互动、协同支撑为特征。我后面还会回到这一点。

纵深战略框架与动态能力观和生态基础观

定位观和资源观是公认的两大基础战略理论，而第三大战略理论至少有两位候选者：动态能力观和生态（关系）基础观。应该说，后两者对这本书的影响是显著的。动态能力视角强调恒变与应变，其体现在这本书的两个关键概念中。其一是韧性。这本书第 3 章、第 4 章和第 5 章都安排了相关小结，分别论述了如何铸就产品韧性、技术韧性和产业韧性。其二是理解力。客户理解力、技术理解力、产业理解力在一个层面形成又传递到其他层面，是触发正确行动的前提。生态视角则强调企业对环境的塑造以及对外部资源的牵引和调用。这本书第 5 章专门论述了纵深战略框架的产业与生态层面。实际上，第 3 章强调与客户联合开展产品创新、第 4 章强调拥抱开放式技术创新，都是生态思维的应用。

这两个视角存在内在联系。一方面，应变的前提是理解变化，而广泛扎入生态的各个角落的触角有助于这种理解。比如，华为为何能够在客户、产品和技术的理解上后来居上？这本书展示的证据表明，这至少部分归功于华为扎根全球各地、与当地客户共同创新，进而汇聚形成合力：

> 一些客户会拉动企业追求更高的性能与可靠性。另一些客户则强力促进企业降低成本、降低总拥有成本。华为无线最大的痛苦与最大的幸运就是要同时服务好这两类客户。华为无线为了新兴市场而深度研究提升能效的技术。后来随着容量需求的指数级上升，发达市场也开始迫切需要降低能

耗。为了在欧洲市场节省站址而研究的分布式基站，在亚非拉也能起到降低功率损耗的作用。

另一方面，动态能力不仅仅是适应变化，更引领和塑造变化，而这只可能通过生态实现。适应性调整和前瞻性牵引都属于动态能力。对于后者，企业只可能通过构建合作共赢的生态实现。华为一方面把对市场的理解、对需求的满足转化为自己的产品和专利，另一方面在国际标准化组织合纵连横，交叉授权，逐步获得话语权。两相结合，最终成就了华为在移动产业的地位。当然，以技术创新为核心、标准组织为载体、技术领导力为表征的生态思路可能适用于电信产业，而跨界融合带来的更复杂的生态挑战才刚刚开始。

纵深战略框架的理论启示

纵深战略框架与上述经典理论有千丝万缕的联系，但上述任何一种经典理论都无法完全捕捉到该框架的精髓。还是作者自己提炼得精辟：

纵深战略框架是关于实力的战略框架。纵深战略框架的含义包含以下三点：一是在多个层面上构建多点优势，相互间形成协同防守与进攻；二是每个优势点同时具有刚性、韧性与辐射力；三是构建跨层的由资金力、理解力与支撑力组合而成的多个深度正循环，逐步强化各层实力。

这个框架不是理论，但具有理论启示。战略理论是围绕不断挖掘竞争优势新源泉而发展起来的。大师们各执一词，坚称自己的理论更具解释性。参与这个游戏的后来学者，通常需要选定某个流派作为立论背景，然后才能开口说话。但纵深战略框架反映了另一幅图景。该框架所勾勒的成功模式，不是构筑在某种特定竞争优势之上，甚至也不是构筑在若干竞争优势的叠加之上，而是基于一系列多层次竞争优势的相互关联和动态循环之上。这是一种新战略思维：如果一个企业发现自己的优势点过于集中在某个层面，就应该审视自己的抗风险能力，并调整战略布局。

这种思维与其说是全面的、整合的，不如说是活的。纵深战略框架所呈现的那些优势点，每一个都处于成长状态同时又辐射其他层次。这些遍布于多个层次的活的优势点相互作用，激发企业茁壮成长。这是一个新的分析视角。它分析的不是资源间的协同、组织间的协同、商业模式间的协同等，而是竞争优势间的协同。此外，时间在这个框架里有非常具体的力量。循环的模式不是一成不变的，企业在不同发展阶段面对不同的竞争形势，可以战略性地调整循环模式，包括支撑点和循环方式。因此，不仅那些优势点是活的，它们所组成的系统，也是活的。希望这种新战略思维让我们企业的思考也活起来！

开卷有益，诚不我欺！

北京大学国家发展研究院管理学助理教授　侯宏

2022 年 7 月 2 日　北大承泽园

前言

列入实体清单、限制供货和政府游说阻止各国购买华为设备，这一系列极限施压都来自世界上最强大的国家。一方面，华为的业务受到巨大影响，但华为的坚韧也成为讨论的热点。另一方面，美国的打压也为中国企业特别是中国底层技术企业提供了机遇。这些企业拥有了前所未有的市场机会以及自主研发的压力与动力。

作为中国科技企业的先行者，华为也是从弱小成长到强大。华为内部各产品线的发展，更是一个个由弱变强的案例。华为在运营商、企业和消费者等业务连续跨领域取得成功，这必然存在着可以复刻的成功要素。华为有从胜利的团队提拔人才的传统。目前华为 BG（业务集团）、BU（业务部门）和产品线级别的总裁多出自无线网络产品线。他们把在华为无线形成的思考模式、管理风格和成功经验带到了华为手机、荣耀手机、网络能源、智能汽车、云业务、云计算以及存储产品线，由此也带来了这些产品线或业务线的成功发展。

华为内部一直流传着"圣无线，神终端"的说法。其中，无线网络产品线主要服务移动通信基站设备行业。在受国际环境影响而无法进入美国市场也难以打开日韩市场的背景下，华为无线用最优质的网络设备帮助客户获得成功，仍然实现了全球份额第一，其单产品线规模达到了世界 500 强。无线网络产品线的 5G（第五代移动通信技术）设备，也是美国打压的重中之重。无线网络产品线不仅坚持下来，还成为华为能够生存的重要支撑之一。甚至在美国强大的压力下，众多海外客户也纷纷为华为发声，力挺华为设备。

* * *

许多书籍和文章都介绍了华为的管理理念和企业文化，其中与华为战略相关的也有不少。但大多数内容都停留在表面，只呈现了其中某个阶段或者某个侧面的策略，所以读者会有很多疑惑。例如大家都知道了"方向大致正确""管理要有灰度"，但该如何实际操作，大都没有答案。例如任正非说过产品线不能以技术为中心，都要以客户为中心，也说过面向未来的科技创新也是客户需求。因此，很多企业家朋友都有这样一个问题：我们学得了华为吗？

学习一个企业确实很难，关键是不能简单化、片面化学习。把华为无线的成功归结为选择覆盖技术路线，把 SingleRAN（多制式融合无线接入网）研发成功归结为一个具体算法，都是美化与裁剪之后的总结。这种总结把成功简单地归因到某个因素上，固然让故事听上去很传奇，企业家学起来很带劲，但这其实就是盲人摸象，摸到一个侧面就将其当成整体去贯彻实施是不行的。事实上，华为的成功与战略是一个综合且复杂的结果，是各战略层面循环协同作用的结果。

* * *

本书所阐述的纵深战略框架，是笔者将华为无线成功战略的思考与历程总结而成的一个可复制的战略框架。这是一个以增强企业自身实力和提高应对不确定性风险能力为目标的战略框架。华为内部产品线的发展已经证明，一个有框架模式的战略更能促使领导者全面思考，增加成功的概率。

本书内容来自公开渠道，没有隐藏的华为秘密或密码，却是战略亲历者带你细细品读。纵深战略框架不是华为无线的战略，却反映了无线制定战略的底层逻辑。本书不仅系统地呈现了华为无线的发展历程，还能帮助读者更全面、更深入地理解华为经营策略与管理理念。

战略框架的目的在于让企业明晰如何才算强，如何才能增强生存能力，如何形成有机协同的整体，如何形成不断发展的势能。企业可以参考纵深战略框架来分析自己与竞争对手的优劣，调整并完善自身的战略目标。就像房屋在地基、承重柱、墙板、楼板、屋顶和门窗的框架结构基础上，呈现出千姿百态的建筑形态一样，不同企业也会由此衍生出各种不同的战略。

本书第1章对纵深战略框架的起源与概念进行了粗略的介绍，并对理解纵深战略框架所需的一些华为文化进行了澄清。

第2章到第6章对纵深的四个层面（客户与市场层面、产品与服务层面、技术与资源层面、产业与生态层面）以及跨层协同与循环机制进行了详细的阐述。

第 7 章与第 8 章结合大量无线案例与业界案例介绍了纵深战略框架在攻防中、在不同阶段和不同行业的应用，并详细解析了应该怎样通过纵深战略框架来分析并学习标杆企业。

第 9 章对在学习纵深战略框架中容易出现的混淆与误区进行了说明。

统一的战略框架就是一套统一的语言，有利于将企业战略贯彻下去。从老板到员工，不同角色都能从纵深战略框架中受益。读者在阅读本书时，如果首先参考第 9 章中的角色应用策略，带着目标与问题阅读，会更加有效。

每一章的最后一节有该章的内容总结与思考问题，希望读者能够积极地结合自己企业的状况进行思考、反馈与分享。

最后，祝读者能够有效利用纵深战略框架，帮助企业更好地学习标杆、提升战略管理能力、造就更强健的免疫力与机会抓取能力。

第 1 章

企业不易，暗合纵深

●

纵深一体化战略框架是什么？
为什么要学习纵深战略框架？

●

大机遇、大挑战面前，更需战略指引

这是充满机遇的年代

经过 40 多年的改革开放，中国即将拥有全球最大的市场和最庞大的工程师群体。中国企业的实力大大增强，中国品牌与中国制造的影响力得到国内外越来越多人的认可。在最完整的产业链支撑下，创新创业的热情在各科技园区、工业园区以及互联网中释放。

人口红利虽然逐渐减小，但市场红利在逐渐扩大。中国社会消费品零售总额于 2019 年达到 41 万亿元（约合 6.0 万亿美元），同比增长 8.0%。美国的零售和食品服务销售总额在同期约为 6.2 万亿美元，同比增长 3.6%。考虑到增速不同与疫情影响，中国有望在 2022 年成为全球最大的消费市场。

巨大的工程师红利支撑经济进一步发展。伴随着教育的进步，中国累计向社会输送了近 1.2 亿名大学毕业生，而且数量还在不断增加。最近 20 年，大学毕业人数超过 1 亿，20 世纪 80 年代为 400 万，20 世纪 90 年代为 780 万，21 世纪第一个 10 年为 2 900 万，21 世纪第二个 10 年为 7 200 万。这些现在的和未来的工程师，使企业在生产、研发、管理等各方面均具备充足的人才。

中国企业在模式创新、场景创新、应用创新层面丝毫不逊于外国企业。例如支付宝的"第三方担保交易模式"、微信的红包分享以及抖音的人工智能推荐短视频等都是领先的业务创新。中国的 IT（信息技术）行业在理解用户方面更处于领先地位。此外，中国的电商平台在产品的介绍细节、易用性、物流配送等方面均优于国外同行，中国的高德地图、百度地图等地图导航 App（应用程序）更是在人性化方面居于领先。

中国制造的品质在提高。随着经济的发展和国民收入的增加，消费者对产品质量的要求渐渐超越对价格的要求，这就逐渐拉动中国制造的质量品控上了一个台阶。我们曾到过海外很多国家，在挑选具有当地特色的工艺品时发现，很多精美的商品都是中国制造。

拥有完整的产业链，是中国企业创新创业的最大优势。商务部综合司司长储士家表示："中国产业链的综合优势目前不仅没有国家能够替代，而且还会随着新的产业加入更加完善。"中国拥有 41 个工业大类、207 个工业中类、666 个工业小类，是全世界唯一拥有联合国产业分类目录中所有工业门类的国家。完整的产业门类和完善的基础设施，有利于在各个行业形成上中下游聚合的优势。华为能够在打压下坚持，不仅依赖自身的技术基础与经营韧性，更是因为有中国强大的产业链做支撑。

国民更加自信，国潮开始兴起。在综合国力和社会经济发展到一定阶段之后，国民更加自信，对本土文化元素的认同日益增强，国潮应运而生。这同时也是文化自觉、消费观念多元化和个性化的体现。人民网数据显示，中国品牌的关注度从2009年的38%上升到2019年的70%。回力、飞跃、李宁、大白兔等品牌重新兴起。故宫、颐和园跨界涉入化妆品市场后，也是叫好又叫座。

中国品牌正在全球崛起。一方面，得益于中国制造质量与创新，中国品牌越来越多地进入国内外消费者的视野。微信、抖音和大疆创新等品牌在欧美年轻人中很受欢迎。在以高品质、低价格而著称的开市客里，也可以见到TCL（创意感动生活）、海信、美的和联想等众多中国品牌。另一方面，除了亚马逊，淘宝、天猫、京东的出海也起到了直接帮助中国品牌打通渠道的作用。商务部发布的《中国电子商务报告2019》显示，通过海关跨境电商管理平台的出口总额从2017年的336.5亿元增长至2019年的944亿元，年均增长率达60.5%。

这是充满挑战的年代

底层能力的薄弱、对短期利益的偏重以及品牌信任度的现状制约着中国企业飞跃。而缺乏对战略与管理的理解，更增大了企业的生存风险。逆全球化也给未来全球商业带来了巨大的不确定性。

在基础科学、基础技术、基础设备方面，中国仍然落后于先进国家。以人工智能产业为例，中国企业在应用层领域实现了领先，但在芯片制造与底层算法等基础领域的融资金额和专利数量上都远远落后于美国。更严重的是，中国在半导体产业链的上游软件、制造装备、高端原材料以及代工能力上与全球一线厂商的差距较大，难以形成互相支持、协同发展的良性循环。

企业偏重短期利益，难以引进深层技术。举例来说，以色列公司受限于狭小的本土市场，难以进行技术的市场孵化，其出口多为技术部件而非产品部件。因此，购买者需要继续进行技术的适用性与实用性研究。众多欧美跨国企业纷纷与以色列企业建立密切合作关系。深圳也有专业的机构组织企业前往以色列参观与洽谈。尽管响应的企业众多，但大多数中国企业更喜欢与日本企业合作。究其原因，日本企业通常对技术进行封装，提供Turnkey（交钥匙）解决方案、设备或产品部件。这种以短期收益为导向的合作，是以丧失长期规模收益与远期自主力为代价的。

品牌信任问题仍然存在。尽管品牌信任问题已经大大改善，但中国制造尚未达到美国制造、德国制造与日本制造的信任水平。即使是中国人自己也没有完全改变这样的认知。事实上，到日本买回中国制造的马桶盖和到美国买回中国制造的耐克鞋的事情仍然经常发生。

企业的扩张生死线困扰着很多中小企业。中国民营企业的平均寿命大约是 3.7 年。企业圈中流传着一种说法，即企业的规模达到 100~200 人后将面临一场大考，要么一飞冲天，要么迅速崩溃。原因是企业扩张后将面临新的市场环境，这超出了企业原来的地域或领域。企业需要新的产品与特性，需要新的技术支撑，而企业原有的经验、技术、管理能力与人才储备不能保证其可以复制过往的成功。仅靠改善业务管理和提升老板个人能力，是无法延长中国民营企业的寿命的。

简单粗暴的创业，导致创业成功率低。"中国梦"激励了大批热情高涨的中青年投身创业大潮，但中国中小型企业的平均寿命仅为 2.5 年，不到日本同类型企业的 1/5。很多创业者都是有一个想法、一个技术，或者一个客户关系，就义无反顾地创业了。"我有创新，我有长板，所以我一定能成功"，这是很多年轻朋友在交谈中表达出的共同想法。但企业成功的关键在于能兑现客户价值，能在市场、产品、技术与产业上有效协同并形成良性正循环。创业需要在想法、执行、反馈、经验等一系列过程中不断强化完善。

逆全球化风潮是挑战也是机会。一方面，中国企业在底层技术上的欠缺，可能会制约其在高技术类产业中的发展。另一方面，国内下游企业降低供应风险的策略会给上游底层技术企业更多的市场机会，有利于激励企业在底层技术上的投入并形成良性正循环。总之，全球化与逆全球化的动荡，给企业带来巨大的不确定性。

在这样一个大时代里，中国企业以及整个产业链能力有了飞跃性提升，但仍存在短板。而且随着可效仿对象的逐渐减少，企业越来越需要自己蹚出一条路来。所以，中国企业比任何时候都更需要战略能力来指引方向，更需要一个战略框架来帮助企业自身有目标、有节奏地增强能力，从而抓住机遇、抵御风险。

风口不是成功的可靠保证

有些企业站在风口的最前端，能够敏锐地把握时机，但在战略与执行中出现偏差，最终无法起飞。有些企业抓住了风口的尾巴，但门槛已经抬高，纵有情怀与热情也只能扼腕叹息。

小米科技创始人雷军曾说过："创业者需要花大量时间去思考，如何找到能够让猪飞起来的台风口，只要在台风口，稍微长一个小的翅膀，就能飞得更高。"不幸的是，虽然风口中起飞的企业很多，但大风过后能够继续飞翔的始终是少数。

抢占风口前端，不意味着可以高枕无忧

企业抢占风口前端后，通常会有一段高速发展的时期。但客户及其需求仍在快速变化，产品的稳定需要周期，竞争对手也将快速跟上。

需求不确定性高：风口初期，企业是在原有市场与产品基础上，通过观察与想象预判客户需求。而企业在发展出真实用户之后，会逐渐发现很多原来的认知存在偏差。此时，企业必须及时洞察并响应这些真实需求。

市场空当太大：企业有限的资源与市场的不确定性，都制约了企业在初期就全面占领各细分市场。这段时期，总会存在各种各样的市场空隙，竞争对手很容易切入市场。

容易出现同质化竞争：今天，我们的时代不缺钱，不缺人。当一个有前景的行业出现时，总是会有大量的企业和资金涌入。每一天都上演着企业间的复制、效仿与超越。

产品质量竞争不可避免：早期用户会因为好奇心或产品的单个特性，购买企业提供的新产品和新服务。但大众客户一定会对产品的整体质量与易用性提出越来越高的要求。并且，他们会在

众多竞品中进行比较与选择。

企业如果没有及时扩大市场、减少缝隙就会被对手抓住空当，没有及时稳固、优化产品就会被用户抛弃，没有资金支撑就无法展开战略。

谈到打车 App，大多数人可能早就忘记了摇摇招车——曾经辉煌一时的打车 App 老大。摇摇招车成立于 2011 年，并于 2012 年 4 月率先获得了 350 万美元的 A 轮融资。它走在了所有打车 App 之前，是当时无可争议的第一名。

但风口是一种诱惑，大家最终都能看到。从 2012 年年底到 2013 年年中，大量打车 App 获得了融资，整个市场开始进入惨烈的厮杀之中。

当其他对手进行第一轮融资的时候，摇摇招车并未及时启动第二轮融资以拉开差距。摇摇招车的创始人王炜建认为独立发展是公司存在的前提条件，最终拒绝了投资。而对手却在融资路上一路狂奔——2014 年，某打车 App 获得了总计 8 亿美元的融资，快的打车也从阿里巴巴等投资者处获得数亿美元的融资。

摇摇招车率先占据了首都机场 T3 航站楼——北京最大、最好的出租车聚集地。但摇摇招车并未迅速扩展市场，抢占所有主要的出租车聚集地，从而留下了较大的市场空当。后来首都机场收到了关于摇摇招车运营与产品的投诉，并取消了它的推广点。这时，摇摇招车再想进火车站市场，已进不去了。

摇摇招车失去了在首都的市场优势地位，因此其融资难度进一步加剧。在资本上被拉开不可弥补的差距之后，摇摇招车难以参与补贴大战，最终淡出了大众的视野。

站在风口末端，更需直面更高门槛的挑战

企业一旦错失风口，其发展就更加艰难。虽然路径更加清晰，但门槛已经被抬高，好的资源已经被抢占，大部分低垂的果实已经被摘取。

空隙减小：幸存的参与者对市场进行了划分，只留下狭小的市场空隙，低垂的果实已经被摘走。新进入者必须找到更好的切入点，并重新定义细分市场。

门槛变高：在经过几年的疯狂发展后，整个行业的产品质量已经跃升到更高水平的台阶，用户的品牌认知和质量认知已经初步形成。因此，新进入者在启动之初就需要达到这个台阶并实现超越，才能抢下一块蛋糕。

资源短缺：价值链上原有的合作伙伴已经形成了相对稳定的利益关系，彼此之间相互信任。同时，整个产业链上的产能与研发能力都会向原有合作者或更大规模者倾斜。新进入者必须在市场与产品上都取得持续成功，才能稳定地获取资源。

资金短缺：即便可以获得第一笔资金，新进入者也必须在市场上快速打开局面，才能形成稳定的现金流或者获取资本的青睐。

因为直播带货和《吐槽大会》，很多人再一次被罗永浩圈粉。此前，罗永浩因曾经喧嚣一时的锤子手机而欠下 6 亿元的债务。锤子科技创立于 2013 年，距离小米开启互联网手机风潮已经有三年了。恰恰是这三年时间，成了锤子手机迈不过去的坎。

2014 年 5 月，第一款锤子手机——锤子 T1 正式发布。在硬件配置方面，锤子 T1 采用了当时综合性能最高的骁龙 801 四核

处理器配置。其使用的日本显示公司生产的 4.95 寸像素眼显示屏也是当时全球最好的显示屏之一。锤子手机预装的锤子 1.0 系统，也因定制的九宫格和十六宫格桌面而广受好评。同时，得益于罗永浩的个人魅力与宣传策略，"情怀"和"工匠精神"都成为被热血青年牢牢记住并推崇的热词。仅在罗永浩发布演讲期间，锤子手机就卖出去了 12 万部。

但客观规律是必须被尊重的。任何产品的上市，都需要有一个稳定的周期。尤其是像手机这样的复杂系统，更需要通过长时间与大发货量来逐渐发现缺陷、稳定质量。锤子手机上市时，小米手机已经逐步趋于稳定，何况已沉浸在手机行业多年的华为。在市场上主流产品的质量都提升到一个新台阶之后，消费者对质量的基本预期也会上一个台阶。

事实上，锤子 T1 手机的当年销量远未达到 50 万部的目标。锤子 T2 手机销量更低于锤子 T1，还创下了半年时间手机掉价 1 000 元以上的纪录。从此锤子手机陷入了一个走不出的旋涡：出货量低、退货率高；导致难以积累经验，还得不到代工厂与供应商的重视和支持；最终产品可靠性改进不够，用户不买单。锤子手机的自身品牌定位与手机可靠性形成强烈反差。由于步子迈得太大，锤子手机的质量已经支撑不起"情怀"与"工匠精神"。

因此，锤子手机的后续型号一直到坚果和坚果 Pro，都难以逆转局面。2019 年，锤子科技的手机业务和坚果品牌被转让。事实上，与锤子手机同时或更晚推出的 360 手机、乐视手机等互联网手机同样都没能真正打开市场，最终难逃消亡的命运。

VUCA 的含义

这是一个大时代。互联网经济和移动经济深入发展，已进入生活的方方面面。人工智能与5G等基础技术也将逐步在全球范围内应用。我们的生活方式、经济行为、开发模式、生产形式甚至技术的演进路径都正在发生着日新月异的变化。

VUCA，即volatility（易变性）、uncertainty（不确定性）、complexity（复杂性）、ambiguity（模糊性）的首字母缩写，最初被用于描述冷战后期错综复杂的国际局势。自20世纪90年代以来，它已被人们广泛接受，并迅速传播到商业领域，在各种书籍、文章、分析报告中被引用。但是，VUCA的深层含义并没有被完全理解，应该如何应对VUCA更没有得到清楚的回答。

VUCA其实意味着：

充满竞争——没有蓝海，至少没有长期的蓝海。抛弃幻想，无论你开辟出什么样的新领地，都难以长期独占。只要这块领地呈现出高价值，新资本和新进入者就会立即涌入。当今时代，信息比以往任何时候都更深入、更平等，企业独自偷跑的概率越来越小。

快速发展——"你只有快速奔跑，才能停留在原地。"兔子在《爱丽丝梦游仙境》里这样对爱丽丝说道。现实中，每个企业都面临着同样的境遇。商业模式在优化，需求在升级，技术在演进，产品在发展，大家都在奔跑与进步。一旦你停止奔跑或者跑慢一步，就会被周围的企业超越。

不断变化——即使对手无所作为，企业曾经的优势也可能突然就丧失了。这可能是缘于环境的变化，也可能是因为技术方向或客户需求的改变。更常见的原因是企业底层价值链伙伴有了突破性进展，对手借助新的产业链优势弥补了短板，迅速跟进并反超。

能力有限——在持续的快速发展变化中，企业很容易触及自己的能力天花板。就像身处一场漫长的越野拉力赛中一样，企业在各层面都可能会不断面临超越极限的挑战。所以，无论是通过强化自身还是通过生态合作，企业都需要具备不断补齐短板的能力。木桶理论始终存在，不能补齐短板的企业都将消亡。

事实上，没有哪家企业能够完全看清未来，踏准每一个脚步或免遭挑战。当病毒来临时，最佳的对抗方式就是强健体魄，增强自身免疫力。纵深一体化战略框架就源自对华为圣无线的战略总结。我们希望能够帮助读者建立穿透迷雾的视野，找到强健体魄的途径。

圣无线一路走来，从无到有，从弱到强

2018 年以来，美国开始对中国科技企业进行打压。华为成为其重点打击的对象，华为无线的 5G 产品更是处于旋涡的中心。在世界上最强大的国家发起的超越正常商业手段的打击之下，华为已经坚持了三年多的时间。这种坚持本身就是一种胜利，就是强韧的体现。无线网络产品线不仅坚持了下来，还成为华为生存下来的重要支撑之一。

生存下来是因为强大。移动通信行业里有很多曾经让华为无线高山仰止的公司。然而，华为无线基础设施最终实现了收入份

额全球第一。而且，这个成绩是在美国等市场受限制的前提下达成的，并非依靠低价获取的市场。

生存下来是因为强而韧。华为产品在性能、功能、可靠性、服务上都与对手拉开了实质性差距。进入 5G 时代，华为无线更在专利数量以及各运营商开展的实测比拼中占据绝对优势。从 21 世纪第二个 10 年之初，华为无线就将供应链安全放在了重要位置。华为无线的关键射频器件逐步实现多家供货。因此，华为无线产品的强大不是依托国外的某个器件或设施，而是构建在软件、算法与芯片自研上。

华为无线达到现在这样又强又韧的程度，并非一蹴而就，而是跨越了无数的坎坷。

错过时间窗，门槛已高

1994 年夏，华为无线业务部在深圳新能源大厦正式成立。同年，华为无线启动了由集群技术演变而来的 ETS 系统（应急通信业务无线接入系统）的开发。然而，以合作为主的第一代 ETS 系统于次年投入运行之后，故障频发，无法维持正常运行。因此，华为无线决定自己组织力量开发无线通信产品，开始了自主无线产品的艰苦探索。在连续推出多代产品之后，ETS 系统在 1997 年成为华为无线第一个规模销售并赢利的产品。

1995 年年底，华为无线看到了蜂窝通信的巨大机遇。华为无线凭借模拟通信 ETS 的开发经验，从 20 多名研发人员起步，开始了艰难的 GSM（全球移动通信系统）之旅。彼时，西方强大的竞争对手早就跨越了模拟制式，在 2G（第二代移动通信技

纵深

术）上深耕多年，并已启动 3G（第三代移动通信技术）研究。而华为在数字蜂窝通信方面还极度缺乏积累，不仅缺少射频专家，甚至连普通的软硬件工程师也很不足。

1997 年 9 月 5 日是可以载入华为企业史册的日子。那天晚上，华为无线打通了第一个 GSM 电话。1997 年 11 月，华为在北京国际无线通信设备展上展示了 GSM 全系列产品。而其带来的第一个效果就是外商主动大幅降低了其 GSM 设备售价。之后，华为无线于 1998 年在内蒙古与河北开通商业试验局，并于 1999 年拿下亿元大单。

但是，刚刚起步的 GSM 随即遭遇成长之痛。批量更换单板与被搬迁让华为无线陷入了冰谷。在华为公司研发体系发放"呆死料、机票"活动暨反思交流大会上，无线网络产品线的主要领导与技术骨干站在台上开展了质量改进大反思。当时，研发部门都忙于救火，最常见的临时组织就是 × × 问题攻关组。大量研发工程师被派到一线，一待就是大半年。华为的服务工程师与研发工程师将"睡垫文化"搬到了运营商的机房内，他们甚至比运营商员工还了解机房的一切。这些研发工程师在现场定位问题后，马上发回总部进行修改与测试，接着迅速生成补丁或版本，再由现场工程师和运营商协商升级。

产品竞争力也反映在市场与收入上。当时，华为无线设备还只能进入中国的中小型城市的郊区等市场，并依靠贴身服务、产品快速迭代和针对性定制开发三大招逐渐打开局面。此外，无线网络产品线只有向其他产品线借钱，才能发奖金鼓励员工。

海外突破，成为百亿美元产品线

2002 年，"冬天"来了，华为 GSM 错过了最好的发展时间窗，一直无法打开国内局面。由于重心在 GSM 与 WCDMA（宽带码分多址）上，华为在国内的 CDMA（码分多址）招标失利；国内的 WCDMA 建设却遥遥无期。为了生存，华为无线开始了大规模海外拓展。尽管无线产品此时已经在亚太和独联体等市场实现了销售，但在其他市场上仍然是一片空白。

2003 年，华为无线成为华为第一个按照 IPD（集成产品开发）框架构建的产品线，徐直军任首任总裁。从此，华为无线走上了以客户为中心、持续创新、高质量高效率交付的道路。同年，华为无线凭借对需求的快速响应和把客户目标放在第一位的态度赢得了阿联酋电信的信任，并获得独家承建其在中东的第一个 3G 网络的商用合同。这成为当时华为海外市场的第一大订单，也是华为赢得各国运营商信任的起点。

2004 年，创新的分布式基站解决方案诞生，并帮助华为 3G 设备突破了欧洲市场。同年，无线销售额突破百亿元人民币，首次实现当期盈利。

2005 年，华为无线历史性地实现了累计盈亏平衡。同年，华为无线正式进入全球第一大运营商沃达丰的全球供应链，开启了更多可能。2006 年，华为抓住了与沃达丰合作分布式基站的机会。从此，分布式基站成为华为突破全球市场的利器，无线设备的销量快速增长。

之后华为无线推出第四代基站平台，发布 SingleRAN 解决方案，在国内打赢了 CDMA 翻身仗，向北欧运营商交付了全球第一个 LTE（即主流第四代移动通信技术）网络。2009 年，无线销售额突破百亿美元，成为华为内部首个百亿美元产品线。

跨越平台期，再造一个无线

随后两年，华为无线凭借 SingleRAN 和 LTE 突破德国沃达丰 D2 与日本软银市场，并实现累计发货 200 万个基站。但华为无线似乎遇到了增长天花板，收入开始在百亿美元附近徘徊。

2012 年，汪涛继任华为无线总裁，华为无线制定了打破天花板特别是心理上的天花板的"5 年再造一个无线"战略。客户与市场层面要聚焦帮助客户获得商业成功，成为客户的战略合作伙伴。产品与服务协同，确保华为客户的两个"更优"，即同城华为设备更优和搬迁替代后华为设备更优。在市场层面上优化在核心城市与顶级运营商的市场格局。

随后几年，华为无线持续强化 SingleRAN Pro（多制式融合无线接入网升级版）解决方案，推动小基站改善室内容量覆盖并突破进入韩国领先运营商 LG U+ 的市场，推动 WTTx（无线宽带到户）以帮助客户拓展无线接入市场，推动 4.5G[①] 产业进程，推进 NB-IoT（窄带物联网）与蜂窝车联网（C-V2X）产业发展。这一系列关于产品、标准与生态的举措，触发了华为无线的新一轮增长，达成了 5 年翻一番的战略目标。2017 年，无线收入达到 200 亿美元。

---

① 在第三代合作伙伴计划技术规范中，4.5G 被命名为 LTE-Advanced Pro，是移动宽带网络的建设基准。——编者注

华为无线的成功得益于坚持以客户为中心，持续的高投入以提升研发能力与研发深度，进而实现了市场领先、产品领先和技术领先。华为积极参与 3GPP[①] 等组织，贡献了最多的技术提案，并获得多个主席、副主席的席位，逐步实现了产业影响力领先。与 2G、3G 和 4G 不同，中国市场从一开始就走在 5G 建设的前沿。如果不是遭受政治打压，华为无线还有更大的想象空间。

2016 年 10 月，任正非在华为上海研究所听取无线网络产品线业务汇报时总结道："我代表公司谢谢你们，无线做得很好！无线能从那么个破烂状况走到领先世界，我肯定你们！但是要想到，怎么去应对未来的世界变化，这是最重要的！"[②]

当前在华为的 BG、BU 与产品线层级，出自无线的总裁占到多数。一方面是因为他们出色的历史业绩，另一方面也是因为他们熟知无线成功的底层逻辑与框架。笔者根据无线的成功经验总结出了纵深战略，其不仅被应用于无线网络产品线，还被推广到其他各产品线并在战略规划中使用，在华为内部也组织了多场培训。

理解纵深框架之前的基础认知

为了更深入地理解纵深战略框架与华为无线战略，我们必须先统一几个关键的认知。

---

① 全球无线通信标准核心组织，负责 3G、4G 和 5G 系统设计与技术标准化。

② 任正非 . 在上研听取无线网络产品线业务汇报纪要——聚焦主航道，眼望星空，朋友越多天下越大 . 电邮讲话【2017】017 号 .

发展思维

所谓发展思维，就是认识到一切事物都在不断发展变化。大家都知道这个概念，但在实际的工作与应用中经常将其遗忘。

在实际的战略思考中，必须牢牢记住下面几点。第一，没有长久的蓝海，一条成功之路被证明之后，其他企业就会争相进入并效仿。第二，从业者的创新能力和外部技术条件都在不断变化，竞争对手随时可能实现反超。第三，客户需求、商业环境和竞争环境都会逐渐变迁，企业原来领先的方向都可能不再重要。

所以，只有不停奔跑，才能停留在原地；只有不断推陈出新，才可能持续领先。

灰度思维

在有关华为的书籍中，灰度思维常常被提及。"方向大致正确""管理要有灰度"都是正确的，但对于该如何实际操作，没有答案。什么都是"灰度"，还要不要精度？还要不要规则？答案就是用柔性的范围思维代替硬性的点思维。

商业领域的发展与变化，是各种因素综合影响的结果。所谓的精确指向和精准数据，通常只是企业基于可收集到的确定性数据得出的分析结果。不可否认的是，这些数据、思考与判断是有价值的，它们的确指向大致正确的方向。但是，这些分析结果相对于实际情况而言，仍然缺乏针对不确定性因素与人情世故的综合考量。

一方面，不差分毫地按照伪精准数据和伪全面思考进行推演判断并严格执行，并不能让结果变得更好，反而会增加度量与规划的成本。另一方面，如果打着灰度的旗号无原则地调整方向或改变规则，事情将会变得更糟。所以，灰度思维是让企业在战略思考、规划与执行中，可以一定程度上用定性代替定量，用范围代替点。范围思维可以确保方向大致正确，而不被妥协突破底线。

长期思维

长期思维的最直接体现就是，考虑到长期的利益以及长期的成本与代价。例如考虑总体拥有价值，而不只是当期收入；考虑总拥有成本，而不只是成本费用。

就战略层面而言，长期思维最需要把握住变与不变。通常，隐形冠军都擅长把握住不变的方向，持续深挖并拉开差距，同时在各层面上协同巩固这个强大的领先优势；独角兽则更善于抓住快速变化的机会，尝试并创造出新概念、新市场与新希望。

大部分企业既有长期稳定的技术方向与政策环境，又会面对不断变化的新技术、新需求与新生态。企业需要在不变的方向和趋势上持续投入，拉开差距并保持优势，同时拥抱变化，不断尝试创新。

增量思维

增量思维的第一个层次是边际思维。企业所做的战略决策与战略举措都是为了获得更多的边际收益，包括边际的直接收益与间接收益，以及边际的短期收益与长期收益。这些举措都是有边际成本的，包括边际的直接成本、间接成本或负面影响。在不同阶段，基于不同能力，企业做同一件事所获得的边际收益与付出的边际成本都是完全不一样的。

必须注意的是，企业不能只考量直接受影响的层面或部门的边际收益，而应以企业整体为边界考虑对客户的价值以及市场获取的边际收益。如果企业在某项技术上从 60 分做到了 90 分，但对客户没有价值，对市场获取毫无帮助，这就是没有边际收益只有边际成本的伪进步。

增量思维的第二个层次是，能够成为下一个增量的基石的增量才是好增量。

众所周知，长期思维非常重要，但企业和个人都很难有效衡量和判断长期收益。增量思维的第二个层次是能导向长期思维的更简单的行事原则。正如华为无线当年决定对 WCDMA 进行加码研究，其重要原因之一就是在 WCDMA 上的技术能力的积累能够成为基础，并持续到 4G 甚至 5G 时代。这就是增量思维的第二个层次，企业尽量选择做可以成为下一次成功的跳板的事情。

砖要一块一块地叠加向上垒，才能建成教堂。企业只要开始考虑执行当前策略对未来决策是否有帮助，就已经开始具备长期思维了。

企业纵深战略框架的定义

"争取身体健康才是唯一出路······华为公司唯一能抗击风险

的，还是自己要健康。"[①]

纵深概念的演进

企业要想在 VUCA 的环境中生存下来，最重要的就是增强实力。这样才能抓住机遇，才能抵御风险。克劳塞维茨说过，"战略支配的兵力越少，就越需要使用诡诈"，这也可以理解为实力越强就越不需要使用诡诈。很多企业战略其实都非常类似于国家战略，强调实力。明茨伯格等人在《战略历程》中总结了十大战略学派，其中设计学派、计划学派、定位学派与权力学派四个学派都与力量或实力相关。

纵深一体化战略框架就是一个帮助企业强化整体实力的战略框架。它源自对无线战略征程的总结，同时也参考了以综合实力为主题的国家战略：

总体战略，强调整体力量。这种强调总体力量的战略在商业中同样适用。两个企业的碰撞与冲突，不只聚焦在市场的争夺，也发生在客户关系、产品、渠道、品牌、资金、技术、管理效率、供应资源、生态伙伴和标准政策等各个方面。

大纵深战略，强调协同、纵深进攻与防御。在商业战场上同样如此，没有产品和技术的支撑与协同，企业仅仅依靠营销发力很难产生根本性与持久性的效果。

空地一体战略，强调协同纵深进攻并掌握主动权。通过"铁三角""呼叫炮火""重装旅"等华为内部常用词汇，不难看出其

---

① 任正非在 2015 年 8 月 28 日 EMT 办公会议上的讲话 . 电邮讲话【2015】132 号 .

对空地一体战略思想的借用。它们都强调对一线的灵活配置，强化纵深进攻力量。

美国安全战略，以力量为基础追求全面优势和绝对优势。一个企业当然不可能完全像美国一样实现全长板结构，而基本没有短板。但企业仍然可以从美国安全战略中学到围绕力量设计战略的范式，仍然可以通过生态、合作形成广义上的或者局部范围内的全面领先。

前文提到纵深一体化战略框架是关于实力的战略框架。简单地说，纵深战略框架的含义包含以下三点：一是在多个层面上构建多点优势，相互间形成协同防守与进攻；二是每个优势点同时具有刚性、韧性与辐射力；三是构建跨层的由资金力、理解力与支撑力组合而成的多个深度正循环，逐步强化各层实力。

纵深概念的四个层面

纵深一体化战略框架包含客户与市场、产品与服务、技术与资源、产业与生态四个层面，如图1-1所示。多层面的划分促使企业更全面地布局自己的优势点，用广阔的视野来制定战略。许多高校、企业拥有技术优势，但缺乏产品化能力和市场营销能力，所以起步都很艰难。像脑黄金、三株口服液等企业依托强大的营销能力而获得极速发展，但缺乏真正有效的产品支撑，最终也归于平静。如果一个企业发现自己的优势点过于集中在某个层面，就应该审视自己的抗风险能力，并调整战略布局。

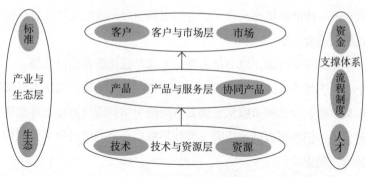

图 1-1 纵深战略框架

客户与市场层面直接面对企业的交易服务对象与交易场景。它主要包括客户和市场这两大要素，以及直接服务于它们的营销与渠道。纵深框架在此层面强调客户价值领先、成为客户的首选以及在市场上结构性领先。客户与市场层面在纵深战略框架中处于核心位置，是其他层面输出能力的最终目标。对作为商业组织的企业而言，如果其他层面构筑的优势不能直接或者间接作用于客户与市场层面，就是毫无意义的。

产品与服务层面是企业客户价值、市场竞争力和品牌形象的最集中和最直接的载体。它包括核心产品、扩展产品以及相关服务，都是企业向客户交付的有形或无形的交易商品。企业首先要确保核心产品竞争力领先，其次追求产品组合协同竞争力领先，最后通过服务增强核心产品竞争力。

技术与资源层面包括核心技术、一般技术、支撑技术与供应资源等。该层面隐藏于企业内部，却是产品持久竞争力与企业安全的内在支撑。企业一方面要力争在技术上多点领先、深层次领先，另一方面要保障技术与关键资源的供应安全。现在，越来越多的企业也将技术的实现优势与应用优势运用到品牌建设中。

产业与生态层面是影响企业进行交易、竞争、服务、生产等商业活动的环境与规则。它主要包括标准、政策、生态体系、行业协会等。企业应以建设健康生态、做大产业空间为目标，并力争在方向、节奏和生态体系上的影响力与主动权。

在优势点构建刚度、韧度与辐射力

所谓优势点，首先要有刚度，换言之就是常说的长板，能够直面与竞争对手的硬比拼并占据显性优势，这是对优势点的最低要求。企业应该寻求在优势点上形成行业的稀缺，即形成人无我有的局面，拉开代际差距或量级差距。

其次，优势点还必须有韧性，即恢复力。纵深战略框架的前提认知之一就是，各层面都始终存在变化，随时可能丧失优势。狼性不只是狠，还体现在不断调整与坚持上。原来的优势在竞争中消失或被突破之后，企业要能够迅速调整部署，适应新的内外部环境，重新夺回优势。20 世纪 90 年代，动态能力的倡导者大卫·梯斯就认为企业的这种能力而非资产构成了可持续的领先优势。

企业必须有调整能力。跑 100 米、1 000 米或是马拉松对身体素质的要求完全不同。企业在发展的不同阶段同样需要参加比营销、比体验、比技术以及比综合实力的不同比赛。所以，企业必须构建韧性能力，适时调整自身身体素质特征。

最后，企业在某个层面的优势点要能够向其他层面溢出能力，起到支撑作用。如前所述，最终不能支撑客户与市场层面的优势都不能算作有效优势。

多层面的优势点协同构建稳固的结构

企业需要在多个层面构建优势点，才能形成有效的纵深防守。竞争对手很难在多个层面同时反超领先者。例如，当产品竞争力被逆转时，领先者还能通过渠道优势、品牌优势以及服务优势来弥补差距。企业管理者就有更充裕的时间来组织开发或获取外部技术，进而重新夺回优势。此外，多点协同的优势更有利于在竞争中向对手的多个层面同时发起纵深进攻。第 7 章中会提到纵深攻防的实际案例。

树干的外层始终存在一股拉力，即预应力。因为预应力的存在，树木在遭受强风时的压力会被部分抵消，从而获得了更强的抗风能力。同样，企业内部的协同也不应仅在受到竞争压力时发生，平时各层面就要不断相互传递需要哪些支撑力的诉求与理解。这种诉求与理解就像一种拉力，始终拉着企业的各层面传递支撑，这就是企业内部的预应力。这种内部预应力促使企业组织有机协同，形成整体力量，实现"1+1>2"。

多个正循环，积累优势

企业很难构建面面俱到的优势，更不可能一蹴而就形成稳固优势。如果不能得到足够的回报，形成循环，再强大的企业也会被持续的新市场挖掘、新技术和新产品研发、新产业拓展拖垮。因此，企业必须构建多个正循环，如资金流的正循环、需求理解能力的正循环等。通过这些循环的流动，企业不断强化沿途节点的能力，打通节点间的协同，积累优势并逐步拉开对手难以弥补的差距。

另外，尽管没有单独阐述，但所有层面背后都隐含着资金、流程制度、组织人才与管理上的支撑。每一个优势的构建，如协同支撑渠道的打通以及循环的构建背后，都离不开上述隐性实力的提升。

总之，纵深一体化战略框架并不是简单地涉及创新能力、进入并获取新的市场、建设护城河，而是面向客户价值，在多个层面协同构建企业动态纵深优势，通过多个深度正循环持续强化，最终实现不可替代。

后面的几章会结合华为无线案例与其他企业的案例来详细阐述，在每个层面该如何理解并定义强度，如何构建韧性能力，可以为其他层面的控制点提供哪些支撑。本书提供的是一个战略框架，用以帮助企业系统地分析行业特征，分析对手战略布局并制定自己的战略规划。不同的企业在这个框架下可以根据自己所处的行业、生态位、竞争地位和阶段来设计自己的核心控制点、支撑与循环结构，以形成发展的势能。

本章小结与自检表

► 回顾

在 VUCA 的时代，中国企业面临各种机遇与挑战。无论是站在风口的企业，还是已经走上巅峰的企业，都不能稍有懈怠。大型企业的平均寿命为 10 年，民营企业的平均寿命为 3.7 年，中小企业的平均寿命仅为 2.5 年。但历史机遇摆在面前，企业只有增强自身实力，提高免疫力，才能抓住机遇并战胜风险挑战。

华为无线虽然已经站在世界领先的位置，但也是从无到有，一路跌跌撞撞地走来，遇到并最终战胜了中国企业都会遭遇的诸多困难：缺乏客户信任、没有产品和技术、缺少国际化经验等。纵深一体化战略框架是将华为无线的历史经验与总体战、纵深、空地一体化、全面领先等战略理论结合，总结而成的：

四个层面，构建多个优势点；

每个优势点要有刚度、韧度与辐射力；

多层多点协同形成纵深攻防；

多个深度正循环，逐渐积累优势。

► 自检表

请你粗略地思考一下自己企业的现状，即使考虑不清楚，或回答不了所有问题也没关系。带着问题读书，才会有最大的收获。

- 当前有哪些领先的核心控制点？

- 这些核心控制点有多领先？

- 这些领先优势在受到挑战转为落后之后，能够反超吗？

- 这些核心控制点之间以及与其他非核心控制点之间有什么样的协同？

- 有哪些已经存在的正循环？

- 有没有能够改进的地方？

考虑到最后一个问题，就已经是小有成就啦。

请扫描二维码
获取本章思维导图

请扫描二维码
回答问题获取勋章

第 2 章

客户与市场层面
——
成为客户首选，市场结构领先

●

为什么说以客户为中心是商业上的选择？
以客户为中心，应该如何做？
华为无线是如何认识市场格局的？

●

华为无线的客户与市场发展历程

前文已经介绍了华为无线的发展历程。但理解华为无线所处的市场历史阶段及其发展脉络,更有助于理解后文中列举的案例。因此,本节仍然会简要回顾华为无线在客户与市场层面的发展和当时的产业背景。

华为从基于集群技术的 ETC(电子不停车收费系统)开启了无线通信事业,但华为无线的主航道是蜂窝移动通信系统。1998年华为 GSM 系统上市,此时进入移动通信行业不早不晚。一方面,当时全球移动运营商的总收入不到 2 000 亿美元,远低于现在的 8 000 亿美元。当时的移动连接数量还不到 2020 年的 1/10。在中国,更有 10 倍增长的设备投资空间。另一方面,当时距离1991 年在芬兰启动运营的第一个 GSM 商用网络已经过去了 8 年之久,而欧洲、北美与日本的设备商早在模拟时代就已经进入移动通信行业。巨头们已经占领了包括中国市场在内的全球大城市市场高地。大唐、中兴、三星等与华为在相近时间点或更晚进入移动通信行业的企业，其份额始终未能超过 10%。

随着市场环境的发展、华为产品竞争力的变化以及华为无线市场地位的提升，华为在各代通信制式下有着不同的发展路径。

华为的 2G 走的是一条从国内起步、海外发展到重回国内的道路。华为的 GSM 开局极其艰难，首先就迎来了巨头们的降价。华为无线尽管在中国内地省份获取了一些市场份额，却始终没有打开局面。错失了 2000 年前后的 CDMA 与小灵通之后，华为无线很快陷入了绝地，从 2002 年开始不得已大规模拓展海外市场。到 2005 年，华为无线的收入突破 25 亿美元，其中绝大部分收入来自海外。沙特阿拉伯市场的极端大容量与快速变化的话务量，非洲市场对成本控制与快捷部署的要求，欧洲市场对高可靠网络与高质量通话的要求，这些海外的磨砺为华为重回国内打下基础。2007 年，华为拿下东莞 GSM 订单，打破了爱立信不可战胜的神话。2008 年，华为无线重新回到国内主要 CDMA 供应商的行列。

华为的 3G 直接走了从海外到国内的路径。华为在 3G 上的投入很早，1999 年就启动了预研。但中国政府在 2009 年才发放 3G 牌照。同样出于不得已，华为的 3G 之路是从海外开始的。2003 年，华为与阿联酋电信合作开通第一个商用试验局；2004 年，与荷兰运营商 Telfort（泰尔弗）合作分布式基站；截至 2005 年 7 月，华为已经签署 11 个商用合同。海外拓展的压力迫使华为做了很多创新，与沃达丰、德国电信、英国电信、西班牙电信（Telefonica）等顶级跨国运营商的合作也规范了华为的流程与管理。在国内开始建设 3G 后，华为无线顺利地打开了局面。到 2009 年，华为无线的订货额突破了百亿美元。

华为的 4G 同样走的是从海外到国内的路径。但此时的市场格局已经初步建立，创新的品牌形象也已深入客户的心智，华为的 4G 发展之路相对 2G 和 3G 更加顺畅与从容。2010 年，华为与 TeliaSonera（桑内拉电信）在挪威部署全球首个 LTE 网络；2011 年突破日本软银市场……不久，中国于 2013 年颁发了 TD-LTE（分时长期演进）牌照，2015 年颁发 LTE FDD（分频长期演进）牌照。随后，华为无线凭借产品优势和建网经验迅速占领了半壁江山，并成功突破了国内运营商所有省会城市子网。

华为无线的 5G 之路则是国内与海外同步，但以国内为主。中国走在了 5G 建设的最前沿，于 2019 年就颁发了 5G 牌照。2021 年 4 月，工业和信息化部信息通信发展司负责人刘郁林在国务院政策例行吹风会上表示，5G 商用一年多来，运营企业努力克服新冠肺炎疫情的影响，加快推进 5G 网络建设，已经初步建成了全球最大规模的 5G 移动网络。截至 2021 年 2 月底，累计建成 5G 基站 79.2 万个，独立组网模式的 5G 网络已覆盖所有地级市，5G 终端连接数已达 2.6 亿。

华为无线的市场发展不仅是华为的历程，也是客户取得商业成功的历程。与华为无线合作的客户能够不断推出更高容量、更好覆盖、更高频谱效率、更容易部署维护的移动通信系统，因此能获得更有利的竞争优势。全球移动通信系统协会的公开数据显示：中国的移动通信运营商迅速发展，在全球的份额增长 4~5 倍。最先采用华为 3G 设备的阿联酋电信以及与华为深度合作的沙特电信公司（STC）也实现了收入增长 2~3 倍。华为与沃达丰的深度合作为整个通信产业的持续演进与发展贡献了大量先进技术，同时也帮助沃达丰夯实了其全球领先运营商的地位。

以客户为中心是生存的基础

很多企业的战略是以品牌定位为中心、以客户购买决策为中心或者以市场竞争为中心，还有许多企业走在追求股东利益最大化、追求员工利益最大化的道路上。

那么，"以客户为中心"只是一句口号吗？如何平衡客户利益与自身利益之间的关系？这是理解华为战略时最常见的问题。

"以客户为中心"是基于商业的选择。这并非高大上的形象包装，而是从企业利益角度出发的自然逻辑推导。"我们一切工作的出发点，就是为了客户，最后的收益是我们客观获得生存。"[①] 企业是一个功利集团，所做的一切都是围绕商业利益的。企业与客户之间的互动是正常的商业活动，商业活动的基本规律则是等价交换。"华为为客户提供及时、准确、优质的服务，同时获取相应的合理回报。我们赚了客户的钱，就要努力为客户服务，进一步提高服务质量，客户就不会抛弃我们。"[②]

首先，以客户为中心基于一个简单的逻辑——客户掏钱。"从企业活下去的根本来看，企业要有利润，但利润只能从客户那里来。华为的生存本身是靠满足客户需求，提供客户所需的产品和服务并获得合理的回报来支撑；员工是要给工资的，股东是要给回报的，天底下唯一给华为钱的，只有客户。我们不为客户服

---

① 任正非.在人力资源管理纲要第一次研讨会上的发言提纲——干部要担负起公司价值观的传承.电邮文号〔2010〕09号.

② 来源：华为 EMT 决议〔2015〕010号。

务，还能为谁服务？客户是我们生存的唯一理由。"[1]

其次，以客户为中心实际上就是选择长期主义，拒绝机会主义。这里的长期主义包括两个方面。一方面，华为寻求从与客户的长期合作中获得的长期价值最大化，而非从客户那里获取单笔交易的收益最大化。另一方面，华为力求为客户提供的长期价值最大化，帮助客户实现商业成功，而不会为了满足客户的一时需求而损害为客户持续提供更好的产品与服务的能力。

最后，以客户为中心不是要做滥好人。华为内部有数不清的与客户共赢的案例，但客户也会提出无理的要求，企业不能照单全收。2004年，泰国某客户曾提出一系列要求，并要求限时全部提供，否则关停华为无线设备。这些要求大多没有实际价值，还需要华为完全重构设备架构，同时其他设备商的设备也无法满足这些要求。此外，华为还曾与客户对簿公堂。2009年，印度某集团与华为签订了一份价值超1.5亿美元的合同，用于购买2G设备和服务。但直到2012年，该集团还有超过1亿美元的余款迟迟没付清。最终华为印度代表处诉诸法律，并远赴莫桑比克取证该集团的资产信息，又历时两年才拿到最后的尾款。

落实到实际的操作中，以客户为中心是一切工作的出发点，是各层面判断其行动与策略是否正确的标准。在市场竞争、产品与技术以及产业发展中，企业都要以客户价值为导向，以帮助客户获得商业成功为导向。不符合客户长期价值的策略，都是不正确的；不能带来客户价值提升的动作，都是冗余的。

企业要在客户与市场层面建立普遍客户关系，深度理解客户

---

① 来源：《华为公司的核心价值观》，2007年修改版。

在全生命周期的需求、痛点与价值。这是驱动其他环节以客户为中心的基础。市场竞争同样十分重要，没有市场竞争中的胜利何谈长期服务客户。"我们首先得生存下去，生存下去的充分且必要条件是拥有市场。没有市场就没有规模，没有规模就没有低成本。没有低成本、没有高质量，就难以参与竞争，必然衰落。"[①]

对客户需求、客户价值的理解深度和理解广度，是决定产品创新生死存亡的关键。华为作为一个商业组织，其产品与技术创新始终以客户价值为标靶。无论怎样深入技术底层，华为的创新模式也仅仅是从爱迪生模式向巴斯德模式[②]的扩展，仍然以客户价值趋势为导向。自2012年以来，华为无线就不断强化产业层面的战略与工作。其主要目标就是通过协同各生态位伙伴，降低运营商建网的成本与难度，发展新业务，做大产业空间，进而帮助客户获得商业成功。

总而言之，以客户为中心就是以客户价值最大化为出发点，以生存为底线，开展普遍客户关系、市场竞争、品牌营销、渠道建设以及其他层面的各种活动。这是一种以最慢的方式，获得最快、最稳固成功的路径。

客户价值最大化，成为客户首选

以客户为中心最关键的落脚点就在于实现客户价值的最大

---

① 任正非 . 在市场庆功及科研成果表彰大会上的讲话——再论反骄破满，在思想上艰苦奋斗 . 1996.

② 巴斯德模式是美国普林斯顿大学的唐纳德·斯托克斯于1997年在《基础科学与技术创新：巴斯德象限》一书中总结创新的模式。

化。而企业要理解客户价值，就需要搞懂产品能够提供的客户价值与客户体验感知到的价值之间的关系，如图 2-1 所示。

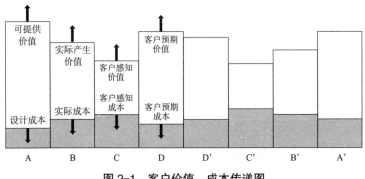

图 2-1　客户价值、成本传递图

产品能够提供的实用价值、传播价值、体验价值等客户价值的总和，是图中 A 段的顶部。但为了达成客户价值，客户需要花费成本代价或承担风险，例如，电力费用、购买安装花费的精力与时间、场地占用的代价以及购买决策失误的风险。产品能够提供的客户价值总和，减去获取价值需要的成本、代价与风险的总和，就是产品能够提供给客户的净价值。

产品在实际交付和使用过程中，会由于产品的复杂性、客户熟练度以及应用场景差异化等而出现实际交付价值下降或成本费用上升的情况。故而，客户实际获得的价值与产品能够提供的价值之间存在着传递损耗。

在多方面因素影响之下，客户感知的价值会进一步衰减。首先，客户中的不同角色会有不同的认知，他们往往只能看到自己直接感知的那部分价值。其次，客户还经常忽略掉一些习以为常但必不可少的产品价值，就像用户只有在使用了可操作性差的产品之后才会发现好产品的可操作性。最后，客户的好体验与坏体验都会因情绪而放大。

客户预期的价值是客户购买商品之前或当时预期获得的净价值。这个预期价值会受到多种因素的影响，包括客户的业务或使用需求、客户对企业与产品的了解、客户以前的使用体验、企业的宣传与承诺以及竞争对手的宣传牵引。显然，客户预期价值与客户感知的价值并不完全相等，很容易出现差异。客户的满意与否，很大程度就源自此差异。

在企业的价值传递序列的另一面，同样存在竞争对手的价值传递序列：客户预期竞争对手的价值（D'）、客户感知竞争对手产品带来的价值（C'）、竞争对手实际带来的价值（B'）、竞争对手产品的客户价值能力（A'）。

部分企业实际是以交易为中心，即聚焦在管理客户预期的价值（D段），竭尽所能抬升客户预期价值以超越客户对竞争对手的预期价值（D'段），从而赢得客户的选择。这样的企业可以收获一次交易收益，或者一年的订阅，甚至因网络效应而绑定客户，但客户最终获取的价值并没有得到显著提升。

而以客户为中心的企业，则更聚焦在产品实际带给客户的价值（B段）上。企业在发现C段与D段的差距或D段与D'段的差距时，会认为这是提升B段的机会，并首先分析是否存在B段差距。然后，企业通过产品与技术改进、产业发展来提升A段；再协同服务、生态提升B段；同时通过营销活动、普遍客户关系管理客户预期。这一系列操作落实在ToB[1]型业务的华为无线，就

---

[1] ToB，即企业创业是面向企业，为企业提供服务（如设备制造商）。——编者注

是要帮助客户实现商业成功，获得的回报则是成为客户的首选。

总之，纵深战略框架的客户层面不只管理客户感知价值和客户预期价值，更侧重于管理客户实际获得的价值。当然，企业需要各层面在A、B、C、D段都协同发力，才能支撑客户层有效管理B、C、D段。所以，纵深战略框架应从如下几个维度，来衡量并牵引企业在客户层面的刚性与韧性：

（1）客户满意度、忠诚度，以及是否成为客户的首选。

（2）全生命周期理解客户的程度、普遍客户关系的建立程度。

（3）与客户连接的层次。

（4）发掘客户产生的价值的程度。

从客户满意度领先到成为客户首选

衡量客户层面的强度是件非常困难的事情。如何才算对客户的影响力领先？如何才算成为客户的首选？

客户层面的强度难以衡量，需要多维度牵引

如何选择衡量客户影响力的指标，是一个战略性问题。衡量客户影响力的硬指标不同，其背后的战略重心与执行策略也就不同。企业可以采用主观和客观的、直接和间接的一系列指标相结合的方式，从多个维度进行度量。其中主要包括客户不满类、客户满意度调查类、客户忠诚度类、市场强度类和主观判断类五个类别的指标，如图2-2所示。

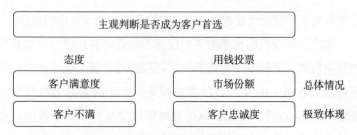

图 2-2　客户层衡量指标

不满类指标和满意度调查类指标反映了客户的态度和情绪，体现的是客户预期价值与感知价值之间的差距。其中，不满类指标是满意度较差部分的极致体现。

而忠诚度类指标和市场强度类指标是客户用钱投票的结果，它反映出客户在对比了企业和竞争对手的预期价值差或感知价值差之后的选择。其中，忠诚度类指标是客户购买决策发生转移的极致体现。

前面四类指标均基于统计数据，对企业的策略与行动具有极强的牵引力。但它们也存在着对新情况的响应不及时、统计不全面等问题。主观判断就是对以上四类指标的灰度补充。

第一类是不满类的指标，主要针对客户的强烈不满进行度量。不满类指标是客户满意度亮红灯的极致体现。它主要包括事故次数、客户投诉率、问题单关闭率以及需求接纳率等指标。华为无线能够撑过初期的质量提升期，原因是其将快速有效改善客户的不满作为行销、研发和用户服务部门共同努力的方向指引。针对这些指标的响应效果会影响到企业的生存基石，因此，企业需要特别重视。

首先，客户不满的危害极大。借用沃达丰会议室墙上的一句话来说，"建立信任要三年，毁掉信任只要一秒"。尤其是在产品的早期阶段，一个客户的重大不满，甚至可能毁了一个产品。大部分人不知道的是，国内首家研制出 GSM 系统的企业并非华为，而是另有其人。然而华为撑过了产品上市后的不稳定期，某设备商却没有这么幸运。该企业的员工曾反映，正是由于在最初几个 GSM 试验局出了事故后未能及时解决，该企业才丢失了先发优势。

其次，企业眼中所见的不满实际上只是冰山一角。一座冰山暴露出水面的部分，只占其总体积的 1/10，客户的投诉与不满更甚于此。在行业里有种说法，每 16 个不满的客户中才会有 1 个投诉让企业听到，也有人说每 25 个不满的客户中才有 1 个投诉。无论哪种说法都传达了类似的含义，在冰山下沉默的大多数比表达出不满的客户多出了至少一个数量级。

最后，客户的不满是情绪化的，会因延误、错误处理或处理态度而放大。在问题被提出后，如果一线客户服务部门响应不及时或处理不妥帖，就可能演变成客户投诉。如果企业缺乏与客户的良好沟通，问题与需求就很难被正常关闭或接纳。

第二类是客户满意度调查类。很多公司都不太重视客户满意度，其原因在于客户满意与客户愿意购买之间几乎不存在对应关系。"就算你知道了客户满意度如何，也无法知道他到底会为不同品牌花多少钱。"[①] 其实，这种不重视的错误认知，只是缘于对客户满意度的理解与应用出了错。客户的满意与否，取决于客户

---

① 蒂莫西·凯宁汉姆，苏尼尔·古普塔，勒尔赞·阿克索伊，等. 追求客户满意度的代价. 商业评论，2016（8）：75-86.

感知价值与客户预期价值之间的差距，如图 2-3 所示。而客户是否选择企业的产品，是在对比预期企业产品价值和预期竞争对手产品价值之后的决策。益普索满意度与忠诚度研究公司（Ipsos Loyalty）的研究也证实了这个观点：如果将绝对满意度水平转化为相对排名，可以解释客户消费中超过 20% 的变化。鉴于绝对满意度水平往往只能解释 1% 的钱包份额变化，这种改进已非常了不起。

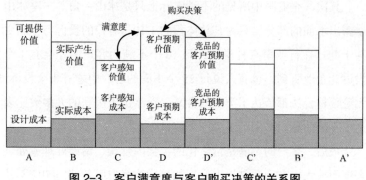

图 2-3　客户满意度与客户购买决策的关系图

纵深战略框架认为，客户满意度与不满类指标是企业提升实际客户价值的重要驱动力和方向指引。这才是关键。实际客户价值的提升会传递到客户感知价值与客户预期价值，并最终影响客户的购买决策。以客户为中心的竞争策略就是，持续提升产品实际产生的价值来不断拉升客户的预期价值，并由此在竞争中获胜。

华为无线的做法是找第三方，对全球不同运营商、不同部门、不同层次的客户进行 360 度调查。其中既有 CEO（首席执行官）、CTO（首席技术官），也有运维部门和网络规划部门的主管与基层员工。调查内容包括华为和竞争对手的产品质量、使用便捷性、服务培训、品牌渠道、创新能力和方向领导力等。

第三类是客户忠诚度类指标，主要是项目丢单率，尤其是被搬迁比例。移动通信行业中，该指标直接反映了在经过多年的购买和使用之后，临到产品更新换代时，客户是否会选择再次购买该企业的设备。如果说客户购买的设备还未到使用年限就被新设备替代了，这就叫作被搬迁。这是客户在用钱投票，是客户在体验过企业的产品与服务后转而选择别的竞争对手。所以，丢单特别是重点客户的丢单，在华为是件极其严重的事情。为了确保减少丢单，就需要各国代表处与客户保持深度沟通，需要使研发部门的产品特性、质量与未来规划与客户对齐。因此，尽管忠诚度只是个市场层面的指标，却需要企业做出综合性的响应。

第四类与市场强度相关，属于间接性指标。市场强度类指标是企业普遍重视的指标之一，主要包括市场份额以及各产品在细分市场的份额等。这些指标从统计意义上反映了客户的购买决策，同时也在很大程度上反映了产品是否成为客户的首选。但是，它最多反映了成为哪些客户的首选，而没有反映成为这些客户首选的原因，以及为什么没能成为另一部分客户的首选。企业要想自我改进，还需要结合满意度调查、不满类调查、对客户的深度理解和对行业趋势的认识。

第五类是主观判断类，即主观感觉与判断产品是否成了客户首选。前面的四类指标都在一定程度上反映了客户的最终选择或选择前的满意度，但这些数据无法准确反映客户在做决策时是将企业产品作为首选，还是仅仅出于报价、指标或服务等原因而选择了备胎。一线行销人员对此是有大致的感觉的。倘若仅仅为了做出一个好看的数据或报告，主观感知当然没有任何意义。但如果目标是改进，主观感知有时甚至比数据更有效。

华为无线形成了一个氛围，就是不断给自己找碴。其目的就是正确感知客户的需求与不满，搞清楚企业与产品在客户心中的位置。

根据不同阶段和不同行业特征，选择不同的战略导向

企业应根据自身所处行业的特征、产业的位置以及企业发展阶段，规划将客户层面的重心放在何处，然后再选择相应的度量指标进行牵引。以华为无线为例：

在业务初期，产品成熟度不足，所以，华为无线重点关注不满类的指标，通过减少不满类指标的强力牵引来协同所有环节共同应对困难，并拉动质量快速提升。

到了中期，华为无线逐渐能够给客户提建议并成为客户的伙伴，因此转而重点关注持续改进，提升华为的综合能力。所以客户满意度指标的权重开始上升。

进入成熟期之后，华为无线更强调与客户之间的黏性。这时，客户忠诚度就变得更加重要。

在所有阶段，华为无线都会关注市场强度类指标与主观感知，因为这两类指标分别是对客户影响力短期效果的直接体现，以及对数据分析的矫正。

总之，运用之妙，存乎一心。不同阶段的战略重心是不同的，企业需要适时调整牵引权重。有时难以见到客户工作的短期效果，企业需要兼顾短期效果与长期收益。而且，任何度量都是

有成本与代价的，企业需要选择合理的度量范围和粒度来平衡成效与代价。最后，客观的指标有时并不反映事实，企业需要综合客观硬指标与主观认知。

全生命周期价值最大化，建立普遍客户关系

"普遍客户关系是公司的战略导向，不要急功近利，不要把宝押在一两个客户身上，那样风险太大；我们应该把客户关系一层层地垒实。"[①]

"普遍客户关系"由华为率先提出来，是指服务于产品全生命周期接触到的所有客户，与他们都保持紧密关系。这里所说的全生命周期是从客户视角看到的，是从网络规划设计到选型、决策、购买、获取、安装、使用、维护维修、更新报废的全生命周期。在这一漫长的周期内，企业会接触到客户集团内不同层级和不同领域的人员，包括网络规划部、采购部、运维部、CEO与CTO等。对ToC（面向个人）业务类企业而言，其产品的购买者和用户很多时候是同一个人，其关注点就应放在产品全生命周期内与这个客户的关系和价值提供。

客户层面的强度固然会体现在购买决策点上，但企业客户层面的韧性就在于把决策点的受力分散到全生命周期。只针对购买决策的"头痛医头，脚痛医脚"，无法长期有效地改善企业状况。新进入者往往可以借助其产品的单点领先或顾客的好奇心，从而在市场上形成突破甚至引领潮流。但是，正如iPhone（苹果手

---

① 来源：华为EMT纪要〔2006〕009号。

机）、微软的 Office（办公软件）、腾讯的游戏在建立领先地位之后的很多改进都不是首创，却依然得到用户最后的支持一样，大多数情况下，随着领先者的跟进，竞争又回到了原来的格局。这背后的原因是，大企业在长期服务客户的过程中，自然会接触到客户的更多层面，考虑到更多维度，形成更全面的领先。企业如果有意识地把普遍客户关系作为客户导向，就可以强化这种优势。

要做好普遍客户关系，需要做好以下三个方面。

首先，战略导向一定是保证客户最大限度地拥有产品的全生命周期价值，而非仅仅是瞄准客户的购买决策。企业应将客户作为一个整体，考虑其在了解、购买、使用产品时能够获取的价值、消耗的成本以及承担的风险。客户在购买前，需要更详细地了解商品信息，从而降低购买错误的风险。客户在购买时，需要安全便捷的支付通道，需要快速获取商品，需要快速安装部署以及降低成本。客户在购买后，需要有能力最大限度地发掘商品能力与价值，需要低费用、低故障地使用设备。企业是瞄准客户决策还是瞄准整个周期客户价值，决定了企业不同的战略方向。通常，以客户购买决策为目标的企业走得更快，而以客户全生命周期价值为目标的企业走得更远。

一年一度的麦加朝圣节对沙特阿拉伯移动运营商来说是个巨大的挑战，更是设备供应商的"梦魇"。来自世界各地的数百万穆斯林涌入麦加圣地朝觐，10 平方公里内最密集的地方达到每平方公里 180 万人。其间用户数量超过平时的 10 倍，话务量更是接近平时的 20 倍。这种大规模聚集和移动的极限话务模型，是世界上绝无仅有的。2005 年之前，沙特阿拉伯运营商 STC 的网络每年此时都会面临绝望的尴尬：频繁掉话、单通和闪断，不时宕机、无休止的网络拥塞直至网络瘫痪。即使国际知名通信设备制造商的核心网设备也连续三年铩羽而归。

STC 在 2005 年引入华为设备之后，成功应对了麦加朝觐的话务高峰冲击。华为没有把达成销售目标当作终点，而是成立客户—华为用服—华为研发的联合保障组以确保客户达成改善网络的目标，并安排专人实时监控 CPU（中央处理器）负荷、修改参数降低负荷、核查负荷调整结果。此外，与其他设备商完全按客户的购买需求发货不同，华为选择帮助客户仔细分析过往网络数据，预测未来的用户增长率和网络话务量，发现了客户的设备配置不足以应对超高话务场景。研发团队也没有闲着，经过逐年优化终于实现了模块自动化均衡，提高了网络保障的效率。

从客户价值出发的工作方式实际上也是高回报的。华为在沙特阿拉伯的销售迅速从 STC 扩展到 Mobily（莫比利公司）、Zain（扎因集团），覆盖了华为全系列产品。而且全球最极端话务场景下的麦加朝圣节保障，不仅开启了华为全球重大事件保障交付之路，更是"成就客户"的成功样本，带来了示范效应。从此，全球运营商都知道了华为设备的高可靠性和可信赖的服务。

其次，需要站在客户中不同个体的立场，考虑他从产品中获取的价值、承担的成本与风险。无论是 ToB 业务还是 ToC 业务，很多情况下购买者与使用者并非同一个体。有时还会有多个使用者，有时 ToB 类客户中还有单独的购买规划类群体。客户中个体的价值诉求与整体的价值诉求有相似性，但又不尽相同。

以购买决策为例，客户需要对供应商及其产品进行预判，即预判可获取的价值以及需承担的成本与风险。理想的预判应该是，客户根据所收集到的信息做出完全理性的判断。但现实中，购买决策人员的一次购买决策失误，就会给其职业生涯带来巨大的负面影响。因此，购买决策人员面临的巨大压力会迫使他们倾向于更稳健的购买策略。换言之，他们更容易选择熟悉的供应商和熟悉的品牌。随着交易风险成本和交易金额的增加，这种现象变得愈加明显。客户中的计划者，更关注产品的功能、性能、质量以及使用成本等能否达成目标。而真正的使用者，除了注重产品的实用价值，还特别注重产品的可操作性、可维护性以及售后服务。

总之，了解客户中不同个体的需求与痛点，才能真正全方位地了解客户，才能发掘出更多产品价值方向，才能与客户建立更紧密的黏性。

最后，要从走近客户到走进客户，与客户的各层级建立良好的普遍客户关系。如前所述，客户中不同个体的选择逻辑、不同的产品体验最终都会影响到购买决策。"普遍客户关系这个问题，是对所有部门的要求。坚持普遍客户原则就是见谁都好，不要认为对方仅是局方的一个运维工程师就不做客户关系维护、不介绍产品，这也是一票呀。"[1] 要建立普遍客户关系，企业就需要深入客户的工作流程。这本就是华为的强项，华为一线行销与客户网络规划部门打成一片，服务人员更是随叫随到。无线网络产品线在此之外还做了很多"走进"客户的创新：

---

① 任正非. 在研委会会议、市场三季度例会上的讲话——认识驾驭客观规律，发挥核心团队的作用，不断提高人均效益，共同努力渡过困难. 2002.

每年召开用户大会持续跟踪 TOPN 问题，并邀请全球客户共同监督评价；

产品管理部前置到海外重要地区部，了解并规划适用于当地的产品特性；

与重要客户研究部门共同成立 MIC（移动联合创新中心）。

读到这里，大家也应该明白了所谓全生命周期价值就是以普遍客户关系为基础，站在不同客户角色的视角感知到的产品总体拥有价值。单点的领先与突破很容易在长期全面竞争中落败。因此，不管是新进入者还是旧进入者，都需要在找到差异化的同时，建立普遍客户关系并强化全生命周期客户价值，才能构建超强的客户黏性。而只有系统深入地理解客户在产品全生命周期的客户价值、成本与风险，才能把它融入战略规划、产品技术规划以及销售服务工作。

例如，大多数人都想不到，室内基站简单的高度设计就隐藏着巨大的成本差异。集成度能力提升后，该降低高度还是减少深度或宽度呢？答案是不能过于降低高度。与现网设备高度差异过大的话，就需要重新更换馈线和跳线。这样就给客户增加数百美元的成本，还增加了安装的工程量、时间与出错概率。这些是细节，但隐藏在这些细节里的价值遍布方方面面。它们与普遍客户关系一起，共同构成了与客户的黏性。

用户大会和 TOPN

所谓用户大会，就是每年把客户请过来"炮轰"华为，找出"炮轰"最多的 TOPN 问题，成立华为和客户共同参与的项目组持续改进。自 2009 年在德国慕尼黑举行首届华为全球移动用户大会以来，华为已经连续 12 年主办了用户大会，即便在新冠肺炎疫情肆虐的 2020 年也通过线上举办的形式坚持了下来。

与其他通信同行之前的用户大会和平台不同，华为用户大会是由客户与华为研发人员共同参加，其重头戏在于全球客户共同见证和评价上一年 TOPN 问题的改进效果，并继续"炮轰"华为，为华为指出下一年最紧要的改进方向。问题的收集采用"闭门会议"方式，由客户负责引导，以客户参与为主。华为一线的销售与服务人员都不参与，减少华为的解释和澄清，其目的就是给客户提供一个畅所欲言的平台。然后，华为针对客户提出的 TOPN 问题成立有客户共同参与的专题项目组，一起改进问题。无线网络产品线准备主办用户大会时，曾犹豫再三。一方面，其担忧把问题暴露给全球客户会恶化华为形象；另一方面，担心客户会怀疑华为只是想"作秀"。

最后的事实证明，用户大会和 TOPN 有效驱动了华为研发体系的持续进步，构建了华为与客户互信的交流沟通平台。更重要的是，让客户看到了华为不怕暴露问题，愿意倾听客户意见并不断努力提升的执着。接入网客户克里斯托·科尔克评价："华为是一个勇于创新的公司，我很喜欢华为做事的方式，包括它们对事情的规划和跟客户之间的讨论沟通，这也是我们最看重的地方。"TeliaSonera 无线主管艾伦·科克评价："我很高兴华为是真正花时间在倾听客户的声音，并付诸努力。我认为倾听运营商的想法和诉求是可以带来改变和改进的。"这一方法效果很好，因此无线网络产品线的用户大会逐渐扩展为华为的用户大会。

MIC

2006 年，在进入沃达丰西班牙子网之后，华为提出与沃达丰成立 MIC，双方共同投入资源，将创新理念转化为具有市场竞争力的产品。于是，华为的第一个 MIC 在西班牙成立了。这种运营商与供应商的新型合作模式在当时的通信产业中还是第一次出现。后来的事实证明，MIC 模式对于华为深入了解客户需求、推动创新解决方案、拒绝不合理要求以及提高客户满意度都起到了积极作用。

首先，MIC 模式有利于华为在与客户的合作研讨中深度理解客户需求，找到有价值的方向。大名鼎鼎的 SingleRAN 就源于一次创新研讨。其间，沃达丰专家圣地亚哥提到沃达丰在欧洲有 11 万个 GSM 基站将在三年内陆续退出服务，如果有软升级方案就可以节省大量投资。2007 年 4 月，在上海金桥软件园的会议室中，沃达丰和华为无线管理团队正式决定立项 SingleRAN。

其次，MIC 模式有利于推广创新解决方案。在联合创新项目中，客户中的技术骨干参与其中，能够提前磨合创新方案，使其更加符合实际需求。此外，这些客户的意见往往比华为研发团队的宣讲更具说服力。在与德国沃达丰 D2 的 Workshop（研讨会）中，沃达丰集团客户提出关于 Furture site（未来站点）解决方案的质疑。还没等华为专家开口，与华为团队共同奋战的沃达丰 D2 技术专家就首先站出来澄清，并消除了集团领导的疑虑，得到了客户一致的认可。

最后，MIC 模式还有助于拒绝不合理的需求。与应标和商业谈判等正式场合相比，联合创新是更加开放和轻松的场景。双方可以就需求的价值、开发的难度与工作量等，展开更为坦诚的沟通。无数次的合作与服务证明，懂得合理的拒绝更容易赢得客户的尊重。

如今，华为与全球客户和合作伙伴共同建立的联合创新中心已经达到 40 多个，分布在中国、欧洲、北美、中东、东亚和东南亚。合作成功的重要创新项目超过 100 个，合作的领域也从最初的无线网络扩展到固定网络、能源、云计算、人工智能和各种行业解决方案。

成为客户的战略伙伴和谦虚的领导者

"华为运营商网络业务要成为客户的战略合作伙伴，做行业谦虚的领导者。"[①]

我们在前面提到的普遍客户关系，是指在广度上与客户建立全生命周期的联系。与客户的联系还有两个维度需要考虑，即与客户联系的紧密程度以及企业在联系中的引领性，如图 2-4 所示。

纵深战略框架将客户关系的紧密度划分为三个层级。层级越高，关系越紧密，利益的捆绑就越紧密。

底层是基本的供需关系，即企业和顾客之间的关系是以交易为基础的。换句话说，客户要，企业卖。企业满足了客户提出的产品或服务要求，如功能、性能、质量等，让客户感觉物有所值、物超所值。

---

① 任正非．在 2013 运营商网络 BG 战略务虚会上的讲话及主要讨论发言．电邮讲话【2014】016 号．

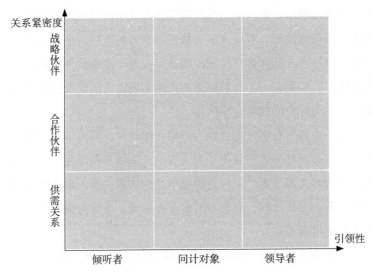

图 2-4　客户关系强度地图

更高一层，则是合作伙伴关系。此时，企业与客户的关系是
建立在存量基础上的长期合作，双方追求共赢。企业致力于针对
客户需求的本质和目的，帮助客户取得商业成功。

顶层的战略伙伴关系是基于信任与愿景的共同尝试。双方以提
升长期利益和核心能力为导向，进行优势共享与互补，广泛合作。

华为致力于成为客户的战略合作伙伴。但是，"我们是能
力有限的公司，只能重点选择对我们有价值的客户为战略伙
伴。……战略伙伴选择有系统性，也有区域性，不可能所有客
户都是战略合作伙伴。"① 而所谓的有价值的战略伙伴，就是沃达

---

① 任正非.在2014年市场大会上的讲话——做谦虚的领导者.电邮讲话【2014】
　014 号.

丰、西班牙电信、德国电信等跨国巨头以及中国三大运营商等有远见、有探索欲望、有研究实力和经济实力的客户。企业并非必须成为领导者才能和客户结成战略伙伴关系。战略伙伴彼此共享优势能力，因此，一个有足够强的产品实现能力的优秀倾听者同样可以成为客户的战略合作伙伴。

虽然并非所有客户都会成为战略合作伙伴，但由于移动网络的复杂性，大部分客户需要华为无线的长期服务和反复购买。因此，华为和大部分客户很快就跨越单纯的供需关系，形成长期的合作关系。而在饮料、服装等消费业务领域，企业与消费者的关系主要是供需关系。

企业在客户关系上的引领性，也分为三个层级。层级越高，企业的引领性越强。反之，则客户的引领性更强。

处于底层的倾听者基于自己的实现能力，认真倾听客户的要求和需求，帮助客户达成其目标。

成为问计对象的企业，基于自身更领先或更系统的理解，为客户提供建议与服务，从而帮助客户找到达成其商业目标的路径。

行业领导者不但要具备实现能力与对产业趋势的预见能力，还要具备产业影响力与推动力。只有这样，企业才能引领产业方向，并协同客户、伙伴与竞争对手共同推动产业健康发展。

在引领性层级上，每一层都是以前面层级为基础的。只有具备足够强的实现能力，企业的理解与建议才会被客户重视，企业才能成为客户的问计对象。更为重要的是，行业领导者必须首先是引领风向的意见领袖。

华为要做谦虚的领导者。那什么是谦虚的领导者呢？"谦虚来自自信，谦虚来自自身的强大。我认为不谦虚是指颐指气使、趾高气扬、目中无人、盲目自大、自我膨胀等不平等的待人方法，以及不按合同执行的店大欺客行为。销售团队在与客户交流时，一定不能牛气哄哄的，否则我们在沙漠里埋头苦干半天，客户也不一定认同。无论将来我们如何强大，我们谦虚地对待客户、对待供应商、对待竞争对手、对待社会，包括对待我们自己，这一点永远都不要变。"[1] 这段话要这样来理解，所谓谦虚的领导者就是要做到两个承认。

首先，谦虚的领导者承认客户是华为的金主，坚持以客户为中心。"客户"当然不只包括战略合作伙伴，也包括一般合作伙伴和简单供需关系的客户。以客户为中心是保障客户的商业价值，是等价交换，而不是谄媚客户和对客户言听计从，也不是颐指气使和店大欺客。"Taking you forward"（直译为"带你向前"）这样的口号要不得。

其次，谦虚的领导者承认自己不是全知全能。在许多领域，如客户痛点、客户运营细节、未来的业务方向等方面，企业仍然不清楚或不确定。因此，即使成了领导者，企业也依然应该是良好的倾听者与友善的问计对象。另外，在产业链结构愈加复杂化的趋势下，一家企业是无法独自推动整个产业与行业健康发展的。企业也要和华为一样思考，"如何使华为的存在，客户认为是有益的，社会认为是有益的，竞争对手认为是有益的，供应链伙伴也认为是有益的"。[2]

---

[1] 任正非. 在2014年市场大会上的讲话——做谦虚的领导者. 电邮讲话【2014】014号.

[2] 任正非. 在2014年市场大会上的讲话——做谦虚的领导者. 电邮讲话【2014】014号.

以客户关系紧密度和引领性为坐标轴，就形成了一个九宫格的客户关系强度地图，如图 2-5 所示。读者可以识别出来自己企业的当前客户关系强度位置，还可以在此基础上制订客户关系的目标与发展路径。华为无线走过的路径可以作为参考，却远不是唯一的路径。虽然从图上看来，华为无线在客户关系强度上有两条清晰的发展路径，但这并非从一开始就规划好的，华为无线的视野最多只看得到 5 年之后。华为无线只是脚踏实地地加强自身能力，为客户提供最需要的商业价值，在洞察到产业环境、客户需求或自身实力发生变化后就做出相应调整。

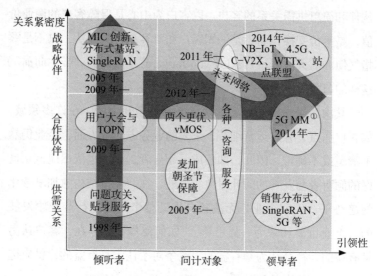

图 2-5　华为无线客户关系强度成长地图

最初，华为无线只是依托产品实现能力，努力做好倾听者

---

① 5G MM 即 5G 标准中的 Massive MIMO（"大规模多入多出技术"），是 5G 能力的重要方面。

的角色，逐步成长为客户的战略伙伴。从 1998 年华为 GSM 产品上市开始，华为无线就拼命地通过攻关问题、贴身服务弥补差距、追赶功能与特性差距；2009 年揭幕的用户大会与 TOPN 活动开启了华为无线主动暴露问题，邀请全球客户监督见证解决成效的业界先例；2005—2010 年，华为无线成立了多个与客户联合的 MIC。后来华为无线突破各级市场的利器，如分布式基站与 SingleRAN，都与此密不可分。

此后，随着华为移动设备应用在越来越多的运营商网络上，华为无线逐渐积累了越来越多的经验。"我们综合了对全世界400 多个客户需求的理解，若不能引领一个客户的需求，还只能跟着他的屁股后面走，其实就是没有加工所拥有的资源。"[①] 所以，华为无线对网络建设、运营、未来网络方向的理解愈加深刻，逐渐成为客户的问计对象。

进入 21 世纪第二个 10 年后，各国的手机渗透率都开始超过100%，宽带智能业务渗透率也接近 80%。"客户认为设备商把自己定位成'你有什么需求，我来满足你'的时代已经过去，迫切希望华为从一个网络设备供应商转型为商业解决方案提供商，成为能够与客户一起探索未来，并一起面对未来的挑战与风险的商业合作伙伴。"[②] 华为也已经成长为最大的移动设备供应商，推动产业健康发展成了义不容辞的责任。华为无线开始更加注重商业解决方案和产业发展，推动了无线家庭业务（WTTx）、蜂窝车联网、网络持续演进（4.5G 和 5G）。

---

① 任正非 . 在 2013 运营商网络 BG 战略务虚会上的讲话及主要讨论发言 . 电邮讲话【2014】016 号 .

② 徐直军 . 聚焦为客户创造价值，实现有质量的增长 . 电邮讲话【2016】099 号 .

这部分内容涉及的案例很多，读者不了解每个案例具体的内容的话，读起来会比较吃力。不过没有关系，后文中将详细介绍这些案例。因此，大家可以在读完后文中的案例后再回过来重读这部分内容，肯定会有新的收获。

另外，ToB 与 ToC 行业在客户关系强度地图中的分布差异非常大。在 ToB 行业内，企业与客户往往会形成合作伙伴关系或战略伙伴关系。而在 ToC 行业内，大多数企业与用户都停留在供需关系。其实，供需关系并不差，苹果的 iPhone、工业 4.0 中的大规模定制化也只是供需关系。当然也存在几类例外，例如 UGC（用户创造内容）平台企业和用户之间（包括视频网站与弹幕用户之间）、有网络效应的社交平台与用户之间，以及小米的用户参与研发与营销，都构建起了企业与消费者之间的合作关系。企业一方面要认清现状，脚踏实地规划提升路径；另一方面可以创新思考，找到新模式，强化客户关系强度。

最大限度地挖掘客户贡献的价值

"商业活动的基本规律是等价交换，如果我们能够为客户提供及时、准确、优质、低成本的服务，我们也必然获取合理的回报，这些回报有些表现为当期商业利益，有些表现为中长期商业利益，但最终都必须体现在公司的收入、利润、现金流等经营结果上。那些持续亏损的商业活动，是偏离和曲解了以客户为中心的。"[1]

---

[1] 任正非. 在 2015 年市场工作会议上的讲话——变革的目的就是要多产粮食和增加土地肥力. 电邮讲话【2015】016 号.

想要持续构筑客户层面的强度与韧性，仅凭最大化客户价值是不够的。任何商业上的成功都需要平衡价值创造与价值获取两个方面。所以，企业还需要在不损害客户利益的前提下，最大限度地挖掘客户贡献的价值，以形成良性的循环。

如图 2-6 所示，客户能够带给企业的价值，有短期的也有长期的，有直接的经济价值也有无形的商业价值，如品牌传播、网络效应、企业方向牵引等。企业的战略管理有一个基本问题，就是要权衡现在和未来、短期和长期、直接和间接的价值，使得整个企业能够持续有效发展。"没有战略的远见，没有清晰的目光，短期努力就会像几千年的农民种地一样，日复一日。"①

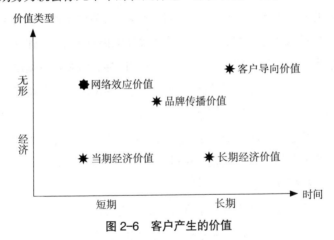

图 2-6　客户产生的价值

当期经济价值是大多数企业生存的基础。"上面说了长期战略问题，但得活到那个时候，才会看见长期战略的价值。没有短期

---

① 任正非 . 在 2015 年市场工作会议上的讲话——变革的目的就是要多产粮食和增加土地肥力 . 电邮讲话【2015】016 号 .

的成功，就没有战略的基础。"[①] 华为非常重视当期收益，其一直强调的有利润的增长和持续有效增长，都意味着要注重当期利润。移动通信设备需要前期高投入，其后期的规模生产边际成本同样不低。因此，华为无线必须保证客户在获取价值后等价支付报酬，才能形成有利润的现金流，才能投入再研发。大多数销售实体商品的行业都有相似的价值成本曲线，也需要注重当期经济价值。

长期经济价值通常是依托存量客户或设备的持续收益，是长期稳定的回报。"如果眼前的利益是以损害企业的长期利益，甚至危及企业的生存为代价而获得的，那就不能认为管理决策做出了正确的权衡和取舍，这种管理决策就是不负责任的。"[②] 在 2008 年之前，华为无线每年的基站数量翻番，新销售设备形成的当期收入自然成为重中之重。之后，虽然每年仍有大量基站的销售，但华为已经成为全球仅有的两三家在现网拥有海量存量基站设备的供应商之一。存量通信网络是一套复杂的系统，需要持续的维护和升级才能不断适配容量的发展和流量结构的变化，才能最大限度地给客户贡献价值。由此，设备商也能通过软件升级和高质量的服务获得合理的回报。思科也采取了相似的策略，其软件收入占比已经达到 30%。

企业都希望能设计一个良好的商业模式，从而获得长期经济价值。为此，一方面，企业必须注意相应的产品设计。吉列长期卖刀片的模式，是建立在刀片刀架分离设计支撑之上。订阅模式

---

① 任正非. 在 2015 年市场工作会议上的讲话——变革的目的就是要多产粮食和增加土地肥力. 电邮讲话【2015】016 号.

② 任正非. 在 2015 年市场工作会议上的讲话——变革的目的就是要多产粮食和增加土地肥力. 电邮讲话【2015】016 号.

是在 App 及其内容可以云端更新升级之后才开始兴起的。华为无线也是在拥有设备多频段多制式以及软件远程升级等产品形态与功能之后，才逐步设计出软硬件许可机制、维保服务、软件年费、定制特性等商业模式。另一方面，企业需要仔细审视客户收益与硬件的边际成本。尤其是边际成本很高的硬件行业，忽视新销售产品的当期经济价值往往会把企业拖入泥潭。例如，喧喧嚷嚷的共享自行车大战之后，每家公司的盈利状况都堪忧。

客户的品牌传播价值正变得日益重要。客户的体验与口碑在传统商业中原本就很重要。华为无线的发展壮大与一系列标志性灯塔项目的成功息息相关。如前文提到的沙特阿拉伯麦加朝圣节成功保障、与沃达丰结成战略合作伙伴、在 TeliaSonera 开通全球第一个 LTE 商用局，都通过华为主动的宣传以及专业展会中客户的交流传遍全球移动运营商。

信息网络与社交网络的发展，进一步扩大了客户口碑传播的范围，加快了传播速度。产品在新市场从萌芽到成熟的周期在不断缩短。信息传递的便利性，使得先锋客户与早期用户的成功和体验能够更快速、更广泛地传播到大众用户。如何设计出好产品与如何安排组织队形来发挥客户的传播价值，是摆在每个企业面前的问题。

客户的网络效应价值即客户越多，带给其他客户的社交价值、内容价值或资源价值就越大。实际上，这并非全新的商业模式。商户与商场的关系就呈现双边网络效应，商户越多，产生的资源价值越大，越容易吸引客流量，每个商户可获取的价值就越高。Uber（优步）、Lyft（来福车）等用移动互联网把网络效应搬到了打车行业。YouTube（优兔）、抖音等企业则把网络效应应用到了视频分享中。社交网络则是把单边网络效应发挥到了极致。

而且，不是只有渠道平台类企业可以利用客户的网络效应价值。作为路由器的发明者，思科在全球很多区域的运营商市场与企业市场都占据了 50% 以上的市场份额，形成绝对优势。然后，思科依托私有协议等产品设计确保其自家产品的互联更为高效，进而放大了存量份额优势：企业用户因为运营商使用思科设备而购买思科设备，运营商因为大多数企业用户使用思科设备而更需要购买思科设备。

客户导向价值让企业的创新有更明确的指向性。客户的导向价值可以让企业减少试错成本，大幅提升创新成功率。它有以下三种表现形式。

第一种，客户提出明确问题与要求，进而拉动企业进步。客户把大量的需求和问题呈现在企业的面前就是对企业最大的价值。一些客户会拉动企业追求更高的性能与可靠性。另一些客户则强力促进企业降低成本、降低总拥有成本。华为无线最大的痛苦与最大的幸运就是要同时服务好这两类客户。华为无线为了新兴市场而深度研究提升能效的技术。后来随着容量需求的指数级上升，发达市场也开始迫切需要降低能耗。为了在欧洲市场节省站址而研究的分布式基站，在亚非拉也能起到降低功率损耗的作用。跟着客户需求趋势的方向与节奏走，就不会死在原地，也不会死在沙滩上。

第二种，共同创新是客户导向价值的重要形式。华为无线从 2005 年开始建设的 MIC 和从 2009 年启动的 TOPN，就是和客户一起发掘需求、发现问题，并协同合作，寻找解决方案。2009

年，小米也把用户协同创新带到了大众视野之中。其实，行业里早有共同创新的模式，如工业界的 Testbed（实验平台）、通信界的试验局等。这些共同创新有利于企业提前与客户进行解决方案的市场与业务验证，并进一步降低试错成本。

第三种，导向价值还体现在标准、政策与生态的协同推进对整个产业的导向作用上。第 5 章中对产业生态有详细描述，这里就不再赘述。

企业很难同时最大限度地获取客户贡献的这五种价值。华为无线几乎没有获取到网络效应价值，而且也是从 2011 年存量基站数量达到数倍于每年销售基站数量之后，才开始重视存量基站的长期经济价值。企业需要在各种价值中权衡取舍，综合长期的和短期的、有形的和无形的利益。

结构性领先才算拥有市场格局

市场是买卖双方之间的交易，是客户、企业和竞争对手之间的多边关系。因此，企业的市场策略聚焦在交易与竞争。企业在市场层面的目标就是占据有利位置，增强市场竞争力，并促成更多良性交易的达成。

这种位置与市场竞争力，总结起来就是格局，就是如下的结构性领先。

企业市场层面的强度可以从以下几个维度来衡量和把握：市场份额与持续有效增长趋势、可参与市场空间、市场高地。这些指标反映了企业在不同层面的市场竞争力。

同时，我们也可以依据企业根据地大小、可参与市场空间大小、市场高地占据情况等因素来评估企业的韧性软实力。

其中，可参与市场与市场高地既可以反映企业的市场竞争力，也意味着企业面临竞争者挑战时有更多的缓冲地带。因此，它们同时被视为企业的硬性和韧性力量。

份额即强度？

尽管在巴菲特的护城河理论里，市场份额并不牢固，不能算作护城河，但纵深战略框架认为，市场份额与增长都能很好地体现企业当期的市场强度。

份额即格局？

"凡有的，还要加倍给他；没有的，连他所有的也要夺过来。"在竞争激烈的市场形势下，马太效应越发凸显。份额与规模不是万能的，但没有份额与规模是万万不能的。

首先，市场份额是企业综合竞争力的体现。市场份额直接体现了品牌营销与口碑传播是否成功、销售与物流渠道是否通畅、产品与服务竞争力是否领先、客户体验是否满意。其背后还隐藏着当前的技术竞争力状况以及客户对企业技术竞争力的判断。在ToB市场上，它还体现出客户对企业经营状况的预期以及对企业的产业领导力的信任。所以，它是"企竞市择"之后的一个综合性指标，是市场"用钱投票"的结果。

其次，规模即价值。规模的价值不仅体现在具有网络效应的行业内。实际上，各行各业中都存在强者愈强的现象，只是明显程度有所不同而已。波士顿咨询集团（BCG）提出的"三四规则"就反映了这样的规律，即一个充分竞争的行业逐步发展下来，会形成只剩下三四个主要玩家的局面。背后的原因是，信息不对等普遍存在，客户在购买之前无法获取所有产品的详细信息，品牌与从众成为客户降低购买决策风险和简化决策流程的重要手段。因此，份额更高者自然能获得更大的优势。此外，规模价值还体现在成本的降低上。规模越大，生产经验积累越快，单位产品的边际成本就越低。规模越大，单位产品分担的固定成本就越低。规模越大，采购议价能力越强，物料成本就越低。

最后，更大的份额与规模，代表着更强的产业与市场定义权。规模的影响力并不局限在客户。高份额企业的变革、创新能够得到供应链和合作伙伴更广泛的认同与追随。同等条件下，高份额企业自然能够在行业标准与规范上拥有更大的影响力。

2002 年，在联通 CDMA 的二期招标中，尽管华为 CDMA 1X 基站在多省投标的商务和技术排名都是第一，却最终仅获得广西贺州与梧州总计 178 个基站的订单。此后 6 年，华为 CDMA 在海外成为全球最大的设备供应商，在国内并无重大举措。直到 2008 年，华为重返国内 CDMA 市场，一举拿到最大份额。这背后是份额格局的因素在发挥作用。

华为因发力更先进的 CDMA 1X 而在 2001 年的 CDMA 一期的 CDMA 95 招标中失利。在竞争对手依托一期现网份额，采取提前以借贷方式部署基站的策略之后，华为的设备与商务优势在二期招标中完全不起作用。失去先机之后，华为要实现在联通 CDMA 网络翻身的代价将十分高昂。但华为在海外市场逐渐打开了局面，而且在联通的 GSM 网络中占有良好的份额格局，因此并不太着急。

而到 2008 年，国内移动通信产业发生了一个大事件，即联通的 CDMA 网络转交给了中国电信。中国电信只有 CDMA 一张网络，自然会加强建设。如果华为在中国电信的 CDMA 1X 网络中没有份额格局，不仅无法获得 CDMA 1X 后续的建设机会，还会影响到未来华为在中国电信 3G 网络建设中的竞标。所以，华为才有了上述看似不可理解的行动。

持续有效增长为战略导向

份额与规模是针对当期市场强度的简明有效的指标。但对份额的狂热追求可能牺牲企业的未来。华为无线的历史上，一直不乏一线行销因为想拿大单而牺牲未来定价模式的案例。"我们公司在前面 20 年是以规模为中心，是因为那个时候的市场潜在空间很大，利润还比较丰厚，只要抢到规模就一定会有利润。但是现在我们正在发生改变。"[①] 从 2013 年起，"持续有效增长"一词就频繁出现在华为的年报与重要讲话中，成为华为战略指引中的重要一项。

"持续有效增长，当期看财务指标；中期看财务指标背后的能力提升；长期看格局，以及商业生态环境的健康、产业的可持续发展等。"[②] 有效增长，简单理解就是有利润的增长。从更深层

---

① 任正非. 与 PMS 高端项目经理的座谈纪要. 2009.
② 任正非. 在 2015 年市场工作会议上的讲话——改革的目的就是要多产粮食和增加土地肥力. 电邮讲话【2015】016 号.

次理解，就是指企业赢得增长的代价与模式可持续，而非通过不可持续的促销达成的短时增长。持续，即长期保持有效增长的势头，避免企业收益的波动而带来经营、管理与声誉上的困扰。

需要注意的是，"利润份额"这种相对容易且可以持续度量的指标牵引力太强，很可能导致最终越过"深淘滩，低作堰"的边界，挤压客户与供应商的利益，损害产业链上所有参与者的长期利益。当然，这并不妨碍战略规划团队基于利润份额来判断实际的市场竞争格局。

企业应规划持续有效增长战略，在不同阶段选择不同的份额牵引维度与力度：

在产品的初期，包括研究阶段与试运行阶段，企业需要牵引市场测试量，以保证竞争力方向的正确性。

到了市场培育期，企业需开始以商业合同数量份额或市场广度为牵引，从而拉动与客户的更广泛接触，撒下更多火种，确保可参与空间的扩大。

进入市场爆发期后，企业应以销售数量份额或发货份额为主要牵引，确保将前期的合同数量与市场广度优势转换为销售优势，并拉动生产与研发快速降低成本。

而在稳定成长期、成熟期以及衰退期，企业应以收入份额结合利润进行强力牵引，确保将前期优势转换为胜势。

扩大可参与市场空间就是抬高天花板

不仅是华为无线网络产品线，整个华为都非常重视可参与市场空间。华为每年的战略规划都会以可参与市场空间作为牵引性数据，因此，可参与市场空间也是其他战略目标制定的重要参考。

有多大的池塘，才能养多大的鱼

可参与市场空间的大小决定了企业增长的天花板。除了互联网等可以形成超强客户黏性的行业，大多数行业领导者的份额最高也就 60% 左右。如果可参与市场狭小，即使企业份额超高，也注定只是"小鱼"。一些读者可能会好奇，在移动通信设备供应商行业里有欧洲、中国的企业，曾经有美国的企业，为什么没有日本的企业？事实上，日本设备供应商从来不曾缺席移动通信行业。早在 20 世纪 80 年代，日本就与全球同步推出了 1G 系统 HAMTS（汽车电话系统）。在 2G 时代，日本也部署了自己的 PDC（个人数字通信）系统。依靠封闭的国内市场，日本的主要设备商如 NEC（日本电气公司）与富士通等都得以幸存。但也受限于这个每年仅有 50 亿美元无线接入设备投资的市场，日本的移动通信设备商始终只是统计分析报告中的"其他"。

在狭小的市场空间中，竞争同样极其激烈。一个细分市场中最终能够存活下来的玩家也就那么几个。中国企业寿命不到全球企业平均寿命的 1/3，就与此不无关系。在如此激烈的竞争中，存活下来的企业如果不选择走向全球化，可惜了！

东方不亮，西方亮。单个细分市场始终存在投资的波动周期。企业如果只在单一市场上打拼，很容易变成在吃到饱与饿到瘪之间挣扎。而多个细分市场叠加后的波动更小，一个区域的投资高峰过后还有另一区域的投资高峰到来。

扩大可参与市场空间，需要突破两类限制

第一个限制是地域限制。地域限制背后隐藏着企业的能力边界。对区域政策理解的能力、产品适配、渠道物流延伸、本地化人力、语言与文化习惯适应能力以及品牌覆盖范围等，都可能成为企业扩大可参与市场的限制。突破的第一步往往是最艰难的。但只要其中一个产品突破了新地域，企业其他产品就可以在此基础上借力。例如，华为通过固定网络与无线网络的海外拓展，到2010年就已经在130个以上的国家建立了办事处。所以，紧跟着出海的华为终端，至少在人力管理、物流、渠道、文化习惯、政策法规理解等方面已经有一定的基础。

第二个限制是层级上的限制，主要是指从低端品牌走向高端品牌时，这种从下往上的仰攻异常艰难。企业面临着提升产品性能与质量、找出差异化点、改变客户原有认知的挑战。企业还需要合适的契机，才能打破原有的供需关系，改变层级的格局。华为无线在2011年遇到百亿美元天花板时，就几乎已经突破了所有国家的市场。从地域角度看，似乎已达到可参与市场的空间极限了。但华为无线设备仍鲜有进入跨国巨头总部所在国的国际城市移动通信网络。而此时距离华为无线出海，已经过去十多年。由此可见跨越层级的困难。

市场空隙总会存在，大小公司都应学会应对

品牌定位其实是一个双向限制。它不只限制了低端走向高端，也限制了高端品牌往下延伸。这种限制在消费者市场更为常

见。以苹果公司的手机业务为例，iPhone 占据了高端市场。其从第一代 iPhone 开始就是 500 美元起步，之后凭借品牌溢价逐步提升价格到 700 美元起，并牢牢占据这个细分市场。但这样的市场策略也给其他品牌留下巨大的市场空间，这才有了三星手机的崛起，才有了国产手机的逐步壮大。苹果不是不想拿下更大的市场，但是下探的价格会影响高端品牌形象，更不能以牺牲品质为代价去进攻低端市场。即使苹果于 2016 年发布了 iPhone SE，也不过重回 500 美元市场。而此时，这个层级的市场早已挤满了三星、华为、OPPO、vivo 的各种机型。

在 ToB 市场的华为无线也面临类似的挑战。印度等市场对价格敏感度极高，而欧洲等市场对产品质量与带宽性能要求极高。同时，通信行业有很多跨国运营商，它们了解设备在不同国家的报价。企业很难以一个产品、一种定价模式打天下。故而，华为无线针对不同市场开发了不同型号的产品，并设置专门的商业模式团队研究和推行定价模式。如何高效率研发、生产多样化的产品，如何设计合理的定价模式，均需要企业有经营的智慧。

企业是一个能力有限、资源有限、资金有限的组织。因此，头部企业一定会更侧重于大客户、大市场，优先服务价值客户，满足他们的需求，解决他们的问题。差异化越大、定制化程度越高的市场就会留下越大的市场空隙。抓住这样的市场空隙机会，小企业就能生存下来，就有了成长的可能性。华为无线为什么能在发展的初期从强大的竞争对手手中抢下农村与中小城市市场？就是因为当时的行业巨头忙不过来，留下了市场缝隙。尤其是在移动核心网市场中，客户有各种定制化的功能与配置需求。满足中小客户提出的需求费时费力，并且可能无法复用到更大的市场。正是从这样的市场空隙中，华为无线才逐步成长起来。

总之，企业只有获得足够的可参与市场空间，才能长大。而多个可以区隔的细分市场，本身就是企业天然的防守壁垒。市场空隙一定会存在。大企业可以不用也做不到占领所有细分市场，但它们应该尽量扩大可参与的范围，避免大量真空的存在，从而保持感知，随时准备构筑防火墙。而小企业或新进入者应该抓住空隙机会，孵化能力并形成根据地。

占据"高地"与"根据地"，攻守兼备

"高地"与"根据地"都可以帮助企业获取稳定收入和现金流，是企业抵御风险、长期生存的重要支撑。

占领"高地"

"'10% 地区拥有 90% 流量'的价值观念要在规划中体现，即投入 90% 的资源，争夺 10% 的高价值客户和地区，而不是在所有地区和客户都加大投入。我们要抢占战略高地，但不是全世界所有高地都要抢到，抢不到的高地做战略放弃（包括市场、技术）。用抢到的高地来养活公司。"[①]

占据"高地"是市场领导者的重要标志。即便 iPhone 的市场份额在 2019 年年初跌到了 12%，仅排在第三名，也从未有人

---

① 任正非.在 2013 运营商网络 BG 战略务虚会上的讲话及主要讨论发言.电邮讲话【2014】016 号.

否认过苹果是手机市场的领导者。究其原因，就在于它牢牢占据了高端市场。拥有足够大的可参与市场是对企业的基本要求，而占据高端市场的企业往往过得更好。所谓高端市场，就是这个客户群更追求高品质、高体验，而价格敏感度相对较低。用大白话讲，高端市场就是更愿意付钱买品质、买体验的客户群所构成的市场。占领高端市场既是强的体现，也能让企业拥有更强的抵御风险的能力。

首先，高地通常意味着更丰厚的利润。市场可以分成高端市场、大众市场和长尾市场。长尾市场的客户预算有限，价格是其进行购买决策的前提条件。大众市场的客户则更追求性价比。高端市场的客户更追求领先，包括品质、差异化、速度等领先，而价格敏感度较低。ToB 市场的高端客户除了关注质量，还会考量企业的经营状况，以保证供应与服务的长期稳定。所以，企业能拿下并保有高端市场，一方面证明了它的综合实力，另一方面也能保证其长期稳定的现金流。

其次，占领高地能够提升企业的整体品牌形象。占领高地是一种资质，是对工艺、品质、性能、可靠性的一种认证。虽然 iPhone 的出货量远达不到第一，但是，公众很自然地就认为，进入了 iPhone 产业链的企业能够提供高品质的产品。其原因就在于 iPhone 牢牢占据了高端市场。就像网易严选里最常见的广告词"我是 ×× 品牌的代工厂"一样，这就是对品质的一种证明。

分布式基站是华为无线创新发展历程中的一个里程碑。2004年，华为的分布式基站首次应用在荷兰运营商 Telfort 的网络上，却没有得到各运营商的大规模应用。直到 2006 年，华为与沃达丰合作的分布式基站网络显著提升了其网络指标。抓住了这次在顶级运营商网络展示的机会，华为的分布式基站才从此实现了在全球市场的大规模突破。通过与沃达丰、德国电信、西班牙电信等跨国巨头成为战略合作伙伴，华为的创新、实力、品质形象得到提升，等于给华为在未来的移动通信市场开出了一张"体检合格证"。这张合格证除了作用于在欧洲市场的合作，更成为无线在中东、北非等市场获取超高份额的重要支撑。

最后，高端市场的客户有更强的黏性，高地难以被迅速突破。一是因为高端市场的客户除了要求产品在某些方面领先，还要求产品有全方位品质的保证。这样深入各种细节的全方位能力与服务要求，需要构筑在企业与客户的长期合作和普遍客户关系之上。二是因为高端市场客户重视供应链的可靠性与连续性。ToB类客户经过较长周期的资质考察，才会替换或引入新的供应商。所以，在整个市场趋势没有出现大幅转向的情况之前，高地市场有很强的防突破能力。

2005年11月，在接受了两年多的考察与测试验证之后，华为与全球最大的移动通信运营商英国沃达丰正式签署全球采购框架协议，华为获得了参与沃达丰的移动网络建设的资格。进入沃达丰的采购短名单不是件容易的事。缘于蜂窝通信网络的复杂性，运营商引入一家新的供应商就意味着需要组建专门的团队来协调沟通、大量的技术培训、大量的互联互通测试以及额外的网络质量风险和更换成本。因此，沃达丰选择供应商，尤其是新的供应商，会经过非常严格的资格认证。沃达丰对华为的设备进行了数千项实验室与实际网络环境中的测试。此外，沃达丰还对华为进行了包括财务经营、战略、技术、管理、流程、供应体系、研发体系、服务体系的整体认证。

高地就在那里，你不去占领，就必然会被别人占领。企业一定要不断审视自己的高地布局还有哪里可以改善，是否充分发挥了高地的品牌效应，是否成为高端客户的战略合作伙伴，以及还可以如何进一步加强联系，共同创新。

占领"根据地"

所谓根据地，就是指企业有天然优势、取得较大份额并难以被攻克的市场。一块根据地能够持续贡献现金流、人才培养、企业文化输出。本土地域优势就是一种典型的根据地。尽管地域上的本土优势不断被打破和削弱，例如便捷交通削弱了物流壁垒，信息化削弱了本地品牌壁垒，翻译软件削弱了语言壁垒，但本地企业仍旧在语言、文化习惯、政策管制、人才资源等诸多领域相对外来企业拥有天然优势。所以，很多行业都会形成地域化的市场区隔。

近些年的统计数据显示，大型的本土市场更容易孵化出大型企业。数据智库 CB Insights 公布的 2019 年全球独角兽企业名单中，美国有 159 个（占比 48%），中国有 92 个（占比 28%）。总共 326 家上榜公司中，中美两国就占了 76%。这是两个巨型的本土市场，所以两国的企业更有潜力得到快速孵化与成长。

稳固的大型根据地还让企业拥有更强的生存能力。为什么华为在美国政府持续打压之下还能够坚持？一个重要的基础就是华为拥有中国市场。每年中国市场在移动设备领域的投资为 80 亿~120 亿美元，约占全球总市场的 1/4~1/3。华为中国区无线销售在各区域市场中的份额排名并不在前三之列，但中国是华为最稳固的市场，是华为生存的底气。

与之形成鲜明对比的是，2003 年之前华为在 GSM 上投入了十几亿元的研发经费，在 3G 上展开了更大规模的研发和市场拓展，但华为无线没有打开国内市场，没有形成根据地。为了生存，华为无线不得不到海外拓展，寻找生存的空间。此时，华为无线极其脆弱，尽管已经实现了在亚太和独联体等市场的销售，但在其他市场还是一片空白。如果拓展海外市场不力，就不会有后来的华为无线，甚至也不会有后来的华为。

中国的本土市场跨度很大。中国原本就拥有庞大的大众市场，随着中产崛起、消费升级、产业升级，高端市场空间也越来越大。市场已经逐渐从要求价格合适，发展到同时要求高品质。企业应抓住这一时代机遇，以本土拉动发展，以本土为根据地向外积极扩展。

最后，企业需要积极思考自己可以构建哪些根据地。并非只有本土市场才能成为根据地。企业在多元化时，通常以核心技术、核心产品或核心资源为基础建设根据地，向外发展。为了使这些领域成为根据地，企业必须建设难以撼动的优势。

建立信任，打通客户价值与市场获取

前文提到，市场是买方和卖方之间的交易，是客户、企业和竞争对手之间的多边关系。以客户为中心的企业通常都会逐渐在客户价值上领先，它们最不怕摆在台面上的竞争。但信息总是不对等的，客户的购买决策总是在信息不全的基础上对比权衡而做出的。市场上完全可能出现劣企驱逐良企的情况。所以，以客户为中心的企业也需要关注客户购买决策点，建立信任，打通客户价值与市场获取。这样才能真正奠定整个企业良性循环的基础。

我们从简化的客户购买决策模型中可以看出客户进行一次购买需要考虑四个方面的因素，如图 2-7 所示。

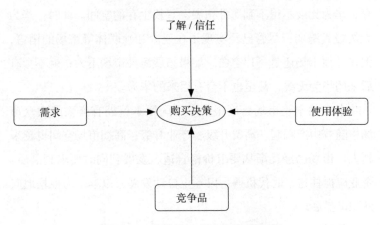

图 2-7　简化的客户购买决策模型

一是客户对企业与企业的产品的了解和信任。

二是客户对竞争企业及其竞争品、替代品的了解与信任。

三是客户使用产品后的体验。

四是将上述因素放在自己对需求的理解标尺上进行比较权衡。

客户的购买行动通常始于自己的需求，以及达成需求目标对产品 / 服务的能力、外观和价格等的具体要求。除了景区饮食或独家产品等少数特殊场景，客户通常不会只看一家企业的产品和服务。他们会综合众多竞争品和替代品的品牌包装、营销宣传、产品介绍或产品使用情况，进行比较权衡，做出购买决策。

以客户为中心的企业最不怕客户重复购买的情景。一方面，这些企业会持续挖掘客户需求，加深对产业未来发展的理解，从而持续构筑显性的和隐性的客户价值优势。另一方面，客户有了体验与实际应用知识之后，不仅更了解其使用过的产品，也会更理解竞争产品的营销宣传的实际含义。这种直观体验与感受也就取代营销推广，成为客户了解产品和服务的最大渠道。换言之，只要客户购买过企业的产品，企业就更容易进入摆上台面的竞争模式。

但初次交易是企业尤其是声名不显的企业绕不过去的坎。如前所述，客户获知的信息总是不完整的。如果企业缺乏知名度，那么客户就根本不知道企业或企业的产品。更关键的是，客户不了解企业实力与信誉，不了解产品质量，不能产生基本的信任。涉及交易金额越大，客户购买决策失误的损失越大，信任危机的影响就越大。

在移动通信设备行业这种动辄数千万、上亿美元的交易场景中，企业不能获得客户的信任就根本不可能获得新订单。在进入海外的初期，华为销售体系总结出建立客户信任的"三板斧"：技术交流、比拼测试和总部参观。

技术交流，即通过总部技术专家与客户之间的技术交流，让客户对华为的技术能力和员工能力产生信任。客户中的技术人员更专注于技术，好就是好，差就是差。华为研发专家来到交流一线，更容易得到这部分客户的尊重与信任。

进入比拼测试就已经搞定一半了，因为华为有充分的产品自信。客户会发现华为的产品不比任何一家跨国公司差，在某些方面还有优势，价格合理，自然会产生产品信任。

最后是总部参观，一般来说邀请客户到总部参观就意味着离签单不远了。通信设备上网之后必须持续地优化、维护和升级，因此，运营商与设备商不是简单的买卖关系，而是长期合作关系。所以，运营商很看重设备商的长期经营能力。邀请客户到总部就是让客户看到华为整体的实力、研发制造的规范性，进而产生对公司经营的信任。

此外，企业还可以通过品牌营销、渠道建设和口碑推荐将产品/服务推向市场与客户。其中定位、品牌宣传等传统营销方法，从某种意义上也可以看作在提升客户对企业及其产品的信任度。

三要素在不同阶段的贡献与收益

品牌、渠道和产品是客户与市场层面的三个要素。它们在客户的全生命周期发挥作用。建立在这三个要素上的控制点，都可以起到增强客户与市场层面强度和韧性的作用。

品牌

品牌是什么

企业对于品牌的重要性的理解是没有歧义的，但对品牌的定义与认知不同，会带来品牌策略的不同，甚至给整个企业战略导向带来差异。

1972年，定位理论正式站上世界营销舞台；1981年《定位》一书在美国正式出版；1991年《定位》首次在中国大陆出版。

时至今日，定位，已成为最流行的一种品牌认知。在《定位》一书中对"定位"的最新定义是："如何在潜在顾客的心智中做到与众不同。""因此，称其为'产品定位'是不正确的，好像'定位'就是改变产品本身。实际上，定位确实会涉及产品改变，但是就名字、价格和包装所做出的改变，其实不能算是对产品的改变。那些实际上是为了在潜在顾客的心智中确保一个有价值的位置而做的表面改变。"① 很多公司也的确将品牌营销的工作重心放在定位上，即发掘消费者的需求，找到定位点，影响客户心智，直指客户的购买决策。

而华为认为，"品牌是什么？说穿了，品牌就是承诺"②。科特勒在《市场营销学》中对品牌的定义是，销售者向购买者长期提供的一组特定的特点、利益和服务。华为对品牌的认知更偏向于这种更为传统的定义。

另外，从客户的视角看，品牌是客户对企业产品特定的性能、质量、服务、价值与风险等诸多复杂因素的一种模型简化。客户在进行购买时，很难真正准确评估这个购买决策带来的价值与风险。此时，品牌就是这些价值与风险的模糊替代变量。所以，在图 2-8 中，品牌就是客户预期价值。企业定位在客户的心智中的认知，就是管理调整了客户心智中对企业产品的价值预期。定位时尚，就是促使客户预期可以从企业产品中获得时尚产生的自我实现价值或传播价值；定位高品质，就是促使客户预期

---

① 艾·里斯，杰克·特劳特.定位：争夺用户心智的战争 [M].邓德隆，火华强，译.北京：机械工业出版社，2017.
② 《加强管理，整顿作风，提高服务意识》，1997.

可以获得可靠好用的产品；等等。但是，企业通过营销等各种方式调整了客户的预期价值，就需要兑现品牌对客户的承诺。

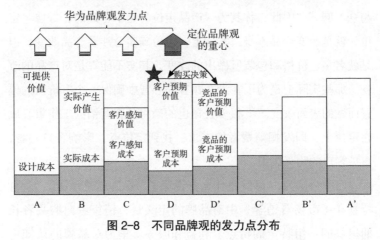

图 2-8　不同品牌观的发力点分布

与定位营销理论强调管理客户心智或者说管理客户的预期价值不同，纵深战略框架中的定位更强调从产品可提供价值到实际提供价值，再到客户感知价值，最后到客户预期价值的全流程价值管理。

总之，"品牌的核心是诚信，是我们为客户提供的质量、服务与竞争力的提升"[1]。

品牌的价值是什么

第一，品牌的传播价值对客户与企业都是有利的。品牌和营

---

[1]　任正非.在华为品牌战略与宣传务虚会上的讲话纪要——紧紧围绕客户，在战略层面宣传公司.2012.

销，能够让客户看到更多的购买选择和产品信息。而且品牌的营销宣传还赋予了产品更多的文化价值与传播价值，让企业获得更多展示并被记住的机会。

第二，品牌可以降低决策风险。在简化购买决策的认知模型的同时，品牌也可以降低购买决策的风险。这是建立在品牌可以被追溯这个基本特征上。就像秦朝的弓箭头上必须标注工匠的名字一样，品牌把生产者的名字放在了客户面前。如果客户的洗衣机经常发生故障的话，他会抱怨××品牌的洗衣机不好，而不是洗衣机不行。这样在下一次购买的时候他就会避开这个品牌，甚至传播出来促使更多的人放弃这个品牌。这会降低客户重复犯错的概率，也会促使厂商改进质量，兑现品牌承诺。

第三，品牌的情感体验价值与社交价值在消费者领域尤为明显。例如，很多人穿名牌是因为名牌会给他们带来自信和体面。这种自信和体面能够使人得到一种心理上的满足，因而也能在一定程度上给人带来幸福感。而且，品牌还具有群体身份认同的社交价值。

品牌竞争力与产品竞争力一定会存在差异。这种差异虽然不会在短时间内达到对等，但始终趋向于逐步减小。所以，不要忽视产品对品牌的支撑，不要高估品牌的稳固性。"品牌是打出来的。"[1]

---

① 任正非.在独联体片区的讲话纪要——将军如果不知道自己错在那里，就永远不会成为将军.2007.

品牌的三种认知源

客户对品牌的认知主要有三个来源，包括企业的营销宣传、大众的口碑、自身的体验。对于不同行业、不同产品甚至企业的不同战略导向，这三种认知源的权重是不一样的。

华为无线主要从事 ToB 类行业，因此，客户自身实际体验这个认知源更为重要。运营商客户在初始阶段前更多的是从品牌营销以及其他客户处了解产品能力、服务优劣与企业经营状况。但大多数客户在购买之前都会有各种测试，即使引入华为设备通常也是在非重要区域小规模验证之后才会大规模购买。之后华为无线设备实际的性能与质量表现、给客户带来的价值效果，会不断验证并强化华为品牌传播的形象与价值，并最终决定客户在进行更多合作或扩容升级时的选择。

华为无线当然也不会忽略另外两种认知源。一方面，大众的口碑可以理解为其他客户的体验。另一方面，华为其实从创立之初就非常重视品牌宣传，这在华为参加通信展的细节中就可见一斑。华为最初参加北京通信展时选择的展位就是国际展区，与国际巨头同场竞技，也是在传递华为品牌与国际巨头齐平的信息。对于在巴塞罗那举办的世界移动通信大会（行业内简称巴展），华为更是特别重视，丝毫不吝啬投入。世界移动通信大会是在行业乃至整个社会具有全球性影响的盛会，是各企业发布新产品、展示新技术的重要舞台。2019 年，有 2 400 家以上的企业参展，展会面积达到 11 万平方米。而华为的主展区面积就达到 6 300 平方米，并占据展区的核心位置。华为 5 个展位的总展区面积占整个世界移动通信大会展区面积的近 8%。媒体惊叹"世界移动通信大会已经成了华为主场"。

渠道

渠道主要指产品服务传递到客户的路径，包括实体渠道和信息渠道两个部分。渠道决定了接触客户的数量与频次。因此，渠道过去是，现在仍然是重要的竞争控制点。

实体渠道控制力强，但建设速度慢

国美与苏宁在 21 世纪第一个 10 年把控家电业零售渠道，压得上游渠道商与厂家苦不堪言。只有格力有底气叫板，这个底气就是其遍布全国的数万家专卖店。即使现在电商平台越来越重要，线下销售渠道依然助力 OPPO、vivo 以及华为手机在 2015—2017 年实现销售额快速增长，超越小米。

线下实体渠道建设受资金、技术、人员的制约，因此，企业会面临扩张速度慢、成本高的困扰。三星的移动通信设备业务发展缓慢的一个重要原因就是渠道不足。三星仅在近 70 个国家或地区设有办事处，其中提供移动通信设备销售与服务的就更少了。没有本地化的办事处，不仅直接服务有障碍，还会导致其难以寻找到优质合作资源。因此，运营商在评估招标时对其提供的安装与维保等服务会有很大顾虑。相比之下，华为在全球 130 多个国家与地区设置办事处，占有对手难以在短时间内弥补的优势。

信息渠道建设门槛低，但入口与排位争夺更加激烈

电商平台给了企业与产品充分的展示空间。因此，大多数无须面对面服务的企业可以不再以渠道数量为竞争焦点。企业在推出官方 App 与网购页面的同时，也会在京东、天猫等电商平台开设自营旗舰店。即便如此，企业单手可数的网店数量，与实体渠道的展开成本也根本不在一个数量级。

企业渠道的竞争不再是门店的数量，转而变成聚焦在入口引流之上。以淘宝与天猫为例，总计有 1 300 万个以上的店铺。企业要想在有限的入口界面中脱颖而出，抢占客户有限的注意力，绝非易事。无论是竞价排名，还是创新或注意力排名，对企业而言都是巨大的挑战。

产品

按照本书的框架划分，产品本身不在客户与市场层面，但产品对客户价值、对品牌与渠道都有直接支撑作用。

首先，产品是满足客户需求的直接载体。客户价值是在使用产品与服务中实现的。因此，客户在产品全生命周期的体验是决定其是否持续购买的最重要因素。

其次，产品是品牌的重要支撑。缺乏产品支撑而虚高的品牌价值最终会逐渐回落到与产品实际价值相似的位置。读者可以回想一下孔府宴酒、秦池、爱多、熊猫、步步高、非常可乐、纳爱斯、新飞，这些当年的标王，如今你还记得几个？

最后，产品设计与渠道物流业息息相关。良好的产品设计可

大幅降低产品的物流成本，提升仓储与物流效率。

下一章将详细展开介绍产品与服务层面。

强化客户层面辐射力

纵深战略框架要求各层面构筑自己的强度与韧性，且相互支撑形成更稳固的结构。因此，各层面都需要辐射输出拉力或助力。前文已经较多涉及客户与市场层面向其他层面的输出，本节就对这部分相关内容做一个简要的集中阐述。

在客户层面，主要有三类优势需要向其他层面传递。

第一，理解力——触点优势。

所谓触点，就是企业感知内外部状况、变化和趋势的接触点。企业触点展开得越广泛、越深入，就越能获得更全面和更深层次的信息。客户与市场层面的触点主要从以下三个方面进行感知。

首先是需求。企业需要从各层面感知客户的需求、问题、痛点以及客户中长期规划。这是客户与市场层面最基本的感知能力。这些信息极其繁杂，需要构建综合分析能力才能有效发挥触点优势。

其次是竞争压力。各层面都能感知到竞争压力，但客户与市场层面最能感知到竞争的焦点在哪里，自身的弱点与优势在哪里，以及竞争压力与焦点的变化趋势。因此，它成为整体战略与各层面战略最直接的导向标。

最后是市场机会。这种感知建立在对需求和竞争压力的感知分析之上。综合前面的各种感知与客户群分析，企业才能找到市场突破或进一步发展的线索。

客户与市场层面的触点优势所带来的理解力，对其他层面而言是一种拉力。从客户感知到的这些需求与变化不只拉动产品服务，也包括技术资源与产业生态。因此，各层面都仔细理解并响应这些变化与需求，有助于企业抓住机会，正确取舍，分清权重。而且，来自客户与市场一线的指引，还有助于企业分级预警，及时应对风险。

第二，支撑力——规模优势。

规模优势包括客户、市场份额与渠道上的规模优势，除了能给客户与市场层面带来额外的网络价值、客户信任与市场信任，对其他层面也有强劲的助力。

首先，规模优势能增强孵化产品的能力。客户规模有助于新产品进行快速、大规模的市场验证，而渠道规模与市场规模有助于新产品快速规模推广。这些规模优势及其带来的快速发展，能进一步增强客户与伙伴的信心，并形成良性循环。

其次，规模优势能增强产业话语权。企业的规模优势一方面有助于快速验证并推广合作的解决方案，另一方面是企业健康与实力的重要标志。合作伙伴的风险因此显著降低，更加相信企业，更愿意与企业合作。

再次，规模有助于提高品质与成本控制能力。产品的品质与成本都有一条经验曲线，即生产数量越大，产品的品质越高，成本越低。新产品销量的快速放大，有助于企业沿着经验曲线快速提升品质并降低成本。

最后，规模优势利于增强合作关系，降低采购成本。产品规模不仅能分摊企业自身的固定成本，由此产生的大量采购还能使供应商伙伴分摊其固定成本，积累降低成本的经验，提高其相对次级供应商的议价能力。

第三，支撑力——品牌优势。

品牌优势是一种信任，是一种承诺。这样的信任与承诺不只有利于影响客户的购买决策，同时，它还是对各类伙伴与竞争对手的承诺，包括在与生态伙伴合作解决方案时严守边界，在与供应商伙伴联合设计与采购时及时付款，在与行业竞争对手共推标准时遵守规则等。这些品牌带来的信任与承诺，让纵深框架的各个层面在对外协作中更容易形成双赢的局面。

本章小结与自检表

▶ **回顾**

　　本层面包含客户与市场两个关键要素，以及品牌和渠道两个有形或无形的资产与活动。

　　以客户为中心是各层面以及整个战略框架的出发点，是企业生存的基础。以客户为中心的企业将重心放在增加客户实际获取的价值上并关注整个价值传递过程，而非只聚焦客户预期价值。客户层面的强度难以准确衡量，需要从客户的满意度、忠诚度、购买决策以及企业的主观判断等多维度指标牵引。建立客户层面韧性能力需要走进客户，建立普遍客户关系，确保实现产品全生命周期的客户价值最大化。企业还需要深度挖掘客户能够提供的价值，包括但不限于当期经济价值、长期经济价值、传播价值、伙伴价值与导向价值等。

　　市场是客户、企业与竞争对手的交易，关注焦点在竞争上。市场份额与持续有效增长趋势、可参与市场空间、市场高地等指标反映了企业在不同层面的市场竞争力。企业的韧性软实力则构筑在根据地牢固性、可参与市场大小与市场高地占领的基础上。

纵深

▶ 自检表

依旧请读者从自己企业的现状出发，做如下自检与思考。

- 企业当前处于什么阶段？应该从哪些维度牵引客户强度？

- 有无忽视客户关系或客户价值？

- 还可以挖掘哪些客户贡献的价值？

- 有无忽视了的空隙市场？

- 高地与根据地在哪里？

- 在客户购买决策链上，还有哪些方面可以加强？

- 组织流程上能否有效发挥客户与市场层面的拉力与推力？

请扫描二维码
获取本章思维导图

请扫描二维码
回答问题获取勋章

第 3 章

产品与服务层面
——
核心产品竞争力领先，
产品组合协同竞争力领先

●

为什么有的产品看上去不错，但就是卖不出去？

如何正确有效地领先？

产品竞争力下降，该怎么办？

●

一路狂奔，竞争力持续领先

产品与服务层面的首要追求是核心产品竞争力持续领先，然后是核心产品、服务与外围产品协同形成持续领先的竞争力。其实，企业在一段时间内实现产品竞争力的单点领先并不难。但竞争长期存在，模仿、改进与超越随之而来。持续保持领先是企业面临的巨大挑战。因此，单点领先非常脆弱，不算真正的领先。企业需要多点领先并一路狂奔，才能实现竞争力持续领先！

首先，市场空隙的长期存在，决定了挑战者的长期存在。前文提到，由于企业地域文化习惯不同，以及交通物流、人力资源与技术资源的有限性，市场空隙与产品竞争力空隙几乎无可避免。挑战者可以在这样的空隙中找到生存的空间，积蓄力量，不断向上挑战。当环境剧变、行业动荡或技术积累到一定程度时，挑战者就有了颠覆整个行业格局的可能。

其次，挑战者存在后发优势。先发者固然有先发优势，但其探索方向与路径需要承受巨大的成本与风险。而后发者已经知道产品技术开发的方向、目标和大致路径，可以少走很多弯路。苹果于 2004 年启动智能手机开发，2007 年发布第一代 iPhone。而谷歌于 2003 年开始研发的智能手机操作系统一直不见踪影。但在 iPhone 发布之后，谷歌迅速找到方向，于 2008 年联合 HTC（宏达电）推出了第一代安卓智能机 HTC G1。由于安卓系统大量借鉴了 iOS（苹果公司开发的移动操作系统）的交互方式，这也让乔布斯非常不满。

再次，技术发展并非匀速，平缓期内容易被追赶。通常产品技术也有研究孵化期、快速迭代发展期、平稳爬坡期，甚至停滞期。在进入一个阶段的极限后，产品技术的发展规律不再是加大投入或者持续积累就能大幅发展。产业自然会出现先发者停滞而后发者逐步赶上的局面。竞争焦点也从产品的性能比拼和功能比拼逐渐向营销品牌、品控与成本控制等比拼转移。成衣制造、食品生产等传统产业早已进入这个阶段，因此这种特征非常明显。而数据库的 MySQL 对 Oracle、服务器操作系统的 Linux 对 Unix 则正在上演这种变迁。

又次，垂直分工让补齐短板变得容易。在大型机时代，IBM（国际商业机器公司）、Sun（太阳微系统公司）等巨头的服务器都是自己研发芯片、操作系统和主要软件，并且自己生产。进入个人计算机时代后，底层 CPU 与操作系统独立发展，才有了惠普、戴尔、华硕等一大批品牌的兴起。每个企业都采用英特尔或超威半导体公司的 CPU、微软的操作系统、英伟达或超威半导体公司的 GPU（图形处理器），然后自己做主板与整机设计。这种依托底层垂直分工而发展起来的企业，能够迅速补齐短板。但同一生态位上，彼此之间的产品竞争优势难以拉开差距。

最后，随时可能出现换道超车。技术发展从来不是只有一个赛道。原来积累的优势、构筑的纵深可能转眼间变得不再重要，大家又回到了同一起跑线上。原来的领先者甚至可能变成了后发者。例如，汽车发动机与变速箱一直是汽车工业的核心难点，然而电动汽车的兴起让这两个领域变得不再重要。电子管的鼎盛时期，西欧胆管品牌过百，销售遍及全球。然而，随着半导体器件兴起，众多的著名胆管品牌或改弦易辙，或已消失。MULLARD（大盾）、VALVO（富豪）、Telefunken（德律风根）等品牌恐怕早已不为大众所知。

企业在产品与服务层面往往提供多种产品与服务。

核心产品就是企业针对客户某类需求中最本质、最重要的部分所提供的产品。核心产品竞争力持续领先是企业竞争力的基础。

服务是企业为客户提供价值的一系列劳动举措。除了金融、娱乐等纯服务行业，大多数行业的服务都建立在产品的基础之上。其目的就是最大限度地传递产品价值，减少价值传递损耗。过度强化服务的收益是不可取的。爱立信和诺基亚在 2005 年后开始强化服务而相对忽视产品，从而让华为在移动设备领域有了更多超越的机会。

外围产品与核心产品共同为客户提供完整的价值。

外延产品则是在企业技术、生产、渠道等能力上的外延。它们与核心产品协同可以提升整体竞争力。

企业不能只盯着某个产品或某个维度的竞争力强度。企业首先需要实现核心产品竞争力的多点领先；其次，协同产品与服务，最大限度地发挥产品的价值；再次，协同核心产品与外围产品，形成组合优势；最后，储备韧性能力，以便在竞争力落后时尽快补齐并反超。

华为无线产品发展历程

"创新""竞争力领先"，这些口号喊起来很容易，真正做起来却挑战巨大。华为无线的产品创新主要是沿着四条线索持续发展，逐步积累强度与韧性。下面的案例内容可能会有一点专业，但读者不用去理解每个创新的具体内容，而应聚焦在理解华为无线开启每条创新线索的市场背景、产业背景以及华为无线当时的能力基础。

第一条主线是产品的协议实现。虽然各设备商对同一代产品都遵从相同的协议，但彼此的开发管理能力、射频经验、算法能力、热管理能力等方面存在差异。因此，设备商仍可以在产品的开发进度、可靠性、最大速率、发射功率、能效和集成度等方面拉开差距。

2003 年之前，华为无线研发基本都集中在这条主线上，例如 1995 年推出的 ETS、1998 年试商用的 GSM 第一代基站、2000 年石岩湖封闭开发出的 CDMA IS-95 系统，以及 2001 年开发的 CDMA 1X 等。

2003 年之后，虽然华为无线逐渐扩展了创新的形式，但产品的协议实现仍然是产品竞争力的基础，持续领先协议实现也是持续领先半步。2003 年，华为无线商用 WCDMA 系统缩短了与业界的差距。2009 年的 LTE、2018 年的 5G NR（新空口）等代际产品已经开始领先业界发布并商用。华为无线还积极推动标准协议的持续演进和产品化，如 2006 年的 HSPA、2010 年的 LTE-A、2015 年的 LTE-A Pro 等。而且，其每年例行推出的产品版本也都在不断增加并刷新有价值的协议功能。

第二条主线是基站形态上的创新。相对于产品的协议实现，基站形态上的创新对无线基础能力和整机工程能力有更高的综合性要求，更容易拉开显性而持久的差距。这也成为华为无线创新的撒手锏。

2004 年发布的分布式基站和 2009 年推出的 SingleRAN 解决方案，成功帮助华为无线在欧洲与全球市场实现逆袭。SingleRAN 基于华为无线的第四代基站，开启了华为无线的大平台研发策略。2007 年的新双密度基站又帮助华为 GSM 摆脱困境，占据了最大的新增份额。

2009 年后，华为无线将这条创新主线扩展到所有子产品线。华为无线相继在 2012 年推出 LampSite 小基站，2013 年推出 AAS（主动天线系统），2016 年推出计算资源云化的 CloudRAN 和射频资源云化的 CloudAIR，2018 年推出刀片式基站。

第三条主线是站点级创新。站点级创新扩展了基站的部署场景，降低了基站部署难度与成本。它随着蜂窝通信网络走向精细化以及向偏远地区覆盖延伸而变得尤为重要。这类创新需要对基站的安装部署和运营维护有深入理解，需要企业从核心基站产品外延到天线、供电、塔杆等更广泛的外围产品。

2004 年，华为收购瑞士灏讯公司基站天线业务，拉开了站点级创新的序幕。2009 年的新能源站点、2011 年的 Mini Shelter

以及 2013 年的混合供电都是站点外围产品的创新。

而华为在 2017 年推出的适用于偏远广袤地区覆盖的 RuralStar、适用于独立站点的 TubeStar 和适用于密集城区的 PoleStar 等解决方案，都综合考虑了站点供电、回传、塔杆、天线和基站全套设施，属于站点集成解决方案。

第四条主线是网络级与产业级创新。随着移动连接数量的增速放缓，运营商从个人移动通信用户获得的收入也略有下滑。新的网络级与产业级解决方案变得越来越重要。这对华为的研发能力与产业领导力提出更高的要求。华为无线不仅必须推出具有市场开拓性的新产品或新特性，还必须推进标准、联合运营商探索业务以及联合各类伙伴共建生态。

2015 年华为就开始从标准与产业应用维度推进 LTE-V，即基于 LTE 的车联网。2016 年的 WTTx 2.0 标志着华为开始大规模推动无线家庭宽带连接。2018 年则成为华为倡导的 NB-IoT 的商用元年。

强度：核心产品竞争力正确地领先

核心产品竞争力领先是所有企业研发部门的愿望。但一个产品难以兼顾各种性能指标与成本指标，如何才算是真正领先了呢？

"西方大公司在主干上满足客户需求，我们在枝节上满足了客户需求，从而获得很多边缘合同，对公司的早期成长起到了重要推动作用。现在我们以两个车轮子推动公司前进：满足客户需求的技术创新和积极响应世界科学进步的不懈探索，除了能满足客户需求外，还可能具备在管道的未来方向上牵引客户的能力。"①

这句话揭示了构筑核心产品竞争力的关键所在——正确。一方面，企业要以客户和市场为驱动，找到目标客户群的主要需求，在正确的方向上领先；另一方面，企业要以技术为驱动，在正确的路径上领先，并牵引客户需求。此外，核心产品竞争力的领先必须以正确的形式显性领先，才能有效展现出产品的价值优势，从而获取合理的回报。总之，企业的产品竞争力领先必须是正确的领先。

产品都做正确了就算强吗？还不够。产品能在市场的竞争中体现出它的强度与价值，才算真正的强。所以，产品还必须具备可复制性和广泛适用性，这是核心产品竞争力强度的基础。产品的总价值等于产品单位价值乘以产品规模数量。如果产品不具备可复制性，不能在规模生产与销售时保证统一的品质，就不能在市场上产生足够大的价值。如果企业需要对每个狭小的客户群定制产品，那么每种产品的适用范围不足，同样难以产生足够的市场价值与竞争价值。

以客户需求为驱动，在正确方向上领先

"我们是以客户需求来牵引产品和解决方案，过去我们构筑了很强的产品能力，面向未来需要加强解决方案的能力，要加强

---

① 任正非.在2014年市场大会上的讲话——做谦虚的领导者.电邮讲话【2014】014号.

对解决方案的投入，牵引研发趋向客户需求。"①

　　客户对产品的需求往往是复合的，既有基本能力需求，也有附加功能、价格和易用性的需求，还可能有审美、情感传递的需求。任何企业都是一个能力有限、资源有限的组织，不可能无限满足客户的需求。因此，选择去实现哪些需求以及满足到什么程度，就成了企业面临的生死攸关的问题。"'满足客户需求'要改为'满足客户有价值的需求'。"②

　　要理清关键客户需求与竞争焦点，企业就需要先理解日本管理大师狩野纪昭在 1979 年提出的 KANO 模型，如图 3-1 所示。虽然这是关于质量的模型，但正如中国国家标准 GB/T19000:2016 将质量定义为"客体的一组固有特性满足要求的程度"一样，质量就是对需求价值的满足程度。为了方便理解，我们在下文中用"需求价值"一词来替代模型中的"质量"一词。

　　必备需求价值：当无法满足此类需求时，客户满意度会大幅降低；而满足之后，客户不满就会消失；但再进一步提升优化，客户满意度也不会发生大的变化。如食品安全就属于典型的必备需求价值。我们常说的痛点，通常就发生在必备需求价值不能满足的地方。

　　期望需求价值：客户满意度随这类需求的变化而线性变化。需求满足度高则客户满意度高，需求满足度低则客户满意度低。

　　魅力需求价值：处于客户期望之外，即使不提供此类需求价

---

① 任正非.在产品配置 E2E 项目汇报会上的讲话——客户需求导向，提升公司 E2E 系统竞争力.电邮讲话【2017】075 号.

② 任正非.在成研所业务汇报会上的讲话——风物长宜放眼量.电邮讲话【2014】027 号.

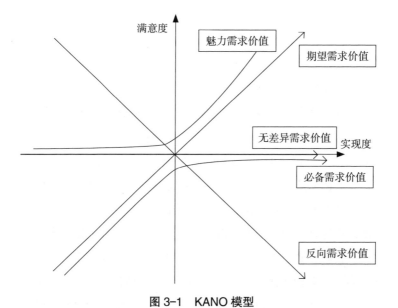

图 3-1   KANO 模型

值，客户满意度也不会降低。但如果提供此类需求价值，即使不
完善，也将大幅提升客户满意度。

无差异需求价值：无论是否提供此类需求价值，客户满意度
都不会有变化，客户根本不在意此类需求。

反向需求价值：客户反感此类需求价值。做得越多，客户满
意度下降得越多。

没有正确理解需求价值的含义，没有理解清楚什么是核心竞
争力，就会导致企业产品战略变形和产品竞争力变形。从开比亚
迪电动汽车的出租车司机的抱怨中就可见一斑。深圳出租车市场
已经全面电动化，但出租车司机抱怨多多："加速性能很好，但
有的乘客反而害怕，出租车又不用飙车；关键是续航能力不足，

200 多公里就需要去充电，续航即金钱啦！"

然而，KANO 模型只是一个基础，生搬硬套地使用是远远不够的。在真实世界中，各种需求价值曲线不是独立存在的，还需要灵活应用如下的延伸理解。

首先，实际的需求价值曲线往往是由 KANO 模型中的几条曲线组合而成的。图 3-2 反映的是移动通信运营商对可靠性与通话效果的需求价值曲线。20 世纪 90 年代末至 21 世纪初，移动通信发展的初期，运营商对网络的可靠性要求并不高。但通信设备三天两头宕机肯定不行。在客户眼中一天宕机三次和三天宕机一次没有区别，两者都不可接受。这就像在曲线靠近顶部有一个门槛或台阶，属于必备需求价值。超越这个基本要求之后，可靠性越高，运营商越满意。这段曲线是典型的期望需求价值曲线。而在可靠性接近或超过 5 个 9（即每年 99.999% 的时间都可以正常运行）之后，其对提升运营商满意度的影响就迅速变小，近似于一个新的必备需求价值曲线。

不能满足基本的可靠性与通话效果的话，华为在市场上就无立锥之地。因此，从内蒙古第一个 GSM 实验局开通之后，可靠性就成为华为无线的重中之重。

一方面，华为无线抽调大量精兵强将成立维护团队，负责定位并解决网上问题，针对重大问题成立跨部门攻关组，并组织研发人员亲赴重要局点保障设备初次开通。这些举措化解了华为在初期的产品可靠性弱势，勉强达到第一阶段的必备需求价值。

另一方面，华为在流程组织上引入 IPD 流程，并建立专门的流程管理团队。2004 年，所有研究所都通过了 CMM（软件能力成熟度模型）五级认证。2003 年，华为开始推动各产品经理与

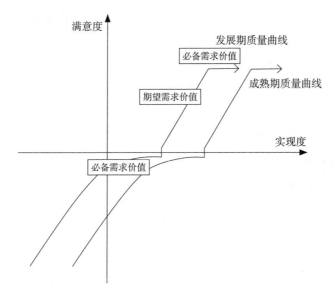

图 3-2　不同时期需求价值曲线变化

开发经理参与 PMP（项目管理专业人员）认证。这些底层能力的增强，帮助华为无线迅速提升了产品可靠性和客户满意度，从后进者成长为行业的领先者。这段时期，华为无线从维护团队与测试团队中提拔了大批人才和主管。

其次，曲线的形状是变化的。随着行业平均水平的变化、客户消费习惯的变化、周边产业的发展，同一需求价值的曲线在不同时期的形状与程度是不同的。

回到刚才关于可靠性与通话效果的例子中。行业内主要企业的产品进入成熟期之后，产品的可靠性得到大幅提升，每年都没有重大事故。而且因为技术的发展与经验的积累，即使偶尔出现一些小故障，产品也能够及时报警或自动恢复。通话效果也快速提升到了一个新高度。于是，此时曲线的台阶相比发展期的必备需求价值台阶上升了一大截。

最后，不同设计通常会影响多种需求的实现度，企业要做好权衡与取舍。对某个需求的实现，可能会影响到其他需求的实现度。而不同的客户对这些需求实现度差异也会有不同的反馈。企业需要综合考虑如何兼顾或取舍。2015 年开始，多款华为、荣耀手机去掉了手机下部的实体导航键按钮，改用虚拟按键，以实现更高的屏占比。然而这个设计毁誉参半，一部分用户觉得大屏幕很好，另一部分用户却反馈操作不方便且不习惯。直到全面屏兴起，返回操作既可以用虚拟键实现，也可用手势操作，这样的设计才被广泛接受。

总之，企业需要找到客户的关键需求，分析清楚需求实现度与客户满意度（客户价值）之间的关系曲线，以及认识到当前阶段企业的能力基础。这样企业就可以在其中权衡利弊，找到正确的产品创新方向。鉴于需求价值曲线的阶段性与变化性，企业必须不断进行这样的权衡取舍。

以技术为驱动，在正确的路径上领先

"客户面临的现实问题是客户需求，面向未来的科技创新也是客户需求，只是更长远一点。"[1]

以技术为驱动，首先要以技术趋势为路径和节奏的导向。大

---

[1] 任正非.在公共关系战略纲要汇报会上的讲话——从人类文明的结晶中，找到解决世界问题的钥匙.电邮讲话【2018】120 号.

多数情况下，技术趋势是一个慢变量，具有长期性。企业应该找到其产业的技术趋势方向，持续投入力量，不断积累产品的增量优势。以移动通信行业和华为无线为例：

首先，沿着行业技术主路径持续发展。身处移动通信行业的幸运与不幸运都在于，大家都沿着一条相对清晰的路径前行。移动通信行业相对标准化，并且基本保持每 10 年出现一代新的通信制式的节奏。因此，所有玩家都要在这条清晰的长跑路径上比赛，并竭力领先，拉开差距，如果在中间赛段掉队就有可能被清退出场。

这条路径上不仅有 2G、3G、4G 和 5G 这样的代际标准，也有持续优化的中间版本标准如 2.5G（GPRS）、2.75G（EDGE）、3.5G（HSDPA）、3.75G（HSPA）、4.5G（LTE-A）、4.75G（LTE-A Pro）等。设备商沿着这条主路径积累的经验与能力能够不断叠加。

其次，沿着应用牵引的技术主方向持续发展。当有多条技术路径摆在面前的时候，该如何选择呢？企业所在行业总有一些长期存在的需求，它们在很长一段时间内都会呈现期望需求价值或魅力需求价值的曲线形态。企业应该将其翻译成产品能力或技术方向，并持续研究、积累。

移动通信行业有宽（带）、广（覆盖，包括精度覆盖）、省（钱、能力、心）等几个主要技术方向。例如，沿着更高带宽这个方向，可以分解出更多频段 / 更宽频谱、更多通道、更多制式等多个技术发展路径。华为无线就沿着这些导向实际应用场景的技术方向不断深化积累技术能力与经验，如功放的线性度、滤波器的带宽、CPU 性能与算法效率等。每积累到一个新高度，就推出相应的新产品、新特性。所以，我们既可以认为是技术驱动产品进步，也可以认为是产品应用牵引技术方向。

2010 年左右，华为无线内部就未来通信管道的发展走向问题出现了两种声音。一种观点是人工智能已经开始兴起，代表着未来，故而未来的方向是智能管道，可以赋予管道更多的价值。另一种观点是宽管道仍是未来的主方向，虽然很难，但代表着客户最坚实的利益。华为无线面临一个纠结的选择。经过了一两年的讨论与实践，其间也尝试了 SingleRAN@Smart 的解决方案，华为无线最终统一到要坚持沿着多频 / 宽频、多制式、多天线、宽频的路径，建设像太平洋一样宽的管道；并认为智能化技术的成熟有其路径与节奏，率先成熟的领域是运营维护智能化，其次才是管道的智能化，最后是设备本身的智能化。千万不要低估这次主路径选择的意义。华为坚定地投入研发力量在宽管道技术与产品研发上，才逐步在基础性能上拉开实质性差距。华为无线才能在 4G 领域领先，并在产业上快速推进 4.5G 以及现在的 5G。

另外，底层技术的阶跃及其迭代发展，或者技术组合方式的革新都可能驱动产品进步。产品的独特性与颠覆性往往更依赖于这些底层的推力：新组合、新技术和新材料、新资源和新内容。

新组合就是在原有产品结构上进行增减、分拆以及组合等操作，从而形成新的产品。前面提到的分布式基站其实就是把基站拆成了基带处理模块与射频发射两个部分。这里面当然还会涉及新的连接技术与连接协议，究其本质是一种分拆组合方式的创新。大多数时候，新组合都是在现有技术基础上的组合操作。就像理发推子的演进一样：最开始是手动的理发推子，与电动机结合之后就成了电动理发剪，再将锂电池组合进来又产生了无线电动理发剪，与梳子的组合产生了在理发剪上更换定位梳的设计，现在又产生了将分离的多个定位梳改成一个集成在理发剪上的可调定位梳的设计。所以，新组合创新的门槛不在实现能力上，而在如何产生组合创意上。

新技术、新材料通常能够更具阶跃性与颠覆性地推动产品进步。第4章会对如何研发与引入新技术进行更详细的阐述，这里主要就引入新技术与新材料对产品的影响进行展开。鉴于GaN（氮化镓）适用于高功率、高频率的特点，华为无线很早就与供应商一起开始了将GaN作为基站的功放器件的合作研究。经过长时间的试验与优化，GaN才逐步在基站功放领域得到实际应用。但引入新技术并不总是如此艰难，尤其是在产品要求度略低的场景。在2020年1月的CES（国际消费类电子产品展览会）上，有30多个厂家推出自己的GaN手机充电器，GaN充电器迅速成为一股热潮。GaN充电器的体积比同功率的一般充电器减小了一半，而此时距离第一款GaN手机充电器在国内上市的时间不到一年。

新资源、新内容在互联网领域尤为重要，很多时候还伴随着新模式的产生。企业获取了新的、独家的资源或内容，往往就会大大提高其产品和服务的竞争力。在早期，长视频网站只是简单汇集各家电视台节目资源以及影视内容，这是传统的渠道平台模式。之后竞争更加残酷，不管是国外的网飞，还是国内的腾讯视频、优酷视频，都开始竞标独家的体育转播权，或者自制剧集、娱乐节目。大家耳熟能详的《纸牌屋》《创造营》等内容，都是由各视频网站自制的。缺乏特色内容与资源的网站大都已经从大众的视野中消失。

定义"4 新"，以正确的方式领先

在主路径上满足了客户需求，实现了核心指标领先，并不是就结束了，还必须让客户明确感知到产品的领先，这样，企业才能把竞争力的领先真正转化为市场上的优势与胜势。

产品竞争力显性领先最直接的体现方式就是掌握对产品的定义权。这里的定义权是个广义的范畴，即定义产品的新高度、定义产品的新维度、定义产品的新客户群、定义新产品品类。这些新定义的创新直指客户价值且具有品牌辐射效应。

定义新高度

所谓新高度就是指，产品在原有的主体需求结构下，某些指标的提升上了一级台阶，能够让客户感知到明显的价值提升，而不是简单地超越原来的最佳。新高度是产品竞争力优势显性化的基础，往往也是其他三新（新维度、新品类、新客户）的基础。

例如，以前华为无线开发了很多节能减排的特性，但就每一个特性而言只能节能几个百分点而已。与客户沟通交流之后，才发现运营商根本就不感兴趣。这么点效果，买来不是瞎折腾吗？这其实就是阶跃不够。于是华为无线把这些特性打包成整体解决方案，配套协同实施后节能减排效率可以提升数十个百分点，客户就变得非常感兴趣了。

所以，新高度需要让客户感受到显著的价值增量。很多时候我们提升了产品性能，市场却没有相应的反馈。这不是方向错了，只是需要再努力积累，让产品的性能真正跨上一级台阶。

定义新维度

　　新维度就是带给客户更多样性的价值。新维度挖掘在 ToC 行业内出现的频次更高。事实上，中国很多互联网企业非常善于这种方式的创新。导航类 App 就是非常典型的例子。最初的导航软件基本都聚焦在导航功能本身，现在国外的 TomTom 等导航软件仍然如此。但百度地图、高德地图、腾讯地图等导航类 App 在导航定位本身的优化之外，还提供定制语音包、监控提醒以及拥堵调整路线等优化导航体验的功能，更提供公交线路、周边美食、商户推荐与打车等延伸服务。这些企业已把导航地图 App 发展成基于位置服务的综合 App，给用户带来了更多的便利，同时也更好地发挥了 App 的入口价值。

定义新品类

　　新品类意味着产品形态上的创新、新需求的发掘，以及新市场的占领。开创一个新品类是企业梦寐以求的成就。

　　华为无线的分布式基站加速了室外站点的建设，SingleRAN 则改变了运营商在多网并存时的建设与运营模式。正是通过这样的新品类创新，华为无线才一步一步重塑了市场格局。

　　对互联网而言，新入口就是最常见的新品类。在门户网站之后，搜索引擎就是一个新品类，之后出现社交网站或 App，再后又是短视频分享。正是这些新入口不断重新定义互联网。企业在发掘新品类的时候要避免陷入伪需求的陷阱。就像有些厂家经过调研，认为老人需要字体大、按键大、音量大、价格低的手机，因而推出老人机系列。然而事与愿违，老人常常使用子女用过的智能手机。亚洲地区的年轻人一年多就会更换一次手机，因此，这种情况就更为常见了。而且这些智能手机照样可以调大字体、调大音量。很多时候需求是存在的，但通过其他方式就可以简单实现。企业要尽量避免这种无谓的品类创新。

定义新客户

这里的新客户是指在主体需求基本不变的基础上，挖掘细分市场的特殊需求，从而获取新的客户群体。这些特殊需求可能是降低成本、简化产品，也可能是提升某项性能指标，还可能是增加某些附加功能。华为无线后期的产业级创新多为定义新客户的创新，如 LTE-V 将蜂窝通信扩展到车，WTTx 是扩展家庭用户，而 NB-IoT 是连接万物。

前文总结的 4 条无线产品发展创新线索是基于华为无线的能力的。如果这些线索中的产品创新不能定义"4 新"，就是没有商业价值的创新。它们与"4 新"定义的大致对应关系，如表 3-1 所示。

表 3-1　无线创新线索对应的"4 新"定义

	新高度	新维度	新品类	新客户
产品协议实现	●		○	
基站形态创新	○		●	
站点级创新	○	○	●	○
网络与产业级创新	○	○	●	●

华为无线在产品的协议实现上有两点追求。一是快速领先实现，就像领先上市的 LTE、5G，取得新制式（新品类）上的领先者地位。二是在功率、能效、频谱带宽等维度取得可辨识的领先优势。

基站形态上的创新就是创造一个新品类。这些新品类的价值是在能效、站点部署上有了跨越式的进步。例如，分布式基站能够节省 50% 以上的能耗，并能让运营商将基站部署到更多密集城区。

站点级创新也定义了新品类，在一定程度上还扩展了客户群。例如，RuralStar 通过一体化设计、无线回传网络、清洁能源、智能站点规划等一系列创新，帮助运营商节省偏远农村地区的网络端到端成本近 70%。到 2018 年其已经扩展用户4 000 万。

产业级创新扩展新客户群、新市场的背后，是特定指标的大幅提升。例如，NB-IoT 单站支持的连接数量是普通基站的50~100 倍。它比 LTE 和 GPRS 基站提升了 20dB 的覆盖增益，即可以多穿透两堵墙，从而有望覆盖到地下车库、地下室、地下管道等传统蜂窝信号难以到达的地方。

韧性：强化四种能力，无惧挑战

核心产品竞争力领先只是企业并不漫长的经营史和竞争史中的一个片段。企业经营的内外部商业环境、客户需求和产业都始终在变化着。产品的竞争就像是一场长距离的越野拉力赛。企业只有不断打破平衡，不断向前发展和调整，才能抓住机会并打造持续领先优势，从而推动公司不断走向新的成功。这种持续应变的能力与耐力就是韧劲，它不是竞争力的直接体现，却是长期竞争力的可靠保证。

产品研发工程能力是所有韧劲的基础，持续优化创新的能力就是向前持续奔跑的能力，及时纠偏的能力是根据复杂情况不断校正方向的能力，选择时机的能力则能够让企业的努力事半功倍，如图 3-3 所示。

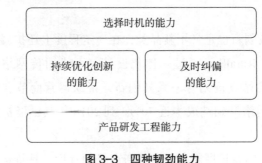

图 3-3 四种韧劲能力

产品研发工程能力是基础

如前所述，产品竞争力的韧性首先体现在纠正方向偏差和规避踩坑的能力上。但企业发现了偏误之后，还得靠产品工程能力保证高质量、快速地达成产品竞争力目标。

2019 年年初，某车企高管与华为战略体系的同事进行交流时被问及，到华为的这些天有什么感受。他的评价是："华为员工什么都不懂，但是什么都敢想，什么都敢做！"这句似贬实褒的话语中体现出华为员工刻在骨子里的产品自信与研发自信。正如品牌是打出来的一样，这样的自信也是打出来的，是通过持续开发成功产品、不断优化组织流程、改进技术架构所夯实出来的自信。

优化流程组织与工具方法，保证开发的速度与质量

企业的核心竞争力不仅在于其产品的竞争力，更在于企业的研发工程能力、能够不断创造成功产品的能力。通信设施是个复杂的大型产品系统，GSM、WCDMA、LTE 和 5G 等产品都是近千万行的源代码，由数千人在 2~3 年的时间跨度内，分散在不同地域协同完成。华为的管理进步最初主要源于自己的经验摸索。20 世纪 90 年代末，华为开始下大决心投入巨额资金引进国际先进管理体系，包括各种流程、制度与工具方法。2008 年 2 月，华为在总部高培中心举行晚宴，隆重答谢的 IBM 派驻华为 IPD 和 ISC（集成供应链）的顾问就有 116 名，以感谢他们在多年的合作中给予的帮助和指导。

但是，和大多数中国企业一样，华为学技术容易保持谦虚，学管理却容易产生抵触情绪。因此，任正非在 IPD 第一阶段最终报告汇报会上谈及公司引进 IT 管理系统的原则时表示："我们切忌产生中国版本、华为版本的幻想。引进要先僵化，后优化，还要注意固化。在当前两三年之内以理解消化为主，两三年后，有适当的改进。"《华为人报》中的《管理进步三步曲》一文中对僵化、优化和固化有清晰的阐述。

僵化就是学习初期阶段的"削足适履"，即在还未理解引入的管理体系的真正内涵之前，千万不要有改进别人的思想。

但僵化是有阶段性的，不是妄自菲薄，更不是僵死。在引入的管理系统成熟稳定之后，就由僵化阶段进入了优化阶段。应注意的是，优化的目的是使我们的管理变得更有效和更实用，而不是将西方式管理改造成中国式管理或华为式管理。

固化就是例行化（制度化、程序化）、规范化（模板化、标准化），固化阶段是管理进步的重要一环。

华为针对不同环节引入了大量管理流程制度，这里主要就与产品研发工程能力相关的 IPD、CMM 与敏捷开发进行展开。

产品开发管理流程——IPD

IPD 就是基于客户需求驱动的集成产品开发流程。借助这个规范高效的运作体系，企业可以加快对市场的反应速度，用更少的时间和成本，研发出稳定的、可生产的、可维护的、符合客户需求的产品。作为业界最佳实践，IPD 被很多著名企业采用，能够保证企业快速开发出客户需要的产品，从根本上支撑企业的持续发展，从而保障运营商的根本利益。

华为的第一个 IPD 试点项目于 2000 年 5 月 19 日在无线网络产品线启动，历时一年达到规模供货点。与以往项目相比，IPD 试点项目在项目管理、跨部门团队、市场需求和系统工程等方面取得了较明显的进步，项目计划偏差率小于 5%。从 2001 年年底开始，华为逐步在全公司范围内推行 IPD 流程管理。

市面上有很多阐述 IPD 流程的书籍，读者有兴趣的话可以自行搜索阅读。企业采用哪种开发管理流程都没有关系，但必须保证决策速度、开发进度与质量。以下是理解 IPD 需要强调的两点。

第一，IPMT（组合投资管理团队）与 PDT（产品开发团队）

等重量级团队由跨部门成员共同组成，可以提升决策质量与速度。通过授权 PDT 与功能领域管理部门在自己责任范围内管理决策，进一步加快了决策速度。

第二，设置各阶段技术评审点、项目决策点，能够让开发工作尽早纠正错误，保证项目进度与提升项目质量。

产品开发方法与工具——CMM 与敏捷

CMM 是由美国卡内基-梅隆大学软件工程研究所研究制定，并在世界范围内推广实施的一种软件评估标准，主要用于软件开发过程和软件开发能力的评估和改进。CMM 把软件开发过程的成熟度由低到高分为五级。等级越高，企业软件开发失败的风险越低，整体开发时间越短。CMM 还能减少开发成本，降低错误率，提高产品质量。

华为从 1998 年开始实施 CMM 战略。2001 年，华为印度研究所成为中国第一个获得 CMM 四级国际认证的软件研究开发机构。2003—2004 年，华为印度研究所、中央软件部、南京研究所与上海华为相继通过 CMM 五级认证。至此，华为无线各主要研发中心都通过了 CMM 五级认证。通过实施与认证 CMM，华为无线的管理水平、人员技能、产品质量与服务质量都得到了很大的提升，从而提高了客户满意度，并有效地控制了开发成本。

2001 年 2 月 13 日，17 个敏捷方法的实践者达成了一个共识，也就是后来广泛流传的《敏捷宣言》。这种更轻量并能适应变化的敏捷开发方法在软件业得到普遍认可并迅速流行。

华为于 2007—2008 年首先在中研和无线等产品线试点敏捷开发，于 2009 年开始全面推进项目级敏捷。敏捷开发要求每个团队在敏捷三大理念（价值、团队、自适应）的指导下，通过聚焦客户价值、开发过程可视化、管理轻量化以及迭代，并选择适合自己的业界优秀实践加以应用，不断迭代增量开发，以最终交付符合客户价值的产品。

要注意的是，在 CMM 思想的基础上推行敏捷开发，更能够关注到质量，避免陷入为敏捷而敏捷的陷阱。

管理的灰度无处不在。各企业甚至各产品的特点和目标不同，需要选择使用的方法与工具也有所不同。对于需求稳定度高、变化较小的产品，采用稳健规范的开发管理方法，更能保证一次把事情做好。而对于需要快速满足客户需求、变化较多的产品，采用迭代 / 敏捷开发可能更为有效。

平台化、组件化的底层架构，确保灵活性与稳定性的平衡

怎么强调产品底层架构的重要性都不为过。一个良好的架构能够保证成熟部分的稳定性，减少重复开发，灵活扩展新功能，快速测试集成。如何设计架构、划分模块与组件是对企业的深层次考验。

平台化、组件化以及主干加分支版本模式，是支撑场景化拓展客户群的有效武器。"无线通过平台化、组件化，既能满足客户需求的多场景，又可规模复制，做得很好。芯片、算法、射频等关键能力进行平台化共享，构建低成本大带宽，支持 2G、3G、4G 一直到 5G，提升了研发效率，才能把成本做得极低。平台化的技术应用到不同的组件当中，再把不同的组件组合起来，就构成了多场景化的解决方案，比如面向城区的大容量基

纵 深

站、面向农村的农网基站。"①

事实上，海康威视才是把平台化发挥到了极致的企业。海康威视依托其摄像头、图传技术、人像识别以及数据库服务器云管理形成了一系列平台，然后上百个解决方案团队以此为基础，针对停车场、门禁、公共安保等各细分场景做适配性开发与推广。

充分借用外力，实现快速进步

企业要想持续保持快速响应外部需求的能力，就必须学会充分借用外力。客户的需求与竞争态势在不断变化，开发的工作量与进度要求都会有较大的波动。但是，企业研发人员的数量变化相对稳定或缓慢，他们的经验需要逐步培养，企业整个的技术能力积累也不是一蹴而就的。因此，企业研发需要用好这几个最常见的加速器：复用、外包、开源与并购合作。

华为的每代系统都是千万级的代码量，即使每年的产品版本的增量部分也有百万级的代码量。可以说，华为无线开发的新产品有 70% 以上是利用公司内外原有的资源，剩下的 30% 才是自己新开发的。

一方面，华为会将 IP 等通用协议栈做成组件，共享给各产品的平台。华为无线内部也会将通用的信号处理算法组件化，共享给各产品复用。越少的新增代码意味着越快的开发速度，也意味着越小的质量风险。另一方面，华为无线也会和国外大企业一

---

① 任正非. 在上研所听取无线业务汇报的讲话——在攀登珠峰的路上沿途下蛋. 电邮讲话【2018】083 号.

样，通过外包方式降低研发成本和加快开发进度。

此外，虽然华为、爱立信和诺基亚等通信设备商都参与移动通信设施的开源工作，但开源还远未成为无线的主流开发形式。故而华为无线也会通过并购来快速获取技术能力，通过合作降低研发风险、提升研发速度与成功概率。例如，华为无线的天线业务就起步于 2004 年收购瑞士灏讯公司基站天线业务。为了快速补齐配套 NB-IoT 的终端芯片能力，华为虽然已经有很强的芯片设计能力与射频设计能力，但仍在 2014 年收购英国公司 Nuel。

华为无线与其他公司的合作也不少。2004 年，华为与西门子联合成立鼎桥公司，负责 TD-SCDMA（时分同步码分多址）的开发、销售与维护。在诺基亚与西门子合并之后，华为又和诺基亚西门子通信重新签订协议，双方将向鼎桥提供领先的技术平台，支持新的 TD（时分复用）无线接入解决方案的推出。华为无线还与功放、滤波器的上游供应商深度合作，共同研究，以提升关键器件的性能及其与华为无线系统的契合度。此外，在企业无线网络、车联网、物联网的开发与推广中，华为无线还和各行业伙伴共同研究应用场景、协同集成软件。这些合作都极大地帮助了华为快速补齐能力，完善生态，并共同探索了市场与应用场景。

总之，通过流程制度、方法工具和技术架构等构筑起来的产品研发工程能力是竞争力的基本保障，也是在任何落后领域快速追齐的信心来源。

持续优化创新的能力

"未来前进过程中，我们跑不动、跑不快了，后面就慢慢追得上来了。只要他们有突破，就会撕开一个小口，慢慢撕大了。都是各领风骚数百年，没有一个公司能永生的，我们要努力跑得更快。"①

一个创新、一点突破和一时领先都不难，难就难在多点创新突破，长期持续领先。我们一直在说，企业的创新总会被竞争对手快速跟随与超越。就像在巴黎、米兰、纽约和伦敦时装周举办之后，ZARA（飒拉）总能快速跟随，并抢占平价时装市场。在2007年苹果推出 iPhone 之后，不到一年，HTC 与谷歌就共同发布了第一部安卓手机。在安卓手机上率先应用的全面屏、扩展小插件与后台多任务等功能，也被 iPhone 学到。华为的分布式基站与 SingleRAN 在推出几年后成为主流，其他设备商也纷纷效仿。所以，"一招鲜，吃不遍天"。企业必须拥有持续创新与持续优化的能力，即通过"多路径，多梯次，多场景"②，不断推出"4新"产品。

多路径，就是技术上探讨多种可实现形式，不要轻言否决③

即使看对了方向和目标，也会存在多条实现路径。如果企

---

① 任正非. 在上研听取无线网络产品线业务汇报纪要——聚焦主航道，眼望星空，朋友越多天下越大. 电邮讲话【2017】017 号.

② 技术层级也会涉及多路径、多梯次，但这里仅阐述产品层级的多路径、多梯次。

③ 任正非. 在上研所 5G 业务汇报会上的讲话——坚持多路径、多梯次、多场景化的研发路线，攻上"上甘岭"，实现 5G 战略领先. 电邮讲话【2018】118 号.

业选择了错误路径，就会与选择错误方向一样深陷困境。"我们围绕管道战略加大投入，战略上不会错，方法上要多种方法，不要排斥。不要只赌一种方法，小公司才会赌一种方法，因为他投资不够，赌对了就赢了，大公司资金充足，为何不采用多种路径？"[①]

爱立信在对 CDMA 和 TD-SCDMA 的看法上与华为如出一辙，但它的选择更加决绝而拒绝多路径策略。彼时，作为移动通信行业无可争议的老大，爱立信专注于 GSM、WCDMA、LTE FDD 演进路径。2005 年，爱立信非常坚决地退出 CDMA 阵营。直到 2009 年，它借竞得北电 CDMA 和 LTE 业务资产的机会，重新回到 CDMA 业务。虽然它由此获得了北电在北美的市场格局，但其原有的 CDMA 市场格局基本已经被其他厂商蚕食。爱立信在 TD 技术上的忽视同样拖累了其在整个移动通信市场的份额与格局。2007 年，在中国移动一期 TD-SCDMA 招标中，爱立信采用中兴通讯的 TD-SCDMA 设备，联合中兴通讯一同竞标。2010 年，爱立信与大唐签署谅解备忘录，采用大唐 TD-SCDMA 系统设备集成到自身的 3G 移动通信整体解决方案中，在大唐集团设立联合研究中心，共同研究 TD-LTE。换句话说，爱立信仍未重视 TD 业务。最终，爱立信在中国市场上从霸主地位沦落到近乎"其他"，在全球 LTE TDD 市场也成为可有可无的选择。

站在产品层面，华为无线的四条创新线索也可以看作一种多

---

① 任正非 . 在巴展和乌克兰的谈话要点——多路径 多梯次 跨越"上甘岭"攻进无人区 . 2016.

纵 深

路径创新的表现形式，即华为无线是沿着产品的协议实现、基站形态创新、站点级创新、网络级与产业级创新四条路径创新。与前面为减少踏错风险而选择多路径不同，这里的多路径目标是催生更多创新和满足客户的不同需求。

什么是多梯次？我们研发从科学实验与验证，到科学样机、商业样机、多场景化样机、全简化样机，循环周而复始的优化 [①]

多梯次，即产品的优化进步是一个有节奏的过程，而非一蹴而就。不同企业可以设计出适合自己的多梯次节奏。

华为的多梯次节奏可分为四个步骤。A 团队研究基础技术，做科学样机；B 团队完成产品的基本商业化，满足客户关键基本需求，抢占关键市场；C 团队通过多场景化应用扩展产品适用范围，并增强产品性能；D 团队负责做出最简单的产品并保证任何情况下能够自立。然后，循环起来。 [②]

英特尔的 CPU 芯片开发同样是一个多梯次策略。2007 年，英特尔宣布了著名的 Tick-Tock 战略，每个 Tick-Tock 周期代表一个完整的芯片开发周期，耗时约两年。Tick 表示芯片工艺提升，集成度变高，而 Tock 表示芯片核心架构升级。这样交替提升的策略，降低了创新风险，并通过持续改进性能不断刺激市场。2016 年，英特尔新提出的 PAO 仍然是一个多梯次的发展战

---

① 任正非.在上研所 5G 业务汇报会上的讲话——坚持多路径、多梯次、多场景化的研发路线，攻上"上甘岭"，实现 5G 战略领先.电邮讲话【2018】118 号.
② 任正非.在日本研究所业务汇报会上的讲话.电邮讲话【2018】129 号.

略，P 即工艺提升，A 即架构升级，O 即芯片优化。

多梯次的另一种表现形式是，沿着产品创新线索持续进行梯次创新循环。我们将华为历年公开发布的产品整理出来，可以看到每年都有不同的创新像下饺子一样涌向市场，如图 3-4 所示。

多场景解决网络问题，降低建造成本和运维成本[①]

从客户视角看，多场景就是适配客户千变万化的应用场景，解决客户的实际问题。从市场视角看，多场景就是增强产品的适应力，扩大产品的可参与空间，减小市场空隙。所以说，多场景是企业的产品能够大规模占领市场的关键支撑。

但要注意，"场景化不是定制化，定制化是一个失败的道路。如果太过于定制化，又不能拷贝，这个成本就很高，我们就会死掉"。[②]

一方面，无线网络产品线通过多场景化产品与多场景化解决方案，消化客户的多样性需求。例如，调整基站功率和加载不同特性就可以适配很多不同场景。城区密集覆盖用较小发射功率，农郊广覆盖则适用大功率。在人口密集但单位用户流量较低的新兴市场，就将基站的计算资源、通道资源调整为支持

---

① 任正非. 在上研所 5G 业务汇报会上的讲话——坚持多路径、多梯次、多场景化的研发路线，攻上"上甘岭"，实现 5G 战略领先. 电邮讲话【2018】118 号.

② 任正非. 在上研所听取无线业务汇报的讲话——在攀登珠峰的路上沿途下蛋. 电邮讲话【2018】083 号.

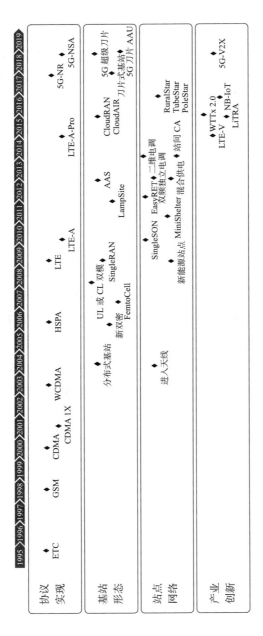

图 3-4 从产品创新线索看到的多路径、多梯次创新

更多扇区。而在人口相对稀少但流量和速率要求高的发达区域，则将资源用于支持更多通道。另一方面，无线通过平台化、组件化的方式来实现产品和解决方案的多样性，从而满足客户的多样性需求。

简而言之，华为无线通过产品与解决方案的多场景化，以及以平台化、组件化为支撑的多样化产品与解决方案，消化客户各种需求与问题，并保证可复制性。

及时发现错误并纠偏的能力

没有哪个企业能够保证踏准每一个节奏，始终不犯错误。面对庞大的需求，企业很难确定哪些重要、哪些紧迫。如果需求筛选与排序能力不足，企业就可能漏掉重要的方向，而在错误方向上浪费人力。即使企业正确识别出关键方向与关键需求，亦不等于能够真正落实到计划和执行中。据2016年华为质量部的内部统计，华为无线有不少需求在开发完成后变成了"僵尸特性"，根本没有得到实际应用。

强大的企业固然有更多犯错的资本，但及时发现错误并迅速纠正需求管理与产品规划的偏误才能让企业持续生存。要想及时发现错误，需要认识到三个不对等。

信息不对等

很多人认为客户提不出真正的需求，但往往企业自己也不清楚需求、期望与要求之间的区别。三者的不同如图3-5所示。

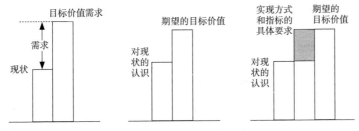

图 3-5　需求、期望与要求

所谓需求，是客户为达成自身目的而对产品或服务提出的诉求，也可以理解为客户目标价值与当前客户现状之间的差距。总之，需求是客观存在的价值目标或价值差距，但不一定为客户正确认识到。

客户站在对自己的现状和目标价值的认知之上，结合其对企业产品的现状与发展趋势的认知，就产生了对实施解决方案之后所能获得价值的期望。

要求则是企业有了期望之后，结合其对供应商产品的认知而产生的具体实现方式和具体指标的要求。

客户本身对自身的现状与目标的认知可能存在偏差，因此客户表达的要求与期望都可能和真实需求存在较大差异。而且，客户对产品的性能与实现的认知更远逊于供应商。这种偏差越大，则其表达的期望和要求与其真正的需求之间的偏差就越大。

我们常说，马车夫永远提不出需要汽车的需求。但其实站在客户维度，"需要汽车"是要求，不是需求。而站在企业维度，汽车是解决方案。设想一个没有听说过飞机的人，要想快速到达某个城市，他到旅行社之后会怎么说？如果根据自己的目标加上之前理解的交通能力，他就会说"我需要在三天之内赶到××

城市"。如果再精细一些，他会说"赶紧订火车票，我要到××城市"。他如果模糊地表达"我想尽快赶到××城市"，反而是最准确地表达了需求。

此外，企业对客户的业务细节的理解通常弱于客户，因此企业同样不能保证自己对需求理解的正确性。所以，企业需要与客户进行广泛、深入的交流，互通信息并谨慎验证，才能逼近真实的需求。

价值不对等

正如不能仅将客户视作一个整体一样，企业内部不同团队的利益与价值并非完全一致，组织的整体利益与局部利益也不尽相同。

与大多数企业相似，华为主要的需求获取渠道也是最接近客户的一线行销与用户服务团队。对一线销售人员而言，满足客户的要求是改善客户关系和获取订单最简单快捷的方式，他们自然会强力牵引企业的研发部门尽力满足各种客户要求。用户服务部门更是直接承受客户不满的压力，他们最期盼快速平息客户的怒火。研发部门最关心的是能否按时并保证质量地交付产品或版本。而企业作为一个整体，最需要解决客户真正的问题，帮助客户达成价值目标。很多企业在沟通交流中都反映，他们也有类似的困扰。

这种局部之间以及整体与局部之间的价值差异是必然存在的，而且企业越大越容易出现。企业必须认识到由此产生的信息传递失真、理解走样和决策偏误。

影响力不对等

　　GSM 产品竞争力落后了！2006 年，在市场的巨大压力下，GSM 产品族只能冒一把险了，把原来想做但不敢做的东西做了。华为无线启动新载频模块的开发，最终实现了"一块板"方案，性能第一，成本大幅降低。此后市场逐渐有了起色，为公司带来数十亿美元的收益。看上去似乎都很完美，但实际上，从 2003 年开始，华为 GSM 就已经发现了竞争力下降、成本居高不下的问题。但从发现问题到启动响应，中间隔了近三年时间。

　　一方面是因为华为无线判断 GSM 市场投资趋势会减弱，另一方面其研发主力聚焦在 3G 上，两个团队的影响力和话语权不一样。团队影响力不对等，资源获取能力自然也不对等，对需求价值与紧迫性的判断自然有偏差。企业无法完全避免这种偏差与不对等，但只要认识到，就能在一定程度上纠正偏差。

　　认识到洞察与规划中的不对等之后，如何在组织上保证深度洞察并正确规划的能力呢？

　　一个有效的方法是：多层组织分段接力，职责部分重叠，围绕客户需求协力澄清与发掘，从而减少偏误并正确规划。例如，一线销售服务部门在与客户的接触中发掘需求，并负责对需求的澄清证实工作；渠道部门以及客户经理收集反馈渠道商或大客户的需求；研发部门也会反馈需求并负责实现；总部的产品管理人员 / 部门组织相关部门代表对需求进行综合审视、排序与规划。除了这些常备组织的例行处理，各业务线领导层还应定期或不定期到各区域市场，与客户以及一线部门进行面对面的交流与澄清，矫正可能出现的偏误。

这样的组织流程设计虽然有一定重叠，但能保证需求管理最大限度地矫正偏误，确保规划的方向正确与节奏合适。

另外要提醒一下的是，纠偏动作也要有灰度，不能矫枉过正。企业应该如何处理本节最开始提到的僵尸特性问题呢？答案是，看具体的有效需求率而定，过度牵引规划的准确性反而会打击需求探索的积极性。如果有效需求率是可以接受的，就不需要做流程制度与考核上的牵引，持续度量并加强领导层与规划团队的意识即可。总之，不同企业面临的境况不同，构建的组织流程自然不同，处理的方法和程度也有所不同。关键是寻找客户真正的需求，找到最大价值点。

选择时机的权力与能力

产品竞争与产品创新是一件充满风险的事情。死在沙滩上的前浪多不胜数，跟随缓慢的巨头也多有倒下。而成功者往往都是踏准节奏的企业，就像苹果的智能终端出现得恰逢其时。强大的企业往往拥有更多选择时机的权利，就像微软可以在 NetScape（网景浏览器）之后推出 IE 浏览器，可以在云业务趋势明朗后才进入并持续发展。

根据市场、产业发展状况与企业实力选择合适时机

由于市场与产业的复杂性，企业往往根据不同产品与不同阶段做出不同的选择。我们从进入时间点早晚以及能否看清趋势两个维度，把企业的选择分为 7 类，如图 3-6 所示。

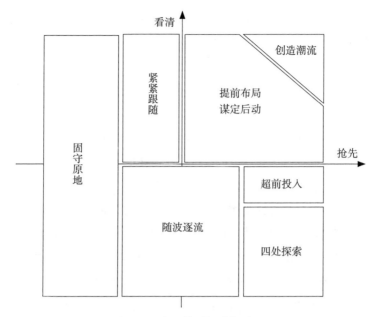

图 3-6　企业的时机选择地图

固守原地，就是指企业不管是否看清了趋势，它都选择在原有领域继续耕耘，而对新变化持续观望并缓慢跟随。

随波逐流，则是指企业看不清趋势，也不敢探索，市场上什么红火它就跟着做什么。

创造潮流，即此类企业看见了趋势，踩准了节奏，并且有能力提升关键体验，带动产业生态，改变用户习惯。

提前布局，谋定后动，强大而敏感的企业往往会采用这种更稳健的策略。它们看见趋势之后，通过合作、小投入或延伸纵深优势等方式，提前在关键技术、标准、生态或渠道上卡位布局。等待节奏基本明朗之后，企业才大规模投入，迅速建立优势。

紧紧跟随，即企业看得见趋势，但缺乏相应的创意、技术与产业推动能力，故而选择紧紧跟随领先者的步伐，利用成熟的技术与产业链提供相似的产品。

超前投入，即企业选对了大方向，但踩错了节奏或具体路径。

四处探索，这类型企业在前景与趋势不明朗的时候不断尝试，期望开辟一个新品类或新市场从而换道超车。他们成功了就是潮流创造者，失败了就是超前投入者。

还是以华为无线为例。在 2G、3G 时代，华为无线是典型的紧紧跟随者。此时，数字化通信趋势明朗，移动通信市场高速发展。从 1987 年引入 TACS（全面接入通信系统）模拟蜂窝移动电话技术开始到 1994 年的 7 年时间里，中国发展了 600 万移动用户。1995 年中国邮电部正式决定引入数字蜂窝系统，短短 6 年后的 2001 年，中国的移动连接数就达到 1.45 亿，超越美国，成为连接用户数最多的市场。并且，中国的移动用户渗透率远低于发达市场，还有巨大的增长空间。提前冻结的通信标准指明了产品开发的方向，爱立信、诺基亚等竞争对手已经推出了产品并定义了商业模式。华为要做的就是努力提升产品性能与质量，打开市场缺口。

进入 4G、5G 时代后则有所不同，华为无线开始逐步引领潮流。尽管协议方向仍然是各玩家博弈的结果，但通信行业十年一代的制式发展节奏基本明确。中国市场也发展为全球最大的单体市场，并且开始在部署网络的时间上引领世界。中国的 2G 部署落后领先者 4 年，3G 部署落后 7 年，4G 部署落后 3 年，5G 部署则为全球领先。华为无线基本都是提前 7~8 年进行技术研究、

纵　深

专利布局和标准参与，提前 3~4 年开始产品化进程并领先半步，同步终端与网络进程以保证产业成熟。

但是，华为无线也有超前投入的业务。企业领域的话音与窄带业务受原来的私有化协议制约，新玩家难以进入。很遗憾，华为无线对企业宽带业务的发展进程过于乐观，却迟迟无法发掘出宽带刚需。

在新业务解决方案领域，华为无线则属于四处探索的机会主义者。由于这类业务风险很大，华为无线严格控制这部分投入，使其不超过整个无线研发支出的一定比例。诸如物联网、车联网等业务，在趋势未明朗之前都属于此类。

选择时机的权利还需要能力支撑

首先，要有看清方向与节奏的能力。没有提前看清方向，就无法提前布局或创造潮流，只能四处探索或者在跟与不跟中犹豫。没有看懂节奏，就可能明明有能力逐步投入、提前卡位，却变成不顾一切地超前投入或迟迟无法下定决心而变成跟随者。总之，只有提前把握方向与节奏才能拥有更多的选择余地。

《快公司》在 2016 年评出了历史上十大失败产品，包括 1983 年的苹果发布的售价高达 1 万美元的第一台图形界面电脑 Lisa、1984 年 IBM 发布的第一台使用无线键盘的 PCjr 电脑、1992 年 AT&T（美国电话电报公司）发布的 Videophone、1995 年任天堂发布的 VR（虚拟现实）游戏设备 Virtual Boy、1996 年的 WebTV 网络电视等不可谓没有远见的产品。但是，看懂未来不等于成功。企业还需要把握住三个成熟度，它们分别是市场成熟度、技术成熟度与产业成熟度，一个也不能漏。

以技术成熟度为例，前几年大火的 VR/AR（增强现实）市场大推沉浸式体验，产业生态上出现大量的 VR/AR 游戏、眼镜、主机与操纵外设。但多数企业都忽略了一个绕不过去的体验门槛，即如何解决人的眩晕问题。美国明尼苏达大学的运动学专家托马斯·施托夫雷根表示："以目前市场上销售的 VR 系统来说，使用 15 分钟后晕动症的发生率在 40%~70%。部分应用程序甚至可以说 100% 会让用户患病。"技术成熟度不够，体验不足以支撑玩家长时间佩戴 VR 眼镜，热情自然不能持续。

成熟的企业都会慎重看待三个成熟度，谨慎选择介入时机与切入角度。因此，苹果仅通过手机终端提供 AR 能力，华为发布了 VR 眼镜却主要定位在观影上。

其次，即使看清了趋势与节奏也需要快速开发能力才有随时进场的权利。任正非在与上海研究所专家的座谈会上曾表示，"我当年精神抑郁，就是为了一个小灵通，为了一个 TD，我痛苦了 8~10 年……TD 市场刚来的时候，因为我们没有足够的投入，所以没有机会，第一轮招标我们就输了；第二轮我们投入了，翻上来了；第三轮开始我们就逐步领先了，我们这叫后发制人战略。"[①]

如果没有之前的技术储备，没有快速开发的能力，没有构建可复用的底层架构与技术，华为就不可能在 CDMA 与 TD-SCDMA 等市场实现反转，哪里还有什么后发制人。

---

① 任正非.与上研专家座谈会上的讲话——一杯咖啡吸收宇宙的能量.电邮讲话【2014】036 号.

研发速度慢的企业只有提前投入才能抓住趋势的上升期，但这增加了企业风险；难以自主牵头研发的企业，更是只能等待技术产业链成熟后再获取相关能力，但这减少了获胜的概率。拥有快速开发产品能力的公司则可以在前期少量投入，以占领关键技术或标准制高点；可以积极参与早期验证与布局，进一步巩固渠道、品牌与产品竞争力优势，以获取最大收益；也可以凭借快速开发能力，选择在爆发期来临前后才发布更为成熟的产品，通过后来居上降低风险。

最后，只有能够保证关键体验、引领客户需求与习惯、广泛市场营销以及带动产业生态的企业，才能顺势创造潮流。就像快消品与饮食行业内技术与产业生态不存在障碍，名创优品、喜茶、周黑鸭等只要营销与产品到位就可能创造潮流。而智能终端则在技术与产业上需要苹果补齐触屏体验、开拓 App 生态之后才能快速颠覆功能机。

看清趋势与节奏、快速开发、催熟市场 / 技术 / 产业，这三种能力的综合就是选择时机的能力。这让企业可以正确且灵活地选择创新产品的投入时机，在风险与收益之间找到平衡，拥有更强的生存能力。

协同的系列产品与服务，"1+1>2"

大多数企业都会利用产品投资组合管理工具，根据市场前景与盈利前景对各产品的重要性排序，然后进行取舍与投资分配。但是，这种投资组合管理很容易演变为一场在企业各个产品团队之间争夺人力资源和资金投入的战争。而且，投资组合管理也不应仅仅是识别"现金牛"、"明星"、"瘦狗"和"问题产品",而更应该站在整个企业的视角找出产品间的协同关系,构建更高层次的竞争力组合。

核心产品竞争力的领先是基础。核心产品是指企业提供的系列客户价值中最本质的部分,也是客户最关心的部分。如果企业的核心产品竞争力落后,将危及整个企业的品牌与客户的核心价值。因此,只有核心产品的竞争力与市场地位得到保证,外围产品与服务才有基础和支撑,企业才能展开设计各种商业模式。

而服务,是保障产品竞争力充分发挥的重要手段。不可否认,2000 年前后的华为无线产品在可靠性甚至性能方面与行业对手还是有差距的。华为无线通过扎根在实地的网络规划、网络优化以及深入机房的运营维护和主动网络巡检等系列服务,弥补了竞争力的差距,保障了无线设备的可靠运行。随着产品竞争力的提升,华为服务也逐渐从设备安装、问题解决、网络规划优化等基础服务,发展到维保服务、培训服务、增值特性服务、管理咨询与战略咨询等更多的形式和更高的层面。

服务当然可以赢利,也应该赢利。但是,这种赢利必须是在确保客户满意的原则下,在有利于释放产品价值的基础上的赢利。领先的竞争对手似乎忘了这一原则,爱立信与诺基亚在 21 世纪第一个 10 年的末期开始全面强化管理服务收益,而在一定程度上忽视了产品竞争力和客户满意度。这给了华为无线乃至中国厂商近 10 年的机会窗。

有时候,产品线宽度本身就是一种竞争力。移动通信网络场景复杂,基站需要适配城区高楼、郊区低矮建筑、农村、山区等复杂地形,还需要适配从几十米到几十公里不同的覆盖半径。华为无线开发了上百种基站，包括不同制式、不同功率、不同射频通道数量、不同频段数量、不同大小等。

一站式采购可以有效降低客户的采购成本与采购风险。客户可以减少重复寻找、测试产品的巨大工作量。同一个供应商的产品之间的品质差异不会太大，产品之间的适配兼容性也更有保证，因而采购风险相对较小。

统一管理所有设备还有利于提升运营效率，降低运维成本。学习和熟悉不同厂家的设备需要花费大量的时间与成本。熟悉一个公司产品的运维人员很难马上维护操作另一个公司的设备，在紧急情况下甚至有更高的错误操作概率。华为无线设备尽管有不同型号、不同代际，但操作上有延续性，而且可以在同一运维平台上操作所有设备。因此，运营商的员工培训成本更低，还可以灵活调配技术人力资源。

站在企业维度，更多的产品适配更多的客户网络场景，这在减少市场空隙的同时，也确保企业有更广泛的触点来及时洞察各细分市场的细微变化。

最后，增加同系列产品种类数量的边际成本是递减的，而不同系列的扩展边际成本相对更高。就如无线设备同制式不同频段的边际研发成本通常不高，但不同频谱带宽的边际研发成本就要高得多，而不同制式的边际研发成本更是有几十甚至上百亿元的差别。企业扩展产品线宽度时，需要把握好边际成本与边际效益之间的平衡。

产品之间的协同配合能够产生更大的价值与黏性。SingleRAN 作为华为无线标志性的创新解决方案，在很多书籍与文章中被提及。它创新地融合了 2G、3G、4G 以及后来的 5G 等多代通信制式，能够大幅降低客户网络的运营与升级成本。但要注意，SingleRAN 是一个解决方案。它是由基带、射频、控制器、天线和站点配套等多个产品的 Single 化共同形成的 Single 解决方案。缺少其中任何一个产品的 Single 化协同，解决方案的价值或适用范围就会大打折扣。SingleRAN 解决方案基于同一平台架构，实现通信制式的平滑演进、自由切换，共享硬件与频谱资源，从而能够灵活调整和扩展网络能力。在 SingleRAN 天线的协同下，它可以进一步提高站点集成度；在 SingleSON（一体化自组织网络）的协同下，它能够支撑运营商同时运维多制式、多层次网络。

华为无线还有很多规划都涉及这类产品间的协同，如无线室内覆盖与室外覆盖的协同规划配置、站间载波聚合等。其他行业内也不乏产品协同提升竞争力的案例。例如每一次 Windows 系统重大换代升级总伴随着 Office 的同步大飞跃。微软的 Windows 与 Office 两大软件产品在过去几十年深度协同，帮助微软主导了操作系统与办公软件市场。在进入云时代后，Windows 与 Office 的云化服务也成为 Azure 的一大助力。其他行业内也普遍存在企业的一系列产品相互成就、协同提升解决方案整体价值的案例。例如，特斯拉的主要方向在电动车，但车主使用家用电力充电或通用充电桩时，都面临对应场景下充电时间过长的困扰。因此，特斯拉还提供了 PowerWall（家用电池），让车主可以在家快速充电，并在全球部署了超过 2.5 万个超级充电桩，改善外出充电体验。多个产品的协同，改善了车主用车全过程的体验。智能家居企业也普遍提供核心路由、门窗传感器、温湿度传感器、人体传感器、智能监控、无线开关和云服务等成体系的解决方案和服务。

核心产品与外围产品也可以协同提升竞争力。外围产品不只能帮助企业获取更多收入空间与利润，它们与核心产品的紧密互动也可以直接提升性能，或扩展解决方案的适用范围。

天线技术与基站主设备之间的协同越来越紧密。电调天线与基站运维操作界面打通，可以保证网络覆盖始终处于最佳状态；基站的多通道、波束成形等特性都需要天线支持。华为无线从2004年开始布局天线业务，依托基站主设备与天线间的无缝配合，两块业务都快速发展。2015年，华为天线开始取代凯士林而占领了天线市场的最大份额。进入5G时代后，Massive MIMO（大规模多发多收通道）技术成为5G的核心技术。天线和射频单元更加高度融合，将基站射频单元与天线集成在一起的AAU（主动天线单元）成为主流的形态。因此，主流基站设备商都坐不住了。2015年，诺基亚通过收购阿尔卡特拥有了德国RFS天线50%的股权，但业务上还未完全整合。2019年，爱立信收购排名第二的凯士林，成为第二家完全拥有基站和天线自主研发能力的厂家。

站点解决方案也是无线的外围产品与业务。在欧洲地区，PoleStar解决方案使得运营商能够在密集城区的狭小站址上部署更多华为基站；而在非洲地区，RuralStar解决方案通过抱杆降低成本、集成太阳能等多种节能手段，帮助运营商把华为基站部署到更偏远的地区。这样的外围产品实际上同时做大了运营商与设备商的市场空间。到2019年，RuralStar系列解决方案已帮助50多个运营商覆盖了4 000万偏远区域人口。

与互补产品的协同不可或缺。还有许多业务需要与互补产品一起提供给客户才是完整的解决方案。例如，一部手机还需要不同 App 的支持才能提供各种各样的功能。对移动通信网络而言，基站最重要的互补产品包括核心网、传送网与终端手机，缺一不可。

以基站与终端的互补为例。不仅仅是 4G 或 5G 这种代际升级需要同步支持，像多通道、频谱汇聚这些基站的特性，如果缺少终端支持，同样也无法单独开展业务。所以无线的产品和特性规划一定会与终端部门的规划同步，包括技术标准同步、芯片同步、验证同步和上市同步。这些同步不仅针对华为终端，更要推动或者通过华为终端拉动高通、联发科等其他芯片厂商的规划同步。这种推动产业互补产品同步发展的能力优势，也会体现在产业影响力与市场竞争力之中。

总的来说，规划产品需要跳出产品本身的市场、竞争力、收入与利润，而考虑到整个产品体系的协同与价值，力争"1 + 1 > 2"。

发挥中间层作用

产品与服务层在整个纵深一体化战略框架中处于中间层的位置，它也是企业对外界最直接的输出。产品与服务层对市场与客户层面有最直接的支撑力，而对技术与资源层以及产业与生态层有强烈而直接的影响力和拉动力。

支撑力

对客户层面的支撑力主要体现在产品竞争力与黏性设计上。

产品的性能、可靠性、易用性、可维护性、售前售后服务甚至包括可分享性都直接支撑了客户的体验与最终价值。而除了产品代际演进与产品间协同，产品本身的黏性设计也能增加客户的转移价值差。例如，运维脚本功能的设计，使客户可以将日常工作中繁琐的操作编辑为适用于华为设备的自动化脚本。这些不断积累的脚本，对客户来说是一笔巨大的隐性资产，也将运营商与华为更紧密地联系在一起。

此外，我们一直在说品牌是打出来的，这也是因为不管是产品的外在形象与包装设计，还是产品的内在品质与体验设计，都与品牌呼应，都是品牌最坚实的支撑。

影响力（也是一种向下层的支撑力）

一方面，经过从竞争力、市场份额、产品规模到采购规模这一连串带动影响之后，企业的采购话语权自然得到强化，同时企业在产业与合作中的影响力也增强了。另一方面，产品本身的细节性设计也能进一步强化规模采购优势。平台化、组件化，更关键的是器件的归一化和集中化设计，能够有效减少BOM（物料清单）数量。华为无线的上述设计使得BOM数量减少一半以上，从而促使单一元器件的平均采购规模在原来的基础上提升一倍以上。

而且，产品设计同样能够进一步强化合作影响力，增强话语权，并获取更多的合作伙伴。英特尔的主营业务是芯片，但其投入了大量人力开发芯片组、设计主板、制定USB（通用串行总线）等公用接口、开发智能API（应用程序编程接口）。其目的就是降低合作伙伴的开发难度，从而吸引更多的开发者组成更庞大的共同阵营。与之类似，微软与苹果也通过设计编程语言、提供开发平台以及各种认证，增强与开发者之间的黏性。

拉动力

产品的方向与节奏，会传递给技术层与产业层该向哪个方向努力以及在什么时间点达到成熟的明确指引。产品的进步会带动企业技术层面与产业层面的快速进步。

2003 年开始，比亚迪投身代工业，并迅速追赶富士康，于 2007 年实现手机代工收入 50 亿元。但在富士康拿下苹果的订单之后，先进的产品倒逼其进行管理升级与技术升级，并持续迭代。之后，富士康快速发展为全球最大的手机代工制造企业，比亚迪的手机代工订单则逐渐萎缩。直到近年比亚迪开始代工华为、三星等产品才重新进入迅速发展阶段，但其 400 亿元的手机代工收入仍然与富士康存在数量级上的差距。

本章小结与自检表

▶ 回顾

产品与服务层面是整个战略框架的中间层面，也是企业向客户传递价值的直接介质。企业在此层面要最大限度地实现客户价值，要追求产品竞争力领先。

要实现产品竞争力领先，必须实现三个正确，即方向正确、路径正确、方式正确。首先，企业需要以客户为中心，在正确的方向上领先。KANO 模型及其变形，可以帮助企业找准客户的关键需求。其次，企业需要以技术为驱动，即沿着技术主路径以及应用为牵引的技术方向持续积累，并抓住新材料、新技术、新组合和新资源的机遇。最后，企业需要"4 新"，即定义产品的新高度、新维度、新客户与新品类，才能让客户清晰地感知到产品的领先与价值，才能拉开与竞争对手的显性差距。

没有哪个企业能保证不犯错误，能保证始终踏准每一个节奏，因此产品竞争力的韧劲尤为重要。快速产品研发工程能力和持续优化能力是产品竞争力韧劲的基础。此外，企业还需要持续审视三个不对等（即信息不对等、价值不对等、影响力不对等），以便及时发现错误，调整策略。最后，企业还需要综合对三个成熟度的洞察能力、快速实现能力以及技术与产业的积累，强化选择时机的能力，平衡风险与收益。

产品的领先不只是核心产品的领先，而是核心产品加服务加外围产品以及互补产品形成的整体领先优势。这样的整体领先优势更加难以撼动，并能与客户之间形成深度黏性。

▶ 自检表

请读者从自己企业的现状出发，做如下自检与思考。

- 企业的产品开发策略是分散的还是有所侧重？

- 企业把握住了关键需求价值吗？能否寻找到新的魅力需求价值？

- 在某些方向上是否存在过度设计？或者存在伪需求？

- 核心产品实现显性领先了吗？

- 企业的管理机制能否保证及时发现错误并进行纠正？

- 如果产品竞争力落后，如何才能在最短的时间内追赶上来？

- 企业能否把握住三个成熟度？最不能正确把握的是哪个维度？

- 企业最适合进入创新方向的时机是哪个阶段，为什么？

请扫描二维码
获取本章思维导图

请扫描二维码
回答问题获取勋章

第 4 章

技术与资源层面

●

技术持续创新真的这么难吗?
自主创新与开放式创新,如何选择?
华为无线如何做到技术的结构性领先的?

●

技术创新的关键在于"漏斗"管理

为什么技术的创新总给人们一种很有挑战性甚至很神秘的印象呢？产生这样的认识困境，主要是因为人们采用了技术的外部视角，将技术当作独立的客体来看待。当技术被整体封装为一个"黑盒"时，创新也就成了一个难以解释的挑战。

在展开讨论之前，我们首先需要澄清一下"技术"这一概念。在日常沟通里，人们有时会把科学、技术和科技几个词等同起来或混淆起来使用。但实际上，它们是有差别的。

"如果简单地高喊科技创新，可能会误导改进的方向。科学是发现，技术是发明。创新更多的是在工程技术和解决方面。客观规律是存在的，科学研究就是去努力发现它、识别它，客观规律是不随人的意志改变的，科学怎么能创新呢？"[①]"科学"是指

---

① 任正非.在 C9 高校校长一行来访座谈会上的讲话.电邮讲话【2020】133 号.

对自然现象规律的探索与总结，是理论化了的知识体系。一般来说，科学以探索发现为核心，需要回答"是什么"和"为什么"的问题。"技术"则是实现人的目标的一种手段或系统，是连接科学理论体系和改造世界的产品的桥梁。通常认为，技术以发明创新为核心，需要回答"做什么"和"怎么做"的问题。而"科技"是科学和技术的简称。

因此，对企业这一商业组织而言，只有充分利用大学和研究机构的科学研究成果，而自身聚焦于解决现实工程问题的技术和工程创新，才能更充分地提高广义的研发效率并产生更大的商业价值。"技术发明是基于科学规律洞察创造出新技术，成为生产活动的起点……大学是要努力让国家明天不困难。如果大学都来解决眼前问题，明天又会出来新的问题，那问题就永远都解决不了。你们去搞你们的科学研究，我们搞我们的工程问题。"[1]

技术的本质是组合与集成

如果我们切换到技术的内部视角，真正地去解构技术，那么我们会发现技术的本质是创新的组合方式。可以说，所有创新技术并非无中生有，被发明出来的技术都是利用了现有技术或组件，彼此相互集成的创新组合方式。而其中每个现有的技术或组件自身是由更小的或更底层的技术或组件构成的。[2] 简而言之，"技术就是组合，技术就是集成"。

[1]　任正非. 在 C9 高校校长一行来访座谈会上的讲话. 电邮讲话【2020】133 号.
[2]　布莱恩·阿瑟. 技术的本质 [M]. 曹东溟，王健，译. 杭州：浙江人民出版社，2014.

这就类似于乐高玩具，基础技术或组件就像最小的乐高模块，千百个乐高模块就可以有无数种组合方式，一种新的组合方式就可以成为一种创新的技术。

即便众人称道的"颠覆性创新"产品——iPhone，排除掉其在产品层面的工业设计和生态层面的模式创新，仅看其主打技术，如电容屏、高清显示屏和指纹按键等，也都是当时已有的技术或组件，甚至其他竞争对手先于苹果使用。苹果在技术层面所做的就是在这些已有技术或组件的基础上，通过调整工艺流程、提升工艺水平、优化参数指标以及软硬一体化设计等方式，重新组合这些已有技术，给用户带来一种颠覆性的体验。

以苹果的电容触摸屏技术为例，在第一代 iPhone 出现时，支持多点触控、触控轻盈、操作流畅、定位准确的电容屏刷新了用户对智能手机操控体验的想象。而这项技术之所以能够颠覆市场上的主流电阻触摸屏技术，是因为其采用了一种创新的组合方式将组件集成起来，即将 X、Y 电极分别镀在玻璃基板两面组成电容屏电极结构，这才带来了最佳的操控体验。

技术创新的关键在于管理好"漏斗"

既然技术的本质是以创新的方式进行基础技术组合，那么关乎技术创新成败的关键点便转化为：首先找到适配的底层技术或组件，其次用创新的方式把它们组合起来。这就要求创新者能够深刻理解并掌握足够多的备选底层技术或组件，并不断探索这些备选技术和组件的有效组合方式与技术集成路径。之后再逐步收敛组合个数，以降低创新方案的不确定性，直至形成具有一定程度确定性的技术创新方案。

由此可见，技术创新的过程就是一个对备选底层技术及其组合方式不断筛选和收敛的过程，可以形象地比喻为一个"漏斗"的过程。因此，做好技术创新的关键在于两点：管理好"漏斗"过程，在"漏斗"收敛过程中分配好研发资源。

华为无线正是由于较好地践行了以上两点，才得以从 2G 时代的产品技术跟随者逐步成长为 5G 时代的前瞻技术引领者。

"公司做基础研究的一万多人主要做明天的'know-how'（技术），'know-how'这个东西是需要 Fellow[①] 看清楚并理解外部科学家的思想理论，给引路的，让我们的专家、年轻人来做研究。研究是将金钱变成知识，开发是把知识变成金钱。"[②]

任正非讲话中的"外部科学家的思想理论"大致属于科学范畴，而华为主要围绕技术开展"基础研究"和"（产品）开发"。在本书中，华为无线的基础研究又可细分为两个阶段，即技术研究和技术工程阶段，前者关注基础技术或组件的吸纳和筛选，后者侧重组合路径的收敛，两者都是将"金钱变成知识"的过程。随后再进入产品开发阶段，将"知识变成金钱"。

本章"从产品技术跟随者到前瞻技术引领者"一节通过回顾华为无线在技术与资源层面的不同发展阶段，帮助读者理解技术能力构建的过程。在"做到深层次的多点技术领先"和"三种能力一个底座，构筑技术韧性"两节中，以华为无线所在的无线通信领域为例，着重介绍如何打造技术与资源层面的强度和韧性。

---

① Fellow 在华为是指在其内部享受总裁级待遇的专家。——编者注

② 任正非. 在 Fellow 及部分欧研所座谈会上的讲话——励精图治，十年振兴. 电邮讲话【2018】063 号.

技术与资源层面在纵深架构中对其他各层形成的辐射作用将会在"技术对其他各层都有强大的支撑力"一节中进行阐述。

从产品技术跟随者到前瞻技术引领者

看得见的是产品，看不见的是背后的技术。与能直接实现客户价值的产品、解决方案和服务等相比，技术易被忽视，但尤为重要。一方面，技术是跨越产品与解决方案竞争力门槛的必要条件；另一方面，长期积累的技术能力相对更难被复制，是竞争力领先的重要引擎。产品考虑的出发点是当期领先，技术则是持续、长期的领先。

华为无线的技术竞争力构建不是一蹴而就的，而是通过2G、3G、4G、5G不断迭代和长期积累锻造成的。华为无线技术进阶大致包括以下四个阶段：从商用产品技术实现者到大规模商用产品核心技术掌握者，再到国际标准领先贡献者，直至现阶段成为前瞻技术引领者。

1994—2000年，无线通信领域正处于2G的商用阶段以及3G的标准化阶段，那时华为无线内部流行的一句话是"站在巨人的肩膀上"。这个阶段最主要的工作是按照西方厂商制定的2G和3G标准实现商用产品。从标准协议文本到实验室实现，再从实验室到批量生产和小规模商用部署，这个阶段是一个产品实现技术学习和积累的过程。这时华为无线还仅仅是一个标准、产品和技术上的跟随者。

2000—2005年，华为无线经过20世纪90年代末GSM商用部署的磨炼，已逐步积累了一定的商用产品实现技术。2000年后，随着 2G 和 3G 网络设备的规模部署，华为无线逐步掌握了基站中射频、基站芯片和分布式架构等核心技术，如在中射频领域能够大幅提高基站功放效率的数字功放技术，在基带数字部分的全球第一个 0.13 微米 HSDPA ASIC 专用芯片等。从技术层面看，这个阶段是从商用产品技术可实现向大规模商用产品核心技术掌握的一个飞跃。

2005—2012 年，随着在全球的规模商用取得突破，华为无线持续在核心技术上发力，网络与基站性能第一已经变成了华为的习惯。与此同时，分布式基站和 SingleRAN 也成为业界趋势和技术标杆。

众所周知，"三流的企业做产品，二流的企业做品牌，一流的企业做标准"。华为无线在不断优化产品和技术的同时，开始规模进入 3GPP 等标准组织，参与 4G 标准的制定。在 4G 专利技术领域，华为也取得了引以为傲的成绩。LTE/LTE-Advanced 核心标准中，华为贡献了 546 件通过的提案，占全球总数的近 25%，位居全球第一。咨询公司 ABI 在 2013 年发布的《3GPP 标准影响力报告》显示，华为在 LTE 标准技术上迅速崛起，并且已经成为 3GPP 标准的领导者之一。华为无线已经从产品技术领域的遵从标准者跨越到系统研究领域的标准制定核心参与者。

2012—2020 年，5G 是第一个华为从概念研究到技术预研，再到标准制定，直至产品开发和商用部署全周期覆盖的标准。2020 年 2 月德国专利数据公司 IPlytics 发布的 5G 专利分析报告中显示，截至 2020 年 1 月，全球共有 21 571 个 5G 专利，其中华为以 3 147 项居榜首。在产品技术层面，华为拥有业界最高集成度 5G MM AAU 和 BBU 芯片，以及 2019 年业界唯一 7 纳米量产 5G 套片。无论从产品技术角度，还是技术预研与标准化角度，华为已成为 5G 通信行业的前瞻技术引领者。

近些年，随着移动通信行业发展到 5G 时代，无线技术已逼近香农定理的极限，进入"后香农时代"，华为也随之进入了一个新的发展阶段。

"华为正在本行业逐步攻入无人区。无人区，处在无人领航，无既定规则，无人跟随的困境。华为跟着人跑的'机会主义'高速度，会逐步慢下来，创立引导理论的责任已经到来。"[①]

现阶段华为无线已开始尝试解决"无人区"中的重大创新问题，着力通过数学、物理、化学等基础科学理论领域的深耕，以指引无人区技术创新的突破。例如，华为向科学理论界提出了"后香农时代，面向数学的十大挑战问题"，希望通过与数学家的合作，形成后香农时代的科学理论基础，进而触发无人区内爆发式的技术创新。

做到深层次的多点技术领先

从广义上来说，技术是实现目的的一种手段，即实现与支撑产品和服务的手段。它可以是一个方法，可以是一个过程，也可以是一个物理装置。当强调技术是一种软件时，它就是一种方法或过程，具体来说，可以是一个中间件、一种多天线接收算法，还可以是一件信道编译码专利。当关注的技术是一种

---

① 任正非. 在全国科技创新大会上发言的内部撰写稿——为祖国百年科技振兴而努力奋斗. 电邮讲话【2016】067 号.

硬件时，它就是物理装置，比如一款电机、一款基带芯片或基站射频器件。

与产品领先有一定的相似之处，技术领先的强度主要体现在以下四个方面。

首先，技术领先的强度需要确保在"主航道"上的领先，即在关键技术方向和路径上的领先。

其次，在关键方向和路径的关键节点上领先，也就是在关键的甚至稀缺的必经之路上实现领先，通过在关键点上实现技术和资源的卡位，使得竞争者难以规避。

再次，则是在技术的更深层次的领先，以确保相应的技术优势可以维持得更长久。

最后，就是多点领先与协同，使得局部或整体更具优势。多点领先能够带来多点协同效应，构成结构性领先优势，不必担心其中某一技术强点被竞争者超越。

三个牵引，在关键技术方向上领先

在产品层面上需要正确的领先，在技术层面上同样需要在正确的方向和路径上领先，具体来说，需要在有价值、有瓶颈或者难度、具有可行性的方向上领先。"没有正确的假设，就没有正确的方向；没有正确的方向，就没有正确的思想；没有正确的思想，就没有正确的理论；没有正确的理论，就不会有正确的战略。"[①]

---

① 任正非. 与 Fellow 座谈会上的讲话. 电邮讲话【2016】069 号.

关键技术的方向和目标不同，相应的技术组合方式就有可能衍生出数不胜数的技术路径。一旦企业选择错误的技术方向和路径，就会导致企业的投资打水漂、错过市场机会窗或者长期失血。回顾过往无线通信行业发展的 40 年，许多西方厂商，如摩托罗拉、朗讯、北电网络等，由于在技术方向和路径选择上出现了偏差，后期调整不及时，最终倒在行业发展的路上。那么企业该如何在技术方向和路径选择上确保正确呢？

企业需要做到三个牵引，才能有效地把技术创新牵引到正确的方向和路径上：客户、市场与产品的需求牵引，技术愿景的牵引，技术体系的牵引。

客户、市场与产品的需求牵引

技术领先的核心价值是能够带来产品与服务的领先，最终为客户带来当期或未来的客户价值。因此，客户、市场与产品的需求牵引是确保关键技术创新不偏离主航道的首要原则。

首先，需求牵引可以避免一个研发组织陷入"以技术为中心"的三个陷阱。

第一，大多数技术工程师难免都有一定的技术情结，喜欢做难的事情。相对于把简单的客户需求做好，他们更加倾向于挑战复杂的技术难关。

第二，工程师的技术情结还体现在重视技术和功能等显性技术的开发上，比如实现更高的技术规格或遵从更严的技术指标等，而轻视可生产性、稳定性、可靠性等隐性技术的贡献。

第三，在研发组织的评价中也存在类似的倾向。把事情做得更复杂、更难的工程师，获得的评价通常会更高；把事情简简单单做好的员工，在研发体系中获得的评价反而不高。

实际上，系统和技术的复杂度对应的就是更高的研发和产品成本，而且客户需要实现同样目的的产品与服务时，一定是越简单越好。这就要求研发组织从"以技术为中心"向"以客户为中心"迁移。

其次，也是更为人所知的是，产品的需求对技术方向以及技术未来发展的牵引。产品的需求本身承载着中短期客户的价值以及来自其他企业的竞争压力。所以，产品需求对技术的牵引的关键就在于"4 新"，即技术研发必须聚焦在支持产品的新高度、新维度、新客户群以及新品类上。相关内容参见第 3 章，在此不再赘述。

最后，客户市场的需求牵引可以帮助研发组织更好地把握技术创新的价值和节奏。

技术创新本身是可以全方向、无止境的，但技术创新者并不能左右技术的应用以及客户价值的兑现。技术是否投入使用以及何时投入使用都依赖于客户的需求，包括中短期的产品需求以及中长期的未来战略需求。只有不断走进客户，聆听客户的声音，才能确定掌握的技术该什么时候用以及该怎么用。

客户和市场两方面需求对技术的牵引是要引导技术创新方向的商业价值性，也就是使得技术创新始终围绕着客户价值的创造，避免研发团队沉溺于对技术规格、指标和性能的过度追逐或无效创新。与此同时，能够牵引技术研发的节奏去适度匹配市场应用的节奏。

总之，技术的创新必须围绕商业需要，客户、市场和产品

纵深

的需求能够将技术创新牵引到符合商业价值的方向、路径和节奏上来。

华为在全球有超过400个运营商客户，其通过对客户需求的识别和筛选，在帮助客户解决商业问题的同时，实现对技术方向、演进路径和部署节奏的判断和把握，带来有强度、有质量的技术领先。

分布式基站作为产业公认的架构型颠覆性技术突破，就是在客户需求牵引之下产生的。2004年年底，还在欧洲拓展市场的华为参与了荷兰一家小运营商的3G网络竞标，在交流中了解到，由于站点租金、工程施工等建站总成本太高，运营商迫切需要一种既节省机房空间又能快速实施部署的全新解决方案。在实地勘察和与客户不断交流、碰撞中，分布式基站的想法应运而生，由此带来了分布式基站架构下的硬件散热、电路互联和光模块互联等技术突破和领先，最终实现了相对于传统基站，体积减小到原来的1/10，重量减小到原来的1/15的跨越式技术创新。在一系列的分布式基站技术突破中，值得一提的是硬件散热技术，其不但在后续无线基站演进中持续升级迭代，还应用到了华为其他设备领域，如终端和固定网络设备。总之，分布式基站相关的一系列技术创新本质上都是源于客户与市场的牵引。

技术愿景牵引

"客户面临的现实问题是客户需求，面向未来的科技创新也是客户需求，只是更长远一点。"①

针对与中短期产品和服务强相关的技术创新，可以通过对客户、市场和产品需求的识别和筛选，进行产品和服务级技术创新的牵引或矫正。

面向长期的技术方向和路径，则需要通过对未来技术愿景的研究来进行方向的牵引和路径的选择。那么如何形成长期的技术愿景，又如何通过愿景牵引技术方向呢？

首先，对于长期客户需求或产业愿景的一个预判投射到技术层面，再叠加对技术研究和技术工程发展能力的一个预判，能够牵引整个产业生态形成对未来技术愿景的预判。其次，将技术愿景拆解、细化为未来技术需求，正是这些分解下来的未来技术需求指引了当前技术研究的路径和方向。

在半导体芯片行业，摩尔定律描绘了一个未来芯片技术发展的指数级延长线，这就是典型的技术愿景牵引行业的技术创新。而在通信行业，3G、4G、5G 这些十年一代的移动通信系统代际更替，同样也是通过技术愿景来牵引技术创新方向的。

5G 产品中的核心技术 Massive MIMO 就是中长期技术愿景牵引下的成果。2012 年，产业界还没有正式开始讨论 2020 年的 5G 需求和技术指标，只是小范围达成了一个大致的技术愿景共识，即 5G 关键能力比 4G 有 10~100 倍提升，用户体验速率可达 1Gbps②到数十 Gbps。尽管技术愿景是模糊的，但至少 10 倍这

① 任正非.在公共关系战略纲要汇报会上的讲话——从人类文明的结晶中，找到解决世界问题的钥匙.电邮讲话【2018】120 号.

② Gbps 是衡量交换机总的数据交换能力的单位，即每秒 1 000 兆位。——编者注

个量级是明确的。华为无线对提升用户体验速率的各项技术进行逐一研究和仿真分析，发现要达到 10 倍以上的能力，仅仅依靠传统跨代演进（2G 到 3G、3G 到 4G）的手段，如带宽增加、新的多址、信道编码改进、先进的调度算法和接收算法等，是不行的。Massive MIMO 是实现 10~100 倍能力提升的技术愿景的必经技术路径。尽管距离 5G 的商用还有 8 年时间，但华为无线内部决定坚定投资未来。通过 8 年持续的技术研究和技术工程积累，在 5G 第一波商用中，Massive MIMO 成功上市，华为在核心竞争力上领先友商一年以上。

技术体系牵引

面向中长期的技术愿景，会衍生出不同的技术体系，例如 2G 时期的 GSM 和 CDMA，3G 时期的 WCDMA、CDMA 2000 和 TD-SCDMA，4G 时期的 LTE、AIE（空中接口演进）和 WiMax（全球互通微波接入技术），而不同技术体系存在较大的差异。

技术体系和路径方向的选择某种程度上是一种"赌博"，尤其是投资不足的中小型公司。当选定一种体系时，一方面是在市场层面选择了细分客户范围，更重要的另一方面是决定了技术的积累和产品技术的研发只能一条路走到底，因为转换技术体系的研发成本和机会成本都非常高。

在通信行业，技术体系选择错误导致前期研发投入和市场机会窗的丧失，时常成为压垮骆驼的最后一根稻草。例如，北电、摩托罗拉和朗讯等北美通信巨头最后都是因为 CDMA 2000 的技术路线和生态运营出现问题而在市场上一再萎缩，直至企业破产或被收购。

"在主航道里用多路径、多梯次的前进，使用投资密集型，来缩短探索方向的时间。" [①]

华为无线在总结了 2G 和 3G 两个时期的技术路径选择的经验教训后，在 4G 时期采取了相对谨慎的态度，在通信管道这一主航道中采用了多路径战略。华为无线在 2004 年开始投入 4G 技术的研究，并同时参与 3GPP、3GPP2 和 WiMax 三大标准组织的 4G 技术标准化工作。

在这三大组织中，华为无线是有所侧重的，既积极投入产业链上下游重量级玩家参与度最高的 3GPP LTE 技术，也跟进 3GPP2 的 ΛIE 和英特尔主导的 WiMax。

技术的标准化过程本质上是从一张白纸开始，逐步完成一套全新的技术系统设计的过程。在长达 5 年的深度参与中，华为无线积累了大量算法实现的技术核心细节和 4G 专利。5 年后，随着技术标准制定和系统性能评估的完成，市场天平倾向了 3GPP 的 LTE 技术。华为无线在 LTE 核心算法上的技术积累有效地支撑了 LTE 基带 ASIC 芯片设计，大幅提升了 LTE 基站的产品竞争力，成为 4G 全球第一波商用的撒手锏。除此之外，华为这 5 年积累下来的大量 LTE 专利也在后续与西方厂商的专利许可谈判中发挥了决定性的作用，并产生了数以亿计的专利收入。

[①] 任正非接受福布斯中文网采访 . 2015-09-06.

立足关键点与深层次的多点技术领先

关键点领先

首先，在选择技术竞争主路径和关键点的时候，要考虑技术竞争力的核心要素在哪里，在哪些关键方面形成技术突破就可以获得技术控制点，从而实现客户认可的技术竞争力和产品服务价值。

在无线通信领域，贯穿 1G 到 5G 始终的核心竞争力要素主要体现为两类，一类是性能方面的大容量和高并发的竞争要素，另一类是实现低成本的高集成和高可靠要素。因此，紧扣大容量、高并发、高集成和高可靠等竞争主路径，才可形成关键技术的控制点，进而达到核心技术的领先强度。例如，华为无线在上述竞争主路径上，持续在多频、多制式、多天线和宽频等关键技术上构筑控制点，确保在核心竞争要素上的领先。

其次，要考虑企业自身的资源禀赋在哪方面，即在哪些方面有自身独特的素质和优势，充分发挥后可持续有效达成领先，乃至显著拉开与竞争者的技术差距。

"华为公司的优势在于数理逻辑，不在物理界面。华为公司一定要在优势方面集中发挥。"[1] 华为无线的研发组织是以国内几大研究所为内核驱动的团队，核心优势主要体现在数理逻辑上。这些数理逻辑优势最直接、最有效的转化便是用于构建基带芯

---

① 任正非. 在华为"2012 诺亚方舟实验室"专家座谈会上的讲话——中国没有创新土壤 不开放就是死亡. 2012.

片、基带算法、中射频算法等方面的关键技术领先优势。

深层次的领先

技术领先的强度除了体现在关键路径和关键点上，还取决于技术点所处的技术层次。技术层次越深，意味着创新所需的组合越复杂，实现的路径越多，研发的门槛越高。一旦获取深层次的技术领先，企业就更能确保相对持久的技术竞争力优势。

从产品实现角度来看，硬件技术的层次由易到难可以分为整机集成技术、板卡级技术、器件芯片级技术、算法级技术。大致来讲，随着硬件的颗粒度变得越小，硬件技术变得越深、越难。

以计算机硬件为例，购买主板、硬盘、内存和显示器等主要部件并组装起来的技术可以称为整机集成技术，20 世纪 90 年代的国内计算机经销商就掌握了这一层级的技术。而在自主设计的主板上，通过集成第三方 CPU、内存和硬盘等器件开发笔记本电脑基本就属于板卡级技术，当前国内主流的笔记本电脑厂商所掌握的硬件技术主要还在这一层。如果硬盘、显示器和电源系统都是自己设计实现的话，这就属于器件级的技术。而 CPU 芯片内的算法设计和实现难度是众所周知的，属于计算机硬件技术中最具挑战性的。

软件技术的层次在通信行业可分为负责系统运行的软件以及通信强相关的软件。对于通信强相关的软件，可由易到难分为网管软件、通信协议软件、算法实现软件等。而最深层的算法实现软件也是通常被应用在最底层硬件或芯片上的软件，是最为核心的，也是难度最大的。比较典型的无线底层算法就有用于多天线、解调译码的 RTT 算法，以及决定系统覆盖和能效的中射频算法等，这些都属于深层次的软件技术。

除了软硬件实现技术，无线通信还有特有的技术，比如我们通常说的 CDMA、OFDMA（正交频分多址）、多天线、信道编译码 Turbo/LDPC/Polar 等，这些系统设计技术的载体主要是实现算法和技术专利。这些技术与通信标准强相关，如果标准没有写入相应的技术，那么所有的算法和专利都不会起到任何作用。所以，越是远离标准冻结时间，相应技术被标准采用的不确定性越大，相应的前期研发风险也就越大，难度就越高。因此，系统设计技术的衡量维度更多的是一个时间的维度。

多点协同的结构性优势

随着无线通信系统越来越复杂，集成度越来越高，无线产品领先的评价维度和技术指标也越来越细化，支撑这些维度和指标的技术也变得越来越多元。

如果仅仅在单一维度上实现了技术的领先，一方面，竞争者可以在多元评价体系中通过抵消优势来实现竞争或超越；另一方面，在产品快速更新换代的行业，一时的单点技术领先很难形成长期的技术"护城河"，竞争者的持续追赶最终会演变成该维度的同质化竞争。因此，单点技术领先在当前是远远不够的。

构筑多点协同的结构性优势，是在一个多元技术评价体系里实现技术领先强度的关键。其核心是在精准识别的竞争主路径上实现多点技术的协同，进而打造结构性优势。

例如，华为的 4G 基站设备实现了自然方式散热，而诺基亚的设备只能采用风冷散热，这一区别体现出华为在基站能效上的结构性优势。该优势就源自华为独有的散热技术和一系列功放技术的多点协同。具体来说，华为有专门的实验室研究电子设备的散热问题，但仅有这一技术强点仍然不足以拉开如此大的技术差距。自然方式散热还需要功放器件硬件优化设计、数字预失真算法、智能关闭载频功放、信道分配优化策略和动态电压调整等一系列功放技术的协同，这样才能把单点的技术领先转化为结构性的优势。

芯片技术是立足关键点与深层次的技术领先典型

20 世纪 90 年代，华为无线是不具备无线通信芯片的技术研发能力的，主要的困难在于需要对移动通信、信号处理理论有深刻的理解，并能将无线通信关键理论和标准规范转化为具体算法，实现在芯片里。1998—2000 年，华为无线用两年多的时间才完成了从理论公式到链路仿真再到关键技术验证的过程，而从关键技术验证到商用芯片的实现又有一段漫长的距离。

随着时间来到 2000 年，华为无线通过反复的技术研究和市场调研，判断 3G 阶段客户对基站大容量、高性能和低成本的核心需求一定会迫使各基站设备厂家抛弃传统芯片，转向性价比更高的专用芯片，即 ASIC。

最初华为也询问过业界一些 EDA（电子设计自动化）工具厂家，能否提供可以转化为具体实现的 3G 模型及芯片，得到的答复是要上千万美元，要几百个工程师来开发。由此可见，一方面，外购芯片价格不菲；另一方面，如果使用业界都采用的通用芯片，将缺乏差异化的技术优势，难以实现深层次领先，未来的产品会陷入价格战的汪洋大海中。为了确保具备核心技术竞争力和产品性价比优势，华为最终决定放弃采购商业芯片的稳健路径，投入巨资自研ASIC。

自研基带ASIC套片项目是在原有两年3G技术验证成功的基础上展开的，但复杂的无线通信芯片技术突破谈何容易。从2000年开始项目组全力投入了一年多的时间，终于完成了芯片的FPGA（现场可编程逻辑门阵列）验证，性能指标也达到业界商用芯片的水平，结果出于IT泡沫带来的通信市场变化和3G标准的持续演进的双重原因，芯片项目跟着产品一起被取消了。

华为无线第一颗成功量产的3G芯片面市是在2003年，也就是从1998年研究规范开始，前后重兵投入长达5年之久，才形成无线基带ASIC技术的突破。

芯片这类深层次技术的突破，带来的是基站处理能力、集成度、功耗和成本上的绝对优势，市场上的突破也就随之到来。2003年年底，华为中标阿联酋电信运营商Etisalat的3G网络，这个项目对华为无线来说关乎生死。在长达数年不计成本的投入之后，无线3G产品终于实现零的突破。2005年，华为推出全球第一个HSDPA（3G演进版本）网络芯片，规格、成本都具有明显优势，并率先支持HSPA+特性，一举进入西班牙沃达丰，彻底打开了欧洲高端市场的口子。以此为突破口，2005年华为再次超越，拿出当年业界体积最小、容量最大、功耗最低的分布式基站，全面进入欧洲市场。

三种能力一个底座，构筑技术韧性

"我们有一个路径图，技术喇叭口子足够大。当这个技术距离我们实现产业化还有十亿光年，我们可能投资一点点，放个芝麻；距离只有 20 年了，我们多投入一点，放一个西瓜；距离只有 5 年了，我们就'范弗里特弹药量'重点投入，增强对准主航道的作战能力，把钱变成知识。后面还有几万开发人员把知识变成钱，做出好产品。"[①]

"技术创新的关键在于'漏斗'管理"一节中提到，技术创新的过程就是对备选技术及其组合方式的一个不断筛选收敛的漏斗过程。而在分配漏斗过程中的资源方面，研发投入则是反过来的，即"芝麻"、"西瓜"和"范弗里特弹药量"分别对应漏斗的开端、中间和尾端。

在漏斗开端的"芝麻"投入能支撑"技术喇叭口"的扩张，更多地捕捉新技术和组件，从而确保不漏掉潜在的关键技术。在中间的"西瓜"投入则确保备选技术具备一定的可行性，这一阶段多个"西瓜"的投入会促进多路径、多梯次、多场景的持续探索，加速漏斗的收敛。在漏斗尾端的"范弗里特弹药量"重点投入，则是确保能够在主航道明确的方向上，消除技术路径上的不确定性，实现实质的技术突破，完成"把钱变成知识"的完整过程。

为了能够更好地匹配技术创新的漏斗型管理并构筑技术韧

---

① 任正非 . 与中国科学技术大学包信和校长座谈的讲话—— 加强与国内大学合作，吸纳全球优秀人才，共同推动中国基础研究 . 电邮讲话【2018】128 号 .

纵 深

性，研发组织需要面向漏斗的三个不同阶段，强化三种能力：开端的开放创新能力、中间的技术研究能力、尾端的技术工程能力。

与此同时，研发组织在技术创新的全流程中，要始终坚持"把钱变成知识"的过程，持续地将不同技术创新阶段沉淀下来的"知识"转化为技术储备。而长期来说，这些技术储备会成为支撑开放创新、技术研究和技术工程三种能力的基础底座。

开放创新能力——扩大漏斗开端，捕捉关键技术与资源

既然技术的本质是用创新的方式来组合现有技术或组件，那么技术的创新就不会是一蹴而就的。从这一角度，技术创新可以看作在现有技术体系上的迭代式演进。那么如何迭代创新才能产生更高的效率呢？

"开放创新，不盲目追求'为我所有'，要构建'为我所知、为我所用、为我所有'的能力组合。……在产品、解决方案及服务技术能力上，重在为我所用，但在关键控制点上要为我所有。在基础技术能力上，侧重为我所用，但在核心技术上要为我所有。在基础理论能力上，做到为我所知、为我所用就可以了。"[1]开放创新的能力组合如图 4-1 所示。

---

① 任正非 . 在全球能力布局汇报会上的讲话——开放创新，吸纳全球人才，构建"为我所知、为我所用、为我所有"的全球能力布局 . 电邮讲话【2017】105 号 .

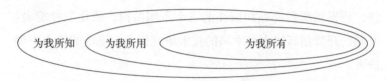

图 4-1 开放创新的能力组合

例如，在产品硬件的实现技术中，比较典型的体现就是华为无线主力团队主要聚焦在芯片、关键器件和核心算法等"为我所有"的技术上，而硬件体系的其他非核心部分更多的是遵从"为我所知"和"为我所用"的原则，在全球范围寻找性价比最高的供应商与合作伙伴，以外购器件和物料的方式集成到无线基站中。

"为我所有"的优势是对核心技术、组件以及关键控制点的深度感知和掌握，可以更好地进行技术适配和定制，技术或组件之间的协同优势最终可以带来更好的性能和更精准的节奏把控。"为我所知"和"为我所用"的优势在于，使得基础理论认知、技术或组件获取具有更高的时效性。同时，其还可以规避一定的技术研究和工程的成本及风险，避免研发资产过重。但开放与合作的外部获取方式也有一些风险要素需要严格把控，比如供应商的产品性能、协同进度、成本控制等。

开放交流，实现先进理论"为我所知"

在"为我所知"的能力构建上，其核心目的是认知最新的基础理论，进而辨别大致的技术发展方向。企业的高层与专家需要走到公司外，与外部科学家开展学术上的沟通，激发思想上的碰撞。

"喝咖啡"就是实现"为我所知"的一种有效方式。华为无线的 Fellow 和高端专家们通过"喝咖啡"的方式参加各种国际学术会议和论坛，与世界各地的科学家坦诚地沟通交流，分享华为的理解，也理解科学家们的最新基础研究成果，共同碰撞出对未来技术的发展方向的新认知。

　　"华为过去是一个封闭的人才金字塔结构，我们已炸开金字塔尖，开放地吸取'宇宙'能量，加强与全世界科学家的对话与合作，支持同方向科学家的研究，积极地参加各种国际产业与标准组织，各种学术讨论，多与能人喝喝咖啡，从思想的火花中，感知发展方向。有了巨大势能的积累、释放，才有厚积薄发。"①

　　开放交流"为我所知"是开放而包容的，照亮自己也照亮别人。例如，在与 Polar 码的发明人阿里坎教授的合作研究中，华为是无条件支持的。阿里坎教授的研究是完全独立的，华为不会要求他研究什么或告诉他该怎么做，也不会索取任何专利。"阿里坎发表的论文就像灯塔一样，它没有只照亮我们，也照亮了别人，但我们那么快就把它变成了一个方法，我们只是比别人早了几年，先进了一点点。"②

开放合作，实现优质资源"为我所用"

　　"我们为什么要排外？我们能什么都做得比别人好吗？……我们一定要避免建立封闭系统。我们一定要建立一个开放的体

---

① 任正非 . 在全国科技创新大会讲话——以创新为核心竞争力，为祖国百年科技振兴而奋斗 . 2016.
② 任正非 . 在法国研究所座谈交流纪要 . 2017.

系，特别是硬件体系更要开放。我们不开放就是死亡……"①

在"为我所用"的能力构建中，重要的是在非核心技术或非关键控制点上，充分利用"比较优势"，在全球范围内实现创新技术能力的外部合理配置。华为需要做的就是，面向基础技术、产品、解决方案及服务的非核心子领域，建立一套开放的创新体系，全方位地吸纳业界最佳能力"为我所用"。

首先，"用"产业优质资源。尤其是面向瓶颈型的技术或器件，很多企业都会通过与产业链上游厂家展开外部的战略合作，以提升自身的整体技术竞争力。例如，华为在"补洞"的过程中，原则上便是与海内外供应商合作，由第三方提供器件，华为无线在外购器件上进行再创新，承载具备核心竞争力的自有技术。

产业优质资源的获取，除了瓶颈型的器件外，还包括专利使用权的购买。纯粹的专利使用权购买主要发生在 2005 年前华为还缺乏足够核心专利的阶段。而随着后续无线团队在无线产品技术研究和标准化阶段的不断积累，纯粹的专利购买形式被华为与其他友商的专利交叉许可方式替代。

其次，主动规划，展开合作开发与生产。"我们要向苹果公司学习，腾出手来对一些核心部件开发做出规划。不一定是我们规划、我们开发，也可以合作开发和生产"②，从而将有限的研发资源更加聚焦在核心技术和关键控制点的打造上。

---

① 任正非 . 在华为"2012 诺亚方舟实验室"专家座谈会上的讲话——中国没有创新土壤 不开放就是死亡 . 2012.

② 任正非 . 在消费者 BG 年度大会上的讲话 . 2017.

关键技术自主，实现"为我所有"

首先，这一层面的能力构建主要聚焦于在核心技术与关键控制点上实现技术自主。必不可少的是"在技术战略上强调'针尖'战略……才有可能在几个领域里成为世界领先"[①]。

其次，跨体系、跨地域、跨产品线的技术交流可以激发企业内部的开放式创新。"我们鼓励我们几十个能力中心的科学家、数万专家与工程师加强交流，思想碰撞，一杯咖啡吸收别人的火花与能量，把战略技术研讨会变成一个'罗马广场'，一个开放的科技讨论平台，让思想的火花燃成熊熊大火。"[②]

例如，华为全球各研究所的专家会聚集在总部参与讨论，其间还会邀请外部专家来讲座交流。不同领域的专家们在一起进行思想的碰撞，能够产生新的对技术创新的认识，甚至达到跨领域的"弱连接"引爆创新的效果。

最后，"蓝军机制"的本质就是一种开放式创新的实践，甚至具有一定的颠覆式创新思维。"最好的防御就是（对自己的）进攻，要敢于打破自己的优势，形成新的优势。"[③]"'进攻是最好的防御'，是指进攻自己，逼自己改进，从而产生更大优势。"[④]

---

① 任正非.在拉美及大T系统部、运营商BG工作会议上的讲话——喜马拉雅山的水为什么不能流入亚马孙河.2014.

② 任正非.在全国科技创新大会讲话——以创新为核心竞争力，为祖国百年科技振兴而奋斗.2016.

③ 任正非.9月5日向任总汇报无线业务会议纪要——最好的防御就是进攻.2013.

④ 任正非.在企业业务座谈会上的讲话.2013.

技术研究能力——明确方向与节奏，实现漏斗快速收敛

　　研究本身是一个相对宽泛的概念。很多科技企业设置了研究部，拥有一定的研究能力。但界定好研究团队的使命和工作边界，使其在所在企业的发展中产生更大的作用，并非一件容易的事情。

　　贝尔实验室曾经是每一个通信人心中的殿堂，但最终还是在飞速发展的通信行业中失败了。其根本原因在于贝尔实验室的研究团队创新方向没有聚焦于所在企业的商业需要，过于发散。例如，贝尔实验室的科学家出于个人兴趣发明了电子显微镜，但贝尔实验室的主业在通信行业，因而无法将这项研究成果在企业外形成商业落地。作为商业承载而成立的电子显微镜组织，最终消耗了企业非常有限的战略资源。因此，研究团队无边界的技术创新过于发散，可能导致企业战略的偏离，在商业上是不可持续的。

　　研究可以被细分为两个阶段，即技术研究阶段和技术工程阶段，前者着重技术大方向判断和关键技术的筛选，后者强调技术实现和可行性。技术研究是连接科学基础理论和技术工程的关键阶段。华为无线研究部作为上游技术研究部门，向技术工程团队传递技术方向判断、标准规范理解、备选技术和组件及其他技术成果等。

　　许多人认为技术研究产出的这些成果无法直接转化成商用产品与服务，不能直接产生商业价值，所以也就没有必要下大力气投资进行技术研究。这种看法正确吗？

　　实际上，这是对技术研究能够起到的关键作用认识不足而产生的误区。在构筑技术韧性过程中，技术研究能力最突出的作用

体现在三个方面：技术方向与路径的判断；技术标准与商用节奏的牵引；未来技术路径上技术难题的突破，以及伴随而来的技术专利。

技术方向与路径的判断

如果近距离观察通信行业的顶级技术专家，如爱立信的Senior Expert（资深专家），诺基亚的Fellow，华为的Fellow，我们会发现这些业界的技术专家也许在各自技术领域里各有擅长，但就技术细节来讲，他们未必比本领域其他专家精通。他们的一个共同点是，对未来的技术趋势、方向和演进路径的把握非常精准。基于他们的技术分析和判断，可以在研究初期确定大致技术方向和路径，实现"漏斗"的快速收敛，避免后期大量无效的研发投入。在某些情况下，准确的技术方向判断可以挽救一家技术公司的"生命"。

在4G时代初期，WiMax阵营主导的IEEE802.16e/m技术曾如日中天，给3GPP主导的LTE技术带来巨大压力。而在商用阶段，WiMax技术屡屡受挫，主流运营商纷纷放弃WiMax，选择LTE技术，最终导致WiMax技术黯然收场。而选择了WiMax技术路径的英特尔和北电网络等公司就此一蹶不振，北电更是随后不久宣布破产。表面上看，这些科技公司在WiMax上的路径选择错误表象是运营商弃用的商业原因，但实际上是WiMax在技术设计上存在移动性管理方面的重大缺陷，才被主流运营商弃用的，本质上是企业对技术方向和路径的错误判断所导致的。

技术方向与路径的判断正确又能带来什么呢？华为5G的核

心技术与产品 Massive MIMO 的领先，就来自对技术方向和演进路径的有效判断。这为 Massive MIMO 核心技术的攻关提供了3~4 年以上的技术工程时间提前量，充足的研发时间催生了核心产品竞争力的实质性领先。

技术标准的影响与商用节奏的辨识

技术标准本质上是技术研究成果的集中系统体现。因此，技术标准也就成为产业主要参与者抢占的技术制高点，同时也是企业前期技术研究投入变现的关键途径。企业可以凭借自己在标准上更强的理解力与影响力，更为合理地规划其核心技术商用落地的节奏，最大化自身的商业价值。

华为无线早期被授予 Fellow 称号的高端专家里，一位是产品领域的中射频专家，另一位是无线研究领域的标准专家。技术标准研究对于华为无线的影响可见一斑。

以 5G 第一波商用部署所采用的频谱技术为例，以美国三大运营商（Verizon、AT&T 和 Sprint）和韩国三星等为代表的产业重量级玩家均认为，5G 商用部署的首要场景是局部热点，将会采用毫米波技术，因此它们在 5G 毫米波这条路径上投下重注。实际上 5G 第一波商用部署并未采用毫米波技术，而是采用了广覆盖的中高频 C 波段技术。美国运营商及三星在商用节奏上实质性地踏空。尽管前期的毫米波技术研究和投资不会完全浪费，但其在 C 波段技术上的薄弱积累带来了技术竞争上的劣势。反观华为无线，基于前期的技术研究和积累，给出了准确的频谱技术商用节奏的判断，由此在 5G 技术层面上获取了明显的竞争优势。

未来技术路径上攻关突破

有了明确的技术方向和节奏判断后，技术研究所面临的就是新场景、新假设和新技术组合产生的各种新研究问题了。解决和突破这些新的研究问题，自然就会带来用于下游技术工程和产品开发阶段的技术储备与技术专利。

技术专利已经成为当今社会的高频词，我们在此就不再赘述。技术储备看上去相对抽象，通过华为无线 3G 和 4G 产品研发的例子也许可以更好地理解它。1998 年华为无线开始准备做 3G 时，是从上千页英文的 3GPP 技术标准开始的，其用两年多的时间才完成了从标准文本、公式、模型仿真到关键技术验证的技术研究周期。

而 2008 年开始做 4G 时，华为无线标准团队在 LTE 第一版技术标准宣布冻结之前，就把上千页的英文标准规范提炼成的 100 页左右的中文技术报告，以及全部的链路和系统仿真源代码与结果，传递给了下游的技术工程团队和产品算法团队。同年 9 月底，华为成为全球首个顺利完成 LTE 多用户移动性测试的设备供应商。能实现如此超前的技术竞争力领先，前置于技术研究阶段的技术难点突破功不可没。

总之，在我们清楚认识到技术研究能力的三种主要作用后，承载相应功能的组织定位和使命也随之变得更加清晰。所以，一个合格的技术研究部门至少应该包括以下三个核心定位。

未来技术路径预判：通过对未来产业和网络愿景的牵引，研究未来应用、核心场景、技术假设及理论,预判未来技术方向与路径。

技术标准与节奏影响:从客户和产品的中长期痛点出发,引领或参与产业技术标准制定,预判并推进标准、产业生态和商用节奏。

未来技术单点突破:面向未来产品与服务的交付,开展未来技术路径上的单点研究,逐步积累技术储备和技术专利,构筑技术竞争力领先的基础。

技术研究能力的组织支撑

不难看出,研究部门定位和输出都是面向中长期的。在快速变化的产业环境中,具体应该如何操作,来打造一个合格的技术研究部门呢?现在社会上流行着一种说法,即只要投资足够大,研究和创新一定会成功。这样的说法对吗?我们可以从人员、组织和评价三个方面来进行探讨。

人员:"强将"带"精兵"

研究部门的人员组成结构是非常关键的。实际上,与开发和制造部门不同,研究团队光靠"花钱堆人力"的方法大概率是行不通的,研究部门的人员结构要做到"强将"带"精兵"。

在选拔人才的时候,除了关注其是否有过硬的理论基础,还需要关注其是否有独立的研究能力以及是否掌握成熟的研究方法论。近些年,国内高校博士研究生的教育水平稳步提升,为各高科技公司提供了较为充足的研究人员储备。

组织：组织围绕人员，开放式协作

研究人员的地理分布，尤其是行业专家的稀缺性，决定了研究组织的建设应该是围绕人员的地理分布而展开的。例如，华为无线的 4G 和 5G 研究团队都分布在三四个以上国家的不同城市里。当然，围绕人员的团队建设会带来多地域、跨文化的部门和项目运作的问题，依据能力和专长对研究课题进行子项目的切分和与之相匹配的人力布局是有效的应对办法。

除了部门内部多地域、跨文化的协作，研究部门面向外部的开放式协作也很关键。

一方面是研究团队在公司内部与产品部门的协作，比如技术研究项目与技术工程项目的相互讨论迭代、研究团队与技术工程团队之间的沟通交流，甚至人员双向的流动。这类协作实现了技术储备和经验的实时、无缝传递，可有效提升公司内部的研发与创新效率。

华为无线每年都会举办"创新大赛"，面向无线全员。每一位员工，无论是研究部门的，还是产品部门的，都可以提出自己的创意。好的创意通过层层评审和选拔，并辅以专家的指导修正，最终有不少能够落地在技术研究项目或技术标准中。

另一方面是技术研究团队面向公司外部的交流协作。"一杯咖啡吸收宇宙能量"与"淡化工卡文化"体现出来的就是，华为通过与各国高校教授交流或参加国际学术会议，实现思想碰撞，激发研究灵感的重要性。

为此，面向某一技术细分领域，华为无线的研究团队通常会盯住其在全球范围内的所有研究组的研究方向和进展，在此基础上定期考察、拜访和评估，最终筛选出较有应用前景的技术，将之作为自研的技术研究项目，加以细化并实现技术上的突破。

评价：淡化 KPI（关键业绩指标），价值牵引

2010 年左右，在一次华为无线与美国高通公司的高层论坛中，我们向高通的一位 Fellow 兼高级副总裁询问如何更好地评价一个研究团队，这位带领高通研究团队主导 3GPP2 标准的主席沉吟半响，诚恳地说："这很难，非常难，我在这个领域工作 20 年了，依然没有一个好的答案。"

评价研究工作的难度在于研究团队主要着眼于中长期技术。如果研究输出不能在短时间内落地商用产品或服务，就无法直接体现出商业或客户价值。那么在以年度、半年度甚至季度为期限的 KPI 评价体系中，个人和团队都很容易被边缘化。

解决这类研究工作的评价问题前，不妨先看一看同样以研究为主的高校是如何进行评价的。浙江大学前校长、中国科学院院士杨卫对于大学发展曾提到过："以美国大学为例，它们是三流学校数论文篇数，二流学校数论文的影响因子，一流学校不对论文发表提要求，而顶尖的大学非常强调教学。"尽管高校研究与企业研究工作有一定差异，但其基本原则是一致的，即高水平研究工作的评价不能过分强调数量，而应该着重强调质量和影响力。

淡化 KPI 评价，尤其是不以基于数量的 KPI 开展评价，是成功的研究团队相似的一个特质。华为无线研究部门在初期也曾以数量 KPI 为主进行绩效评定，如多少篇 3GPP 的技术提案、多少篇发明专利等。出现这种现象的原因一方面是积累不足，需要快速补齐短板；另一方面是团队管理者多以产品研发为背景，很

难对研究输出的质量进行客观评价，故退而求其次，以输出的数量进行考评。

以数量 KPI 为牵引的评价体系，最终会导致研究输出的数量不断上升，但输出的质量不断下滑。有一段时间甚至发展到"为了专利而专利""为了提案而提案"。直到 2008 年，华为无线管理层不断反思调整，加大投入，打通上下游等，才逐步摆脱基于数量的 KPI 评价体系，无线研究团队也随后快速提升，两三年后就跻身业界前三的研究团队。

另外一个评价体系的关键点是研究的内容和输出是由创新技术的价值来牵引的，这一点与前文阐述的"三个牵引"是一脉相承的。其核心目的是确保技术研究的内容能够匹配企业的主航道，而研究的成果能在未来主流场景的产品或服务中产生商业价值。

为了对技术研究项目的未来商业价值进行全方位的评价，企业可以建立以战略规划、产品管理和技术体系为核心的联合评审机制，通过技术和商业多角度的评审，认定创新技术的价值，价值高的研究点则辅以更多的研究资源。

技术工程能力——实现并强化技术的工程化落地，降低开发不确定性

所谓技术工程能力，就是把理论技术研究成果或者技术标准规范转化为可导入产品开发流程的工程转化能力。也就是说，技术工程能力是连接理论技术研究和商用产品开发的关键环节，起着承上启下的作用。

一方面，通常作为上游的理论和技术研究的场景与边界是相对简化或宽泛的，而深厚的技术工程能力能够给出更有效和明确的技术工程约束，以帮助确定或修正技术研究路径，进而加速理论技术的研究进程。

技术工程能力还能够通过在实验室实现一个新的技术或原型系统，在过程中发现和暴露工程问题，提出基于真实场景的技术研究方向。通过解决这些实际的问题，不但能完善技术和系统，还能在此基础上形成难以规避的技术专利族。

另一方面，技术工程能力需要面向下游商用产品开发进行交付。华为无线主力产品的商用版本通常会数以百万量计地发货，如何确保海量发货产品在成熟与稳定的基础上，还能做到性能领先呢？除了第 3 章提到的支撑产品开发的 IPD 流程和 CMM 规范，以及在其他行业也通用的电磁兼容（EMC）、安全与防雷、环境可靠性技术等产品工程类技术，技术工程能力也是非常关键的。它可以在众多技术组合形成的不同技术路径中，遴选出兼顾性能、成本、集成度和可靠性等竞争力要素的技术路径，以最大限度地降低产品开发和量产的不确定性。

敏捷的研发流程

技术工程与商用产品开发最大的差异在于面向的交付对象是不同的，由此带来了一系列的差异。产品开发是直接面向最终客户的，具有很强的靶向性，对开发交付的时间和质量把控也非常严格。因此，产品开发项目通常需要完整的 IPD 流程和 CMM 规范来进行管控。

而技术工程这一环节在"漏斗"过程中的使命本质是技术创新路径的有效收敛，并快速地向产品开发阶段输出具有竞争力的新平台、新部件、新算法和新特性。也就是说，技术工程团队的交付对象实质上是下游产品开发团队，他们并不直接面向最终客户。

所以，大部分技术工程项目遵循的是敏捷或者裁剪后的 IPD 流程，具体体现在简化的启动条件、过程评审和终止条件等，为的是能够高效地推动创新技术路径的收敛，并导入商用产品开发流程，最终确保商用产品竞争力领先。

尽管技术工程项目的交付对象不是最终客户，但项目的启动和评审仍然是以最终客户价值来进行判定和审视的，由此来实现"技术直通客户"。在一些面向未来的技术工程项目启动之初，比如新一代的产品平台或一些探索性的新技术，客户的研究部门通常会深度卷入其中，这就带来了真实的客户和市场视角。

深入的、反复的客户沟通和澄清，能够帮助技术工程团队不断深化对实际应用场景和工程需求的理解与提炼，进而降低技术工程实践中的试错成本，同时帮助技术工程团队对技术的应用成熟度形成一个大致客观的预判。

即便是一些小的技术工程项目，没有客户的直接介入，该项目的启动和评审也会由中长期的战略规划团队或中近期的产品管理团队深度参与，进行技术价值的判断与评估。

从产品独立出来的技术工程团队

与承担商用版本交付的产品团队不同，技术工程的实现是需要独立的研发组织的，以此来匹配差异化的交付客户与研发流程。比较典型的技术工程部门包括两类：一类是平台团队，另一类是技术预研团队。

顾名思义，平台团队主要是面向产品开发团队提供具有中长期竞争力的平台，例如基站基带平台、中射频平台等。这些技术工程交付的平台，最大限度地抽象了未来无线产品竞争力的共性，使能了几乎所有无线下游商用产品的快速交付。

与更加聚焦的平台团队不同，技术预研团队的输出无论从商用成熟度还是技术颗粒度来看，相对都是比较宽泛的。例如，用于验证一系列先进技术组合的原型机，以及用于优化网络性能或运算复杂度的芯片算法等，都属于预研团队的技术工程项目成果。

2012 年，Massive MIMO 就是这种商用成熟度较低、技术颗粒度较大的技术工程挑战。前文提到，从中长期技术愿景角度看，Massive MIMO 是实现 10~100 倍无线能力提升的必经技术路径。但这仅仅是技术研究领域的判断，从工程实现角度来说，仍有许多未知的技术难题需要攻克。

当时 4G 的 MIMO 多天线技术通常是基站通过 2 根或 4 根发射天线进行宽波束数据传输。Massive MIMO 技术则把基站端的天线数提升了一个量级——16、32、64 甚至 128 根。这样做的好处当然是带来了数倍的系统容量或频谱效率的显著提升，但同时也带来了基站基带、中射频和天面几大模块复杂度与成本指数级的提升。

例如，以现在商用主力的 64T64R（64 根天线）Massive MIMO 为例，其相对 4G 的 4 根天线系统带来了 3~5 倍的系统吞吐率提升，天线数也从 4 根提升到 64 根，由此带来的复杂度也提升了数 10 倍。从商业视角看，系统复杂度直接转化为设备的成本，客户付出 10 倍以上的复杂度或成本，但仅仅获得 3~5 倍系统效率提升，这是不可接受的。

华为无线的 Massive MIMO 技术工程项目就是在这样的前提下，启动了原型机的技术工程探索。我们先抛开基带侧由天线数大幅增加带来的上百倍的预编码算法复杂度不谈，仅看中射频和天线的技术实现，就有无数种组合的技术路径摆在项目组面前。

基站的发射天线数（根）：16、32、64、128。

天线阵子结构（以 32 根发射天线为例）：8H4V、16H2V。

波束赋形方式：数字、模拟、混合。

单通路驱动阵子数：1 驱 1、1 驱 3、1 驱 6。

此外还有阵子垂直和水平间距、最大输出功率、最大带宽、垂直水平面波束层数等。

在面对 Massive MIMO 这样一个全新形态的技术时，华为无线从 2012 年开始针对不同的技术路径进行探索。以对系统性能和成本影响最大的发射天线数规格为例，最初项目以 TDD 产品最高规格的 8 根天线为基础，采用宏基站的中射频架构实现 16 根天线的原型机。初代 Massive MIMO 原型机尽管性能增益明显，但设备成本也大幅增加。如何调整，使性能和成本达成一个有效的平衡，找到一条大规模商用可行的技术实现路径，是项目团队在开发第二代、第三代原型机和样机时所面临的最大挑战。

华为无线在后续的 5 年里不断调整试错，其间还在 32 根天线和 64 根天线中出现了多次反复，终于在 2018 年左右在韩国推出了全球首款 5G 低频 Massive MIMO 预商用产品，完成了全球首次由 10 个 3.5G 低频基站组成的规模 5G 组网测试。随后两年，5G 产品开发团队接手后，在技术工程团队探索出的路径上持续降低成本，并推出了天罡系列芯片，最终达到了主流运营商的 5G 大规模商用的性价比要求。

做好技术储备——构筑三种能力的基础底座

现代无线通信技术主要包括两部分，一部分是与数字信号处理强相关的数字部分，另一部分是与天线和中射频收发强相关的模拟部分。模拟部分的技术演进相对缓慢，数字部分则遵从半导体领域的摩尔定律，是快速变化的。慢变的模拟部分叠加快变的数字部分，带来了无线通信系统迭代升级路径和节奏的不确定性。这种不确定性是随着商用产品上市时间向前推移，不断变大的。也就是说，从产品制造、产品开发、技术工程、技术研究到理论研究，不确定性越来越大。

不确定性带来的直接后果是研发成果落地商用产品的节奏是不同的（甚至部分成果永远无法商用）。因此，在技术层面，贯穿全流程的不同阶段，积累下来的技术和经验有的可以直接转化成当期的产品和服务，有的则作为技术储备积累了下来，构筑华为无线能力的基础底座和技术平台。

技术储备的核心战略诉求还包括以下三个方面。

第一，面向中长期，需要实现多路径、多梯次、多场景的持续探索，在这一过程中不断孵化和积累技术储备，寻找合适的节奏，把合适的技术储备投入产品化流程。

第二，在已明确技术方向的主航道上，通过持续的技术储备，不断催熟创新技术的产品化流程，并找到解决方案组合的最优解，以达成产品与技术的竞争力领先。

第三，在技术研究、技术工程和产品开发过程中，持续积累核心专利和产品实现专利。当专利组合形成一定规模时，不但可以为后续的市场拓展保驾护航，还可以助力企业直面产业颠覆。

持续规模投入实现耗散结构

在企业整体层面，需要坚持研发费用的规模投入，通过持续对未来进行投资，进而转化为具有强大竞争力的技术储备。

"华为在过去的 18 年里每年坚持投入销售收入的 10% 以上在研发上，尤其是最近几年，有超过 2.5 万名员工从事研发工作，资金投入都维持在每年七八十亿元以上。"[1]

"很早以前我们就将销售收入的 10% 以上用于研发经费。未来几年，每年的研发经费会逐步提升到 100 亿~200 亿美元。"[2]

跨越 30 年的时间，华为始终坚持将销售收入的 10% 以上用作研发经费。这一投入机制背后的逻辑就是华为长期推行的"耗散结构"。

---

[1] 任正非. 在国家某大型项目论证会上的发言——实事求是的科研方向与二十年的艰苦努力. 2016.

[2] 任正非. 在全国科技创新大会讲话——以创新为核心竞争力，为祖国百年科技振兴而奋斗. 2016.

什么是耗散结构呢？1969年，比利时学者伊利亚·普里高津基于热力学第二定律提出"耗散结构"理论。具体来说，耗散结构指远离热力学平衡状态的开放系统，此系统与外环境交换能量、物质和熵而继续维持平衡。

"华为公司实际上是处在一个相对较好的时期，要加大投入，把这些优势耗散掉，形成新的优势。……我们今年的纯利会到20亿~30亿美元。因此，对未来的投资不能手软。不敢用钱是我们缺少领袖，缺少将军，缺少对未来的战略。"[①]

耗散结构在华为研发管理结构上的体现，就是通过持续规模的研发投入投资未来，将销售收入和利润优势耗散掉，进而转化为技术层面优势。这些技术层面的优势的具体体现就是长期积累下来的、持续增厚的技术储备。

漏斗型的增量投入机制

前文提到，在投入机制的层面，研发投入是与漏斗的收敛过程反过来的。基本原则是基于不同阶段的确定性程度来调整投入规模。越是不确定性强的阶段，越需要扩大范围，但是相应的投入不会很大。与此相对，越是确定性强的阶段，投入密度则越大。这样就构成了一个"漏斗型的增量机制"，越是接近漏斗尾端，即导入产品开发流程前，越需要重兵投入。

当前，随着无线技术逼近香农限和摩尔定律的极限，面对大

---

① 任正非.在华为"2012诺亚方舟实验室"专家座谈会上的讲话——中国没有创新土壤 不开放就是死亡.2012.

流量、低时延的通信理论还未成形，华为无线在本行业逐步突入"无人区"，在主航道上的路径探索已成为华为无线面临的主要挑战。为了适应无人区更大的不确定性，华为无线进一步扩大了漏斗喇叭口的口径，在更宽广、更基础的领域里，实现广撒网与"芝麻"式单点投入相结合的投入方式。如今，华为每年将大约10%的研发资金投向基础研究和底层技术，如数学、通信理论、散热理论、基础材料应用等方面的研究。

一旦进入漏斗喇叭口的技术转变为自研的技术创新项目，相应的研发投入就会从"芝麻"式投入转变为多路径的"西瓜"式投入，甚至是"范弗里特弹药量"式投入。

"多路径的好处，是可以快速找到战略机会的突破点，或勘定边界。清晰战略突破点后，要敢于'范弗里特弹药量'。但永远不要关闭其他路径的研究，它至少可以培养开放思想的人才。一旦我们战略突破口选错了，我们立即转向，仍然有一批精干的轻骑兵等着领导我们大部队转换队列。"[①]

多路径的"西瓜"式投入在探索高度不确定性的技术路径时是非常必要的。

一方面，对资金充足的大公司而言，在其主航道中采用多路径、多梯次的方式探索前进，使用投资密集型的资源投入，能够有效地缩短探索方向所需的时间。

另一方面，高度的不确定性决定了"失败"从某种角度来说是一个常态，带来的结果是研发组织不可避免地要在一定程度上

---

① 任正非. 在上研所听取无线业务汇报的讲话——在攀登珠峰的路上沿途下蛋. 电邮讲话【2018】083号.

承受研发投入的无效性。但这种在无人区路径探索中的"失败"，换一个角度说，是确定了哪些路径是无效的，这本身就是一次成功的创新尝试。

"范弗里特弹药量"式投入则是在漏斗收敛的尾部，面向清晰战略突破点，实现密集投资，缩短技术突破的时间，以及延长机会窗开启的时间。

分享文化与平台固化技术储备

深厚的技术储备必然是通过长期的技术积累得来的。要想在技术积累方面实现"长期主义"，团队的文化要素不可或缺，而分享文化在其中又起到非常重要的作用。

在许多行业或企业，都存在"教会徒弟，饿死师父"的现象。而在一个理想的研发团队中，当团队成员攻克了一个技术难关时，应会自觉自愿地在团队内部分享成功经验。伴随着分享的过程，团队还会针对性地展开内部研讨，进一步提炼出经验、碰撞出灵感。由此可更有效地形成闭环，将技术难关的突破不断转化为技术储备。

如此分享成功经验的过程不断迭代，形成"突破、分享、储备、再突破、再分享、再储备"的良性氛围后，长期深厚的技术储备就是水到渠成的事情了。实质上，分享文化本身也可以看作开放式创新的一种形式，即技术研究人员个人层面的开放式创新。

除了与分享文化相匹配的人力资源方面的及时激励，华为无线还打造了一个完善的知识共享平台。积累下来的技术储备在这个平台上又转化为体系的知识，进而固化到整个无线团队的能力架构中。这也是国内外高校博士、硕士毕业生加入无线团队后，都会感觉技术能力在加速提升的原因，因为他们已经站在了"巨人的肩膀上"。

技术体系的组织匹配

华为无线作为一个端到端的商业交付团队，产品开发与交付始终都是团队最核心的使命。相关的组织和主流程也会围绕商用产品开发和交付来设计。然而，这些面向短期的、确定性的交付任务的组织和流程，未必能够很好地匹配中长期的、不确定性较大的技术研究和储备目标。

因此，叠加在产品开发组织和流程之上，华为无线团队设置了另一套面向技术的联合管理团队和评价体系。在无线研发管理部层面，与 PMT（产品管理团队）相对应的是 TMT（技术管理团队，是由研发、战略、产品管理等不同团队专家组成的联合管理团队）。TMT 的主要职责是评审决策哪些技术成果能够传递给商用产品开发流程，哪些成果转化为技术储备，应用于未来的产品与服务。

与此同时，在每一层都设有虚拟或实体的"蓝军"，来加强对不确定性的研究验证，确保实行多路径、多梯次、多场景的路径探索。

简而言之，技术体系差异化的组织方式能够较好地平衡中长期的技术积累目标与短期的产品交付使命。

技术对其他各层都有强大的支撑力

技术与资源层在整个纵深一体化战略框架中处于基础底座的位置。它更多地体现为企业竞争力的内核，对客户与市场、产品与服务、产业与生态都能提供持续且强大的支撑力。

对产品的支撑力

在不同时期，技术体现出来的支撑力是不同的。在产品尚未成熟的初期阶段，由于技术积累尚且不足，技术与产品在发展节奏上基本是同步的。在此过程中，技术会对产品的研发形成有效的支撑，最终会体现在产品的性能、成本、可靠性、可维护性以及相关服务方面。尽管此时的技术可能作为无形的资产，能够吸引外部资本的注入，但大概率难以在客户和产业层面形成持续和必要的支撑力。

后续随着产品研发在各方面的不断突破和产品代际的不断迭代，技术支撑了从使能产品到拉近产品竞争力差距，再到提供产品差异化的整个过程。例如，华为无线 3G 基站芯片在 2003 年的面市，迅速缩小了与友商在性能和成本控制方面的差距；随后基于芯片的低复杂度干扰对消算法等迭代创新，则支撑了 3G 基站性能的差异化领先。与此同时，技术层面逐步体现出外部性的辐射力，形成对产品、产业和客户全方位的支撑力。

在此阶段，技术对产品层面的支撑力从产品性能、成本和可靠性等角度，提升到对未来中长期产品路径和趋势的感知与预判。在产品层面的直接体现就是对未来产品架构的更深层次理解、更具前瞻性的产品规划和布局，以及持续的产品断裂式竞争力领先。

对产业的支撑力

断裂式的技术优势及其外在的产品呈现，经过长时间的积累可转化为对产业生态层面的有效支撑。技术储备与专利积累会逐步通过市场客户、标准组织和生态联盟等渠道，辐射向整个产业生态，从而形成对产业生态层面的支撑力。其具体体现为，通过中长期技术研究支撑的标准组织话语权，或者经由核心技术专利积累而获得更多产业生态的定义权和方向权等。

高通公司在 3G 时代掌握了大量的 CDMA 核心专利。大部分的产业玩家都无法实现技术规避，也难以形成平等的专利交叉授权。它们只能遵从高通公司定义的"整机售价抽成"的知识产权收费规则，以至于手机专利费一度占售价的 20%。这种状况一直持续到 4G 时代。随着各主要通信厂家在通信核心专利上的不断跟进，高通公司在 4G、5G 时代不再具有核心专利的垄断优势，其才逐步把每部手机的专利费下调到一定的合理水平。

对客户的支撑力

不同行业中的不同客户对技术前瞻性的需求不同。对于那些行业技术更迭快、投资规模大、投资周期长、自身体量庞大的客户，它们尤其注重技术的前瞻性。这类客户更多关注的是，供应商未来能不能跟它们一起面对未知的经营和技术方面的挑战，去解决它们的战略问题，成为它们的战略合作伙伴。

华为无线通过中长期技术研究和积累，在 4G 标准化阶段跻身 3GPP 第一阵营。截至 2011 年，华为无线累计向 3GPP 提交了 7 900 多篇 LTE/EPC（演进型分组核心网）标准提案，其中 LTE 核心标准的提案通过数超过 230 件，位居全球第一。这些技术标准上的成就是再"傲慢"的客户也无法忽视的。日本运营商 D 在设备商采购方面一直以技术眼光挑剔著称，自身也拥有庞大的研究机构，从 2G 开始一直采用业界第一厂商的基站产品。华为无线在 3GPP 标准组织上的表现，在很大程度上改变了运营商 D 对中国供应商的传统看法，令其对华为无线的技术能力高度认可。2012 年，运营商 D 在启动 5G 研究之初，就开始与华为展开 5G 技术的线下讨论，这个时间比业界正式启动 5G 标准化整整提前了三年。

本章小结与自检表

▶ **回顾**

技术与资源层面是整个战略框架的基础层面，同时也是企业各层竞争力领先的重要引擎。企业在此层面既要跨越当前产品与服务的竞争力门槛，又要追求长期的技术持续领先。

要实现技术竞争力领先，首先要在"三个牵引"下实现正确方向上的技术领先，即客户、市场与产品需求牵引，技术愿景牵引，以及技术体系牵引。其次，技术领先要聚焦在关键方向和路径的关键节点上，实现深层次的多点协同，构筑技术层面的结构性优势。

技术的本质在于创新地组合与集成。其决定了技术能力与韧性的构建关键在于管理好技术创新的"漏斗"过程。为此，企业需要打造对应"漏斗"过程三个阶段的三种能力，即漏斗喇叭口的开放创新能力、中间阶段的技术研究能力和尾端的技术工程能力。此外，企业还需要在技术创新全流程中，持续储备技术和经验，构筑三种技术能力的基础底座。

➤ 自检表

请读者从自己企业的现状出发，做如下自检与思考。

> - 技术方向的牵引现阶段能否超越中短期需求的牵引？
>
> - 是否有明显的"技术情结"？是否忽视了隐性技术的研发
>   投入？
>
> - 企业的技术合作资源有哪些？
>
> - 企业的创新管理机制能否捕捉到业界最新的关键技术与
>   资源？
>
> - 企业具备关键点的深层次结构性优势吗？
>
> - 如果技术竞争力有所落后，如何才能尽快追赶上来？
>
> - 企业内部是否有"教会徒弟，饿死师父"的现象？
>
> - 企业的技术经验能够积累并固化为技术能力吗？

请扫描二维码
获取本章思维导图

请扫描二维码
回答问题获取勋章

第 5 章

产业与生态层面

●

领导者为何执着于产业生态层面的投入?
产业新进入者或弱者如何借力产业与生态?

●

产业与生态的本质就是"抱团取暖"

产业的概念相对简单，它是指为了提供一类特定产品或服务，在同一业务领域中运营的一系列公司、人员和组织进行的所有经济活动的集合。

生态或生态系统则是一个相对复杂的概念。20 世纪 30 年代，英国植物学家亚瑟·坦斯利引入了"生态系统"一词来描述彼此相互作用的生物群落及其周围环境：空气、水、地球等。这些生物在可用资源上相互竞争和合作，共同发展，共同适应外部环境的变化与干扰。

在当今商业社会，生态是指一个由不同实体组成的网络，包括供应商、分销商、客户、竞争对手、政府机构等，通过竞争和合作参与特定产品或服务的交付。生态中的每个实体都会相互影响，从而形成一种不断发展的关系。在这种关系中，每个实体都必须具有灵活性和适应性才能生存，就像在生物生态系统中一样。生态中的实体企业不能仅仅被视为一个行业中的单个公司，更应被视为生态系统的成员，而参与企业有可能跨越多个行业。

对许多读者而言，产业与生态是产业领导者或龙头企业需要关注的事情；对中小企业来说，这些是"事不关己"的可忽略事项。实际上，无论规模大小和行业地位高低，大多数企业都置身于产业与生态，产业生态就像空气一样，与每个企业都息息相关。

产业和生态的本质就是"抱团取暖"，生态伙伴聚集在一起，形成生态系统合力，去补齐产业短板、拓展商业边界、提升体系价值，同时还能够通过相互协同降低产业风险。

一家好的企业首先要意识到产业与生态是与自身战略强相关的，其次在这个基础上思考如何制定战略去更好地推进产业与生态，实现自身不同阶段的商业利益。

产业"强者"需要考虑如何影响和引领生态体系运营，发展壮大整个生态系统，实现自身和伙伴的多赢。尽管"强者"在产业与生态层面的投入和贡献未必能够带来短期的商业利益，但持续的贡献会带来产业生态空间的扩张及可持续的发展。在实现产业内部伙伴共赢的同时，企业自身也会获得相应的商业利益回馈，进而实现可持续的商业循环。

产业"弱者"则需要思考如何通过产业与生态获取互补性资源，如何借生态的力量持续提升自身的企业竞争力，最大化自身的商业利益。

本章"华为无线从产业新进入者到生态构建者，仍在路上"部分通过回顾华为无线在产业与生态层面的不同发展阶段，帮助读者理解纵深架构中产业与生态层面的不同阶段和价值。在"强度：由内及外，构建产业与生态领导力"部分和"韧性：打通各层，让生态伙伴相信未来"部分，着重介绍产业领导者或"强者"如何构建产业与生态的强度和韧性。"弱者也可以力争局部主导产业"一节侧重介绍产业新进入者或"弱者"如何推进产业与生态。产业与生态层面在纵深架构中对其他各层形成的辐射和反哺作用将会在"产业与生态对其他层面的反哺"一节中阐述。

华为无线从产业新进入者到生态构建者，仍在路上

近 20 年来，通信领域发生了巨大变化，从话音通信时代走向数据网络，从封闭围墙式的传统通信产业过渡到开放式并不断扩展的 ICT（信息与通信技术）生态系统。从业务角度看，以 2G 语音业务为主的传统通信产业，逐步演进到以数据业务为主的 ICT 生态系统。与传统封闭式的移动通信产业不同，新的 ICT 生态系统具有适用于融合通信服务的开放架构。

在这样的行业演进大背景下，华为无线在产业与生态层面大致经历了三个发展阶段：在 2G 到 3G 时代，华为无线属于传统移动通信产业的新进入者；在 4G 时代，华为无线跻身产业生态的核心贡献者之一；在 5G 时代，华为成长为 ICT 生态系统的主要使能者与构建者。

传统通信产业的新进入者

前文提及，2000 年前，华为无线尚处于按照西方厂商制定的 2G 和 3G 标准以及相关专利实现产品的阶段，市场层面的斩

获也主要是国内地市一级的 2G 商用网络部署。总体来说，2000年前华为在产业与生态层面的工作尚属完全懵懂的阶段。

华为无线真正开始接触产业层面的竞争，是从 2000 年后华为走向海外开始的。2002 年，华为投入巨资研发的 WCDMA 系统，由于国内 3G 延缓部署而不得不走向海外求生存。在进入WCDMA 技术发源地欧洲时，华为遭遇欧洲友商的产业准入阻击，即知识产权谈判。尽管华为当时也有一些专利积累，但其核心专利积累仍然不足，也没有在海外实现专利的产业布局，因此在谈判中陷于被动。最终华为通过数亿美元的专利授权费用签下了专利授权协议，才为其在欧洲的第一个 WCDMA 试商用机会铺平了道路。

华为无线意识到，要想降低由昂贵的专利交叉许可费形成的"产业进入门槛"，必须积极参与产业体系内的技术创新活动，为产业做出相匹配的技术贡献。因此，华为开始参与 3GPP 标准化工作，将技术研究、标准参会和专利布局等技术创新活动有效结合起来，逐步成为负责任的产业贡献者，也由此跨越了"产业进入门槛"。

2005 年，华为已经可以拿出几十件基本专利形成的核心专利包了。最终，华为以更加合理的付费完成与对方的专利交叉许可协议，每年为华为无线节省了上亿美元的专利费，有效地降低了产业进入成本。

产业标准制定的主要领导者之一

2005 年，3GPP 启动 4G 标准制定工作，这标志着移动通信产业进入 4G 周期。华为无线也开始发力，以打造产业标准层的竞争力。

压强式的产业投入带来了标准层面的迅速崛起，这一阶段华为无线的产业话语权逐步增强，一步步成为产业标准制定的主要领导者之一。在 3GPP 制定的 4G 核心标准中，华为贡献了 546 件获得通过的提案，占全球总数的近 25%，位居全球第一。除此之外，华为人还在包括 3GPP、ITU-R 等 100 多家行业组织中担任 90 多个关键职务，包括主席、副主席、董事、各子工作组组长、报告人、技术编辑等。

到 2012 年年底，华为在 LTE 领域已经拥有上百篇核心专利包，覆盖了 3GPP 从物理层到高层的所有主流标准协议。这些专利包使华为更有底气去争取老牌系统友商的零交叉知识产权许可。同年，华为无线还面向某西方友商签署了历史上首个对外专利收费协议。

走向 ICT 生态系统的使能者

进入 21 世纪第二个 10 年，通信领域主流业务从语音转向数据，终端从功能机转向以苹果为代表的智能机，围墙式的传统通信产业逐步过渡到开放式的 ICT 生态系统。与此同时，移动产业在市场层面开始了 4G 网络的规模部署。5G 技术也开始在产业环境中孵化。

在 4G 商用部署初期，华为无线为了推动 LTE 产业发展，一方面与全球运营商客户开展合作，探讨网络部署的最佳实践。另一方面，为防止出现产业配套与资源"短板"，阻碍 4G 生态的整体发展，华为还围绕芯片、终端、业务、频谱、政策等核心要素开展产业工作。

芯片：为防止芯片成为生态发展的"瓶颈"，华为几乎每年都会发布终端旗舰芯片，率先在业界支持 LTE 新特性。同时，其还与业界领先的终端芯片友商开展合作，测试网络性能，加速商用进程。

终端：华为快速推出具备广泛的全球漫游能力的智能手机、数据卡、CPE（用户端设备）、平板电脑等全系列 LTE 产品，多样化的终端使移动产业生态在 4G 初期得到有效的端到端配套，降低了产业初期启动的不确定性及产业成本。

业务：华为在 2012 年成立了 mLab（移动宽带创新实验室），以研究移动终端和用户体验需求。该实验室于 2017 年扩展为 X Labs，以便更广泛地与合作伙伴一起探索未来移动应用场景，推动市场、技术与产品创新。X Labs 包括探索浸入式用户体验的 mLab、探索垂直行业应用的 vLab 和探索家庭应用的 hLab。

频谱：在全球和地域性的频谱管制机构如 ITU、CEPT（欧洲邮电管理委员会）等组织中，华为人承担频谱工作的主席和报告人等职位，推动移动通信频谱资源落地，使能 4G 网络商用部署。

政策：华为联合经济学人智库这一著名的国家、行业和管理研究预测机构，发布题为"重新定义数字鸿沟"的独立研究报告；连续数年发布 GCI（全球联接指数）等，以推动各国政府机构发布面向 ICT 生态的友好产业政策。

2015 年，华为无线还牵头制定了 NB-IoT 标准、4.5G 标准以及无线宽带接入 WTTx 标准，在随后的 2~3 年内促成全球范围的成功商用部署。

正是这些在产业与生态层面的投入，使能了 4G 产业及移动互联网生态系统的快速发展。与此同时，产业生态的蓬勃发展也促进了无线设备领域的市场空间扩大，华为无线也是在这一过程中逐渐超越了爱立信、诺基亚等传统友商，成为移动通信市场的第一大供应商。

进入 5G 时代，最显著的变化是移动通信产业从 B2C 和 B2H 模式扩展到面向千行百业的 B2B 模式。除了上述各方面产业生态投入外，华为无线面向 5G 垂直行业生态，展开了如下更有针对性的产业使能和生态构建工作。

发起产业联盟：发起和参与垂直行业的产业联盟与组织，如车联网领域的 5GAA、工业领域的 5G-ACIA，共同探索 5G 行业应用需求与方案，推动统一的连接标准。

孵化产业应用：与垂直行业合作伙伴建立 5G Testbed，验证 UseCase 的技术和产业可行性，实现从 0 到 1 的业务孵化。

落地产业样板：联合行业龙头开展 5G 垂直应用商用落地，例如振华重工的智慧港口、东方航空的智慧机场、洛钼集团的智慧矿山等，实现从 1 到 10 的产业孵化。

尽管 5G 刚起步，但我们已经可以在工业互联、数字政府、能源矿山、智慧医疗、交通物流、新媒体等千行百业看到 5G 商用落地的实际应用案例。随着 5G 在垂直行业的进一步展开，围绕万物互联的 ICT 生态系统也会逐步构建起来。

从 2G、3G 时期，作为产业新进入者"吃蛋糕"，逐步进阶到当前的产业生态主要领导者，与产业伙伴共同"做蛋糕"，华为无线在产业与生态层面逐步构筑了兼顾强度和韧性的领导力。

强度：由内及外，构建产业与生态领导力

一个产业生态的领导者需要在生态体系内、所处生态体系整体以及产业整体三个层次做到领先，才可视为具有产业与生态层面的综合领先强度。产业三个层次的领先强度如图 5-1 所示。

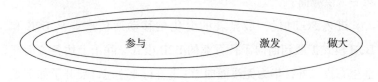

图 5-1　产业三个层次的领先强度

首先，领先强度在生态体系内部这一层次的体现是参与规则制定。领导者要能够参与生态体系的规则制定，包括产品与服务标准、价值分配规则和各生态要素协同规则等，以实现生态体系内部领导力的领先。

领导者需要协同伙伴共同发展产业，同时在价值分配层面向产业贡献者提供相应的倾斜，实现产业与商业之间的正循环，这也是一种商业的必需选择。

生态体系内领导者的领先强度主要体现在定义权与方向权等领导力指标上。

定义权：参与定义规则的权利。领导者通过参与制定产业生态的规则，如产品与服务标准、生态体系运行原则，以强化体系整体优势，实现做大体系规模和支撑可持续发展等目标。

方向权：影响产业生态方向与节奏的权利。通常领导者能够发挥自身平台或产业组织（例如产业联盟、商业联盟、生态开

源组织、行业标准组织等）的话语权及影响力，设置生态组织议题，协同伙伴资源和推动产业进程，进而影响体系发展的方向。

其次，领先强度在所处生态体系这一层次的体现是激发潜力。领导者要在参与产业规则制定的基础之上，充分调动生态体系内外各关键资源要素，形成有效协同，进而激发整个生态体系的潜力。潜力的有效激发能够帮助领导者所处生态体系在产业竞争中持续领先。

最后，领先强度在产业整体这一层次的体现是做大产业空间。领导者要能够推动整个产业的各要素发展，使得产业生态不断释放潜力，产业空间持续做大，在跨产业竞争中胜出。而做大产业空间，在某种程度上类似于构建一个新的生态系统或输出一套新的价值体系，因此需要有前两者作为基础，才能实现真正意义上的产业生态空间的扩展。

以在线旅游产业为例，在携程、去哪儿、艺龙等产业生态领导者共同努力下，在线旅游产业已经击败传统旅行社模式，成为国人旅游首选。不考虑资本的介入，在产业内部，几家在线旅游巨头又分为不同的生态体系。相较于去哪儿和艺龙，携程阵营目前处于领先地位。而在生态体系内部，作为平台生态运营者的携程具有无可争议的规则、方向以及价值分配等体系内部领导力。

在生态体系内的领导力

在当前产业生态系统理论中，无论是商业生态系统、平台生态系统，还是创新生态系统，都离不开两个基本核心要素：产业生态体系的产品与服务、产业资源循环或生态结构。这两大核心生态要素正是产业生态领导者的关键落脚点。参与这两个核心要素的规则制定，企业才能体现在产业生态层面的领导力，进而兼顾产业整体利益和自身商业利益，实现双赢。

产品标准及事实标准

业界一直流传这样的一句话，"三流的企业做产品、二流的企业做品牌、一流的企业做标准"。为什么做标准这么重要呢？

现代企业总是处于标准环境，区别在于，不同的产业生态可能对应强弱程度不同的标准规范环境。例如，无线通信行业由于涉及网络与终端的无线电空中接口互联，为了引入更多的终端生态伙伴，必须在产业标准组织中对产品的通信协议制定标准规范，形成了典型的强标准环境。而在互联网生态中，整个产业未必存在一个单一的产品和服务标准可供参考，这就属于弱标准环境。例如，各互联网大厂近些年推出的智能音箱，如亚马逊的Echo，谷歌的Home，百度的小度音箱等，就处于弱标准环境。

几乎每一个现代企业都至少处于某种程度的弱标准环境，其中的部分企业还会同时处于强标准环境。但无论身处何种标准环境，企业都必须学会理解、用好或影响规则，进而保护自身商业和产业利益。

产品标准

在强标准环境中，产品标准是关于产品和服务规范的载体。依据标准制定和应用的范围，可将标准分为行业标准、国际标准、国家标准甚至企业或平台标准等。

以中国的乳业标准为例，有中国生乳国家标准和中国农垦乳业联盟产品标准两个主要标准。两者在乳蛋白、乳脂肪和菌落总数等几个体现奶制品营养含量与卫生标准的核心指标上均有一定的差异。这些差异是参与不同标准制定的企业在奶源质量和加工工艺上的差异导致的。而奶源质量和加工工艺又与企业加工成本和物流成本等商业利益直接相关。

对产品标准的影响能力是面向产品与服务的定义权与方向权的核心体现，是产业与生态层面的领先强度的重要衡量指标。

具备了强大的标准影响力，也就拥有了更多产品与服务规范的定义权和方向权。产业和生态领导者就可以通过对产品技术的标准定义影响产业生态的技术路径和方向，通过对标准冻结时间的定义影响产业发展的节奏，通过对产品性能指标的定义影响产业在哪些维度竞争以及竞争门槛的高低。

事实标准

无论是强标准还是弱标准环境，事实标准的制定都可以起到影响产业生态规则的作用。事实标准是指不是由标准化组织制定，而是由处于产业领先地位的企业制定的，并被市场实际接纳的技术标准。

一类典型的事实标准是面向产品制定的。这类产品事实标准意味着提出者将会全面领先市场，具备"抢跑"优势，迫使竞争企业在产品路径和节奏上不得不跟随；同时，该事实标准也能够充分体现提出者自身的技术优势，在某种程度上会影响竞争企业的技术发展路径。

推进这类标准需要企业具备市场层面的显著优势，兼具一定程度的技术领先。只有同时拥有这两种优势，企业的私有标准产品才有可能被市场上多数客户接纳，从而将私有标准转化为市场上的事实标准。

比较典型的例子就是数据通信领域的领导者思科。思科作为市场技术的先行者，在自有品牌的路由器中实现私有协议，并推向市场。一旦其借助市场垄断地位占据了显著的市场份额，那么其私有协议就成为实际意义上的事实标准。其他竞争企业若想进入该市场分一杯羹，就必须与思科的私有协议对接，如此，私有协议成为该市场唯一的事实标准。实际上，这就意味着竞争企业需要放弃自己原有的竞争技术，跟随思科制定的技术路径，使用思科的技术专利。

另一类事实标准是面向客户购买决策的评价标准。这一类评价标准并不是产品本身的标准或指标体系，而是产品的综合指标评价或产品能给客户带来的使用体验标准。领导者通过产品品质不断拉动客户购买的评价标准提升，一方面可以凸显自身的竞争优势，另一方面可以拉动整个产业的联动。推动这类事实标准需要领导者对市场和客户需求有透彻的理解，以及对产业和技术发展趋势有深刻的洞察。

例如，4G时代手机视频业务逐渐成为主流基础业务，而移动运营商的建网标准仍延续3G时代的基于数据建网的评价标准，仅考察网络覆盖、容量或吞吐率等技术指标，导致移动视频卡顿、花屏和体验差的现象频繁发生。在此背景下，华为于2015年推动了视频体验评价标准（U-vMOS），并推出基于移动视频体验评价标准的建网解决方案。新的体验评价标准后续成为运营商标配的建网标准，协助运营商打造了以视频为基础业务的移动网络。一方面，建网标准和相关解决方案帮助运营商抓住移动视频发展所带来的巨大商机；另一方面，积极参与和推动标准的企业也先于其他竞争企业，从移动视频这一商机中获得了相应的商业回报。

生态结构与资源循环规则

　　一个典型的产业生态体系的基本发展模式是从双边或多边的企业间协同开始，然后建立技术标准或平台合作，通过技术或商业价值创造，输出符合客户需求的产品与服务。之后生态体系再实现合理的价值分配，企业将分配的利润部分转化为创新投入，进入新的一轮循环。产品与服务、资金利润、信息数据、技术创新等资源要素就这样在生态系统体内循环往复，形成一个对外开放、对内闭环的生态系统。

　　可以看到，除了产品与服务，资金、信息数据、技术创新成果等无形的资源就像血液一样，是支撑生态系统内部企业生存的关键要素。产业和生态领导者可以通过设计生态整体架构及资源循环的机制，体现对产业生态系统的领导力。因此，这必然也是产业与生态层面领先的核心体现。

　　具体规则制定包含四个方面：首先是面向生态整体架构的设计和原则，其次是面向资金循环的价值分配模式，再次是面向信息与数据循环的信息共享机制，最后是面向技术创新的知识产权规则定义。这些规则的制定直接或间接影响着生态系统中核心要素的循环，某种程度上可直接左右产业生态及成员的发展和空间。

生态整体架构

第一，生态整体架构设计的首要原则就是开放原则。

"我们要向 ITU/3GPP/IETF 学习，建立开放的架构，促使数万公司一同服务信息社会，以公正的秩序引领世界前进。没有开放合作，我们担负不起为人类信息社会服务的责任，所以，我们要像 3GPP 一样开放，像苹果、谷歌……一样链接数十万合作伙伴，持续建设和谐的商业生态环境。"[①]

与传统产业链不同，产业生态系统的本质就是开放。获取更多维度的产业资源，繁荣生态体系，为客户提供一个价值体系是产业生态开放机制的定义原则。产业与生态层面强度的体现在于定义开放的方向与内容。

开放的方向：开放方向决定了生态系统能够连接什么样的资源，引入哪类跨界的生态伙伴，为生态体系成员提供什么样的价值，从而实现整个生态系统的良好运营和发展。例如，小米在扩展其生态系统时，圈定的开放方向就是要满足"手机周边、智能硬件、生活耗材"三个方向，新的生态伙伴在共享小米客户群和推广渠道的同时，也能为小米带来新的客户群和智能产品协同黏性。

开放的内容：产业生态的领导者通常也是基础设施的构建者和运营者，它们可以决定基础设施开放的内容和层次。例如，谷歌在社交和移动平台等市场采用了开源开放的原则，但在赢利核心的广告平台市场始终坚持封闭原则。

---

① 任正非 . 在 2016 年 1 月 13 日市场工作大会上的讲话——决胜取决于坚如磐石的信念，信念来自专注 .2016.

第二，搭建生态系统内部各类平台或联盟。

产业生态领导者需要站在生态宏观角度，思考不同行业之间、产业与资本之间、产业与网络之间的最佳融合方式，为客户提供全方位、连续性的价值体系。同时，领导者还要站在微观角度，梳理生态内部业务板块间的横向协同关系，实现跨界融合，以促进技术、规模和影响力的快速循环与积累。

由此出发，产业生态的领导者需要考虑构建面向不同功能的平台、组织或联盟，具体包括跨行业的商业平台或联盟、产业平台或联盟、技术平台或标准组织、协同创新的开发者社区、政策法规组织等各类平台。

例如，车联网作为一种新的业态，横跨汽车与 ICT 两大行业，如何协同不同行业企业的利益关系，如何在单车智能和车路协同间寻找平衡点，如何跨界创新，都是摆在生态领导者面前的关键问题。2016 年，以华为、爱立信、高通、英特尔和诺基亚等为代表的 ICT 行业领导者与以奥迪、宝马和戴姆勒等为代表的汽车行业领导者共同发起成立了 5GAA（5G 汽车联盟），各家企业在车联网通信解决方案的开发、测试、促进销售方面展开合作，并支持相关的标准化。目前 5GAA 已经涵盖了全球主要的车企、零部件供应商、电信运营商和通信设备商等，已有超过120 家正式成员，显著促进了车联网产业生态的快速成熟。

第三，设计和优化生态整体架构，以适应生态系统不同阶段。

产业生态系统通常是一个动态进化的体系。在其不断进化的过程中，会历经建立期、扩张期等演进方向相对明确的发展阶段。但随着颠覆性的新技术或新市场需求的出现，产业生态不可避免地面对着转型变革的需求。转型成功了，生态系统得到更新；转型失败了，生态系统进入衰落通道。产业领导者针对整体架构的优化与调整在这一阶段尤为关键。

领导者应时刻站在一个生态体系的宏观层面，不断审视和洞察生态系统内外部环境变化，推动生态系统架构调整与进化的方向。必要时，领导者可以引入外部资源或跨行业生态伙伴，以优化或扩展生态体系资源要素的循环结构。

以亚马逊 Kindle 逆袭索尼 Reader 为例，亚马逊创造性地将图书出版商和网络服务商等外部资源引入生态系统。通过"Kindle 阅读器 + 内嵌在线书店 + 内嵌网络功能"，亚马逊将出版商和消费者深度嵌入自身的生态结构，极大地扩展了生态体系价值创造的空间，成功击败了电子消费巨头索尼。

价值分配模式定义资金的循环

"当我们逐步走到领先位置上，承担起引领发展的责任，不可以自己为中心，不能以保护自己建立规则……以自己为中心迟早是要灭亡的。"[①]

对应企业在价值创造过程中的贡献，企业得到合理的价值分配，才能使生态体系健康发展。生态体系内的成员间都有"共生"和"互惠"的关系特征。其中，多方共赢的互惠机制确保了生态体系的平衡性与稳定性。利益分享既是生态的驱动力，也是成功生态的结果。

---

① 　任正非 . 在 2016 年 1 月 13 日市场工作大会上的讲话——决胜取决于坚如磐石的信念，信念来自专注 .2016.

站在生态体系领导者的角度看，定义价值分配模式可以理解为平衡整个体系与成员之间、现在与未来之间的价值分配问题。例如，在 iOS 和安卓生态竞争初期，谷歌为了快速做大安卓生态阵营，在价值分配上倾向应用厂商，在收入分成上大幅让渡开发者，令安卓生态在 2~3 年内超越 iOS 生态。而国内互联网生态典型的巨额补贴玩法，相当于在价值分配上用"未来"补贴"现在"。

信息共享机制定义信息的循环

　　产业生态体系是以连接为特征的信息时代和数字经济时代的产物。体系内信息数据的分享为企业提供了一个丰富的内外部资源库，使企业能够在专注自身核心业务的同时，高效利用和调动企业外部资源。在信息与数据汇聚的平台或社区中，分享什么类别的数据是需要产业生态领导者思考和定义的。

　　思科在其构建的产业信息平台上，分享来自客户的需求、供应商的解决方案，以及开发者的技术数据，成功凝聚了众多中小型企业客户、供应商和开发者，支撑了规模庞大的企业数据通信生态体系。

知识产权规则定义技术的循环

　　每一个成功的生态系统都大致会经历 4 个发展阶段：建立期、扩张期、领导期、更新/衰落期。在每一个生态的发展阶段，伴随着持续创新技术的出现、新市场需求的变化，都可能会对产业生态产生冲击和挑战。开放的知识产权规则可有效激发创新和变革，促使整体生态系统的协同进化，以提高生态系统的持续竞争力。

在开放源代码社区里，原来的竞争对手成为互相免费共享知识产权的生态伙伴。而社区成员对外通过协作创新获得某一技术领域的竞争优势。不难看出，开放的知识产权策略不但加强了产业生态系统内的合作，还提升了生态系统对外的整体竞争力。

以等离子屏和液晶屏生态博弈为例，松下等日系企业掌握了等离子的核心技术，而其采取的专利封锁策略却令等离子技术错过了最佳发展时机。韩系企业掌握的液晶面板技术，为争夺市场份额，相对开放，参与厂商多，产业生态很快做大，成本下降速度比等离子快，很快在价格上占据了竞争优势。最终，等离子屏生态衰落直至淡出市场。

生态类型差异决定定义权发力方向

不同的生态类型的领导者对生态基础设施与核心要素的影响力有所差异，由此衍生的确定规则立足点也不尽相同。

平台生态系统的领导者对平台等基础设施具有强影响力，可依据生态发展不同阶段，针对产品、资金、信息和技术等要素资源的循环制定规则，平衡平台生态的扩张与稳定。

非平台类的商业生态系统通常是由若干领导企业构成核心层，单一的领导企业未必具备显著的生态力量优势，难以全面实现各要素循环的规则管控。因此，产业生态系统的规则定义权，更多地立足于产品和服务标准。

华为无线主要是依托产品和服务。影响规则方面的定义权与方向权一方面是通过加大标准研究的前期投入，积极参与 3GPP

标准制定过程，扩大标准影响力；另一方面是借助技术竞争力，通过新品类产品的事实标准，如分布式基站、SingleRAN 和 Massive MIMO，实现行业产品与服务的定义和方向引领。

激发潜力，带领整个生态体系领先

生态系统本身是一个复杂的企业网络体系。产业生态领导者需要充分调动体系内外部各关键资源要素，形成有效的相互协同，才能有效激发生态系统潜力，持续、快速、高效地展开价值创造活动。具体来说，领导者需要在三个方向发力，以激发系统潜力。

> 环境友好：站在一个生态体系的宏观层面，营造友好的外部环境与资源供给。
> 无短板：站在一个生态体系的微观层面，辨识产业生态短板，补全产业链条。
> 无门槛：站在一个生态伙伴的企业层面，降低产业进入者门槛，获取多样性。

产业与生态层面的强度体现在，领导者通过向产业生态提供上述"体系公共品"，带领整个产业生态释放体系潜力，最大限度地输出客户价值。尽管领导者贡献的"体系公共品"看似不能直接为自身带来商业利益，但只有这样合理的价值分配规则，才能鼓励生态伙伴投入产业生态活动，实现良性、可持续的产业与商业的正循环。领导者自然能获得与其产业贡献相匹配的商业利益回馈。

营造友好的外部环境

政府主导的政策环境是产业生态系统能够直接接触并受其显著影响的外部资源。政府的产业政策、行业市场规划、公共资源供给、税收政策、补贴优惠以及政府主导的标准体系构建等，都对生态体系的运营有着重要的影响。除此之外，社会、舆论和法律等外部环境要素也在一定程度上影响生态系统。

政府的政策环境友好

政府的产业政策实质上是在定义整个行业的赛道或合规边界。产业生态的潜在发展空间某种程度上受到政府产业政策的制约。比较典型的，如产业规模巨大、公共属性高、具有经济放大效应或者与民生就业强相关的行业，政府在行业监管及合规层面都会出台政策或管理办法。相关行业的生态领导者需要站在全行业角度，为行业内各生态群发声，推动政府制定行业友好的政策。

以公共属性高的网约车行业为例，在交通运输部等 7 个部委于 2016 年联合制定的《网络预约出租汽车经营服务管理暂行办法》中，本意是网约车司机需全职。这一政策将直接制约网约车业务的发展。相关企业没有被动等待新政策落地，而是在征求意见时积极反馈并提出了折中的办法。之后，在正式颁布时，该管理办法为网约车兼职留下了空间，保留了网约车生态的潜在市场。

公共资源环境友好

政府的另一个左右产业生态发展的角色是公共资源的供给者。这些公共资源如同自然生态系统中的土壤或空气，是生态系统和成员赖以生存的基本要素。

一些公共资源的输入能给整个产业生态带来乘数效应，可直接放大系统内的每一个生态位的价值创造。这类比较典型的公共资源包括房地产行业的土地供应、移动通信行业的无线频谱分配、卫星通信行业的卫星轨道等。

营商环境友好

除了政府产业政策和资源供给外，对生态系统的营商环境形成制约的外部资源还包括法律要素以及社会要素等。

"为什么我们在国际市场有这么好的空间？因为我们知识产权的'核保护伞'建立起来了，这些年我们交了那么多的知识产权费给别人，当然我们也收了非常多的专利费，和那么多公司签了专利交叉许可协议，这本身就是友善、尊重别人。"[①]

面对法律层面的制约，行业或企业并不是要突破法律的界限或影响法律的制定，而是需要严格做到法律遵从、内外管制合规和知识产权保护等工作，在法律的框架内开展商业活动。

"当前世界风云变幻，危机重重。我们要严格地遵纪守法，用法律遵从的确定性，来应对国际政治的不确定性。要严格地管制内、外合规，严守商业边界。"[②]

不同于政府的政策和公共资源分配，一个社会或国家的法律环境对所有参与者都是平等的，与其投入资源去影响立法和执法环境，不如用法律遵从与管制合规的确定性来应对营商环境的不确定性。

---

① 任正非.任正非接受新华社采访——二十八年只对准一个城墙口冲锋.2016.

② 任正非.全国科技创新大会上发言的内部撰写稿——为祖国百年科技振兴而努力奋斗.2016.

社会要素则更多地体现为社会方方面面对本行业或企业的认同和配合程度。如果在这方面的公共关系处理不当，则会产生不必要的制约。例如，社会舆论对于部分互联网巨头垄断的质疑；又如，部分民众认为基站的电磁波会影响人体健康，而对在其社区部署基站有顾虑等。

为了消除这类营商环境的制约，领导者和伙伴们要做到行业或企业"自我身份的证明"，一方面要消除社会舆论的误解，另一方面要阐释行业或企业能为社会带来什么样的价值。

以华为构建的站点联盟为例，2016 年左右，随着 4G 部署的不断深化，南太地区的印度尼西亚、马来西亚和菲律宾等几个主要国家的基站站点只能支撑整网业务的 58%，42% 的业务急需新增站点来承载。华为发起了站点联盟，在消除社会误解的基础上，帮助社会参与方找到站点建设能够带来的如下商业或社会价值。

大型连锁：充分利用现有资源，批量获得站址租赁与服务收入；利用站点提供的应用能力提升自身业务能力，创造新收入。

室内物业集团：除了传统的租赁和服务，室内物业还可以利用垂直业务应用接口 API 与开放平台，提供更多精细化服务与应用。

政府：提升社会沉没资源利用率，创造更大社会价值。比如将路灯杆、电力杆、公交车站等市政资源市场化，并以此为基础打造智慧城市。

通过站点联盟的运作，印度尼西亚、马来西亚和菲律宾等国家 4G 部署的站点资源制约得以有效突破，甚至印度尼西亚的清真寺也成为提供基站站点的社会资源。

无短板：消除短板，补全产业链条

即便具有完备的、可自优化的生态体系架构，也难免出现关键生态位企业的功能或能力缺失，造成整个生态系统无法向客户输出有竞争力的价值体系。产业生态领导者需要暂时打破自身企业边界，在非主营业务领域躬身入局，补齐本体系内缺失的环节和链条。

一种方式是领导者向相关生态位企业赋能。例如，阿里巴巴为了弥补自身相对京东等电商在物流体验上的短板，于 2013 年成立菜鸟网络，自己开发了电子面单、智能仓储和配送系统，甚至还搭建了最后一公里菜鸟驿站以及自提柜的网络。这些生态层面的投入帮助"通达系"等快递行业伙伴提升了时效性和物流体验等服务水平，起到了对生态伙伴关键的赋能作用，进而补齐了自身生态体系中的物流短板。

另一种方式是领导者跨生态位，在生态体系短板上，不以短期盈利为目的进行投入，实现填补缺失生态位或补齐产业链条的功能。

以移动通信行业为例，在每一代移动制式商用初期，移动运营商都会面临着"鸡生蛋，蛋生鸡"的端到端配套问题，即在制式商用之初，一方面，运营商希望在部署网络前，市场上有足够多种类和数量的该制式终端供消费者选择；另一方面，终端厂商希望在新终端上市前，运营商已经部署了足够多的基站来确保网络覆盖规模，消费者买到新终端后能随时随地使用。

3G 时代，由于 TD–SCDMA 终端匮乏，中国移动基站的部署进展缓慢。而在 4G 发牌的头一年里，中国移动就部署了 20 万个 TD–LTE 基站，中国的移动互联网就此一飞冲天。这背后的原因就在于华为实现的"端管协同"战略（TD–LTE 基站与终端芯片协同上市），一方面补齐了产业生态中终端配套的短板，另一方面倒逼高通等芯片厂商不断跟进，大幅提升了 4G 终端的种类和规模。

无门槛：降低门槛，引入更多生态伙伴

"无门槛"指的是为了丰富生态系统的多样性，领导者通过降低产业门槛或者消除门槛，引入更多类型、更大规模的生态伙伴。

生态系统的多样性概念来源于生态学。生物多样性是生态系统生产力、稳定性以及抵抗生物入侵的主要决定因素。生物多样性越高，生态系统功能性状的范围越广，生态系统服务质量就越高、越稳定。

与自然生态系统类似，多样性也是商业生态系统健康发展的关键。首先，生态伙伴的多样性有利于生态系统的潜力释放和价值创造，例如更多样的产品形态，更多样的创新解决方案，能够服务更多的客户等；其次，多样性对于生态体系应对不确定性环境也能起到缓冲的作用，比如生态伙伴能够在艰难的环境中聚集在一起"抱团取暖"。

生态系统获取多样性最高效的方法就是从外部引入更多类

型、更大规模的生态伙伴。这就需要领导者构建开放的生态系统，并降低产业进入门槛；用"无门槛"或"低门槛"的方式吸引来自不同的行业，规模和能力也不尽相同的各类生态伙伴加入生态，支撑价值体系输出的多样化。

以芯片行业为例，英特尔作为一家芯片巨头，为了打造自身围绕芯片产品的生态，帮助伙伴降低开发成本、缩短产品上市时间，其在软件及应用领域投入巨资。英特尔的软件工程师约有15 000名，占到其全球员工的15%左右，10%左右的研发费用投入在降低伙伴研发门槛的工具类开发上，比如各种API和接口协议等，而英特尔的这些投入是不产生直接商业收益的。

与此类似，高通、德州仪器、联发科等芯片厂家都会为生态伙伴提供原理图和参考设计，其伙伴基于参考设计进行一定的适配即可。更进一步地，华为在构建NB-IoT生态时，不但自己实现NB-IoT芯片，还在芯片基础上开发了NB-IoT模组。其生态伙伴只需少量软件开发就可以投入市场运营，产业进入门槛大大降低。

实际上，降低门槛这一方式具有一定的普遍性。软件行业也是类似的，如微软、苹果和谷歌等巨头均会面向自己的操作系统生态，为生态伙伴和开发者提供开发工具，降低进入生态的研发门槛。再如数据通信行业，思科会为产业伙伴提供完备的路由器培训认证体系，帮助代理商或渠道伙伴降低产业进入门槛。

做大空间，引领产业整体进化

前文提到，每一个生态系统都大致会经历建立期、扩张期、领导期、更新 / 衰落期 4 个发展阶段。在产业生态发展到扩张期或领导期时，有可能会遇到行业空间受限的情况。例如，家电或家用 PC（个人计算机）等行业生态在发展过程中，都会由于所在区域的家庭渗透率逐步趋于饱和而出现行业空间受限的场景。

在产业生态遇到"空间天花板"时，如果通过创新或变革，实现了对空间的做大和突破，产业与生态就能顺利进化至更新期。如果变革不成功，则大概率进入饱和期乃至衰落期。

在这样的创新或变革阶段，产业与生态层面领先的强度就体现在领导者能够成功引领或推动产业生态转型变革，实现行业空间的扩展以及后续的可持续发展。

在此过程中，领导者在产业与生态层面的投入除了能够惠及生态体系内的产业伙伴，在现实层面也会给自身带来一定程度的商业回报。这种商业回报主要体现在去除领导者自身的规模"天花板"。实际上，产业领导者受到的产业空间的影响相较更加显著，有限的产业空间将首先成为领导者的规模"天花板"，同时空间的波动也将会直接影响领导者的商业收入。因此，领导者围绕扩展空间的产业生态投入也是自身一种现实的商业选择。

对领导者而言，引领产业生态转型变革和扩展产业空间有三条主要扩展路径，如图 5-2 所示。

路径一，扩展新业务：在原有客户或客户群的基础上，通过新业务或新产品的多元化方式，为客户提供更广泛的价值。例如，苹果在其 iPhone 生态的基础上，通过 iPad（苹果平板电脑）、Apple Watch（苹果智能手表）和苹果 TV 等新产品实现业务的扩展，做大了其产业空间。在产业与生态层面，路径一需要生态系统侧重于找到当前客户的新刚需，并基于新业务优化生态结构

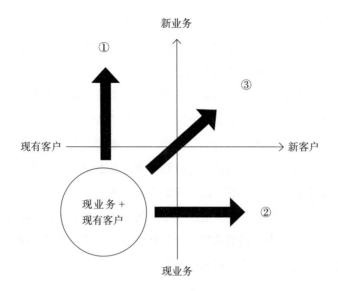

新业务

①

③

现有客户 ← → 新客户

现业务 +
现有客户

②

现业务

图 5-2　三条主要扩展路径

和产业规则，为规模复制打好基础，即对应本节下面描述的产业
"从 1 到 10"的阶段。

路径二，扩展新客户：路径二主要体现在客户群上的差异，
如地域差别。2019 年开始的由社交电商催生的下沉市场，2008
年开始的家电下乡，以及移动运营商主导的"村村通"，都是比
较典型的通过扩展市场做大产业空间的例子。在产业与生态层
面，路径二需要生态系统在消除各种产业制约，释放体系潜力方
面展开投入，以实现对新客户的规模复制，即产业"从 10 到 N"
的阶段。

路径三，扩展新业务与新客户：路径三相对是最具挑战性
的。比较典型的例子就是，当下移动互联网出现饱和趋势的前提

下，无论是 BAT（百度、阿里巴巴、腾讯）等互联网企业还是中国移动、中国电信和中国联通等运营商，都在从 ToC 市场向 ToB 市场迁移。在产业与生态层面，路径三也是最复杂的，类似于重建一套新的生态，需要覆盖产业生态系统构建的全流程，其中重中之重是寻找到正确的方向，即产业"从 0 到 1"的阶段。

总之，要引领一个方向并推动产业生态转型变革，需要面对复杂的产业生态层面挑战。有时领导者需要推动形成新的产业愿景、制定新的产品标准、推动新的产业政策、引入与协同新的生态伙伴等。而这些帮助扩展产业空间的活动大都需要建立在优化规则和激发潜力的强度基础上。从某种程度上讲，其复杂程度不亚于重新建立一个简化版的产业生态系统。

从 0 到 1，探索方向大致正确

区别于产品与技术创新的"从 0 到 1"，本章讨论的是产业生态层面的"从 0 到 1"。前文提到，扩展产业空间的需求驱动产业生态做出创新与变革，而领导者在产业生态层面"从 0 到 1"这一阶段的核心目标是，确定扩展和转型的产业发力方向，并给出初步可行性验证。

从愿景到概念，再到原型：在探索的产业方向上，基于产业愿景和洞察，形成初始概念。再基于愿景和概念，实现原型产品或技术，完成对产品的初始定义。

初始技术验证：实现概念和原型的初始技术验证。这一环节中，领导者需要在体系内或体系外找到互补的生态伙伴（在没有互补伙伴支撑条件下，也可由领导者自己实现），实现端到端的配套或应用，并构建创新产品或技术验证的系统 Testbed。

初始产业验证：在产业与生态层面实现初始产业验证。领导者在这一环节找到有意愿尝试的先驱者客户，实现最小可行性产业验证（MVI，Minimum Viable Industry，即基于产品原型找到一条可实现的产业生态路径，呈现最终潜在的客户价值，其他产业生态细节则留到下一阶段完善）。

至此，领导者才初步完成了一条可形成商业闭环的产业扩展方向和路径的验证。这一阶段，伴随着概念和愿景的落地探索，创新的产品、互补生态伙伴、先驱者客户和扩展的客户价值也得到了初步的技术与产业验证。

产业层面的"从 0 到 1"是扩展路径三（扩展新业务与新客户）的初始产业方向探索阶段。其重点在于正确地跨出第一步，即确定产业愿景这一环节。本质上，产业愿景是产业领导者基于对行业中长期发展趋势的洞察而提出的对行业未来前景和发展方向的一个高度概括。领导者正是通过产业愿景的研讨与发布，凝聚生态伙伴的中长期发展方向共识，进而把所有伙伴动员起来，形成产业合力，共同探索扩展空间的方向。

比较典型的例子包括谷歌在 2006 年提出的云计算、IBM 在 2008 年提出的智慧地球、SpaceX（太空探索技术公司）在 2009 年提出的火星移民计划、爱立信在 2010 年提出的全球 500 亿连接以及华为提出的 1 000 亿连接。这些在当时看来很遥远、很宏大的产业愿景，指明了产业中长期发展方向，凝聚了生态伙伴力量，其中部分愿景已经成为现实，使中长期展望的扩展空间成为现实的商业空间。

从 1 到 10，锁定扩展方向与路径

产业层面的"从 1 到 10"阶段的核心目标是验证三条扩展路径的产业通用性。类似产品层面的试产阶段，在这一阶段，从产业原型扩展到具有一定规模的样板试点，以验证新的价值创造路径是否具有产业通用性。具体来说，产业领导者需要启动并完成验证客户价值、优化生态结构和产业规则等产业基础工作。

验证客户价值：在更广泛的生态扩展场景中，找到具有通用性的客户价值或刚性需求，确定新的价值创造路径。

优化生态结构：基于扩展业务和客户，优化或重新定义生态体系结构和生态位，在必要条件下，引入新的跨界生态伙伴，以释放体系潜力。

优化产业规则：在行业组织或标准组织中，通过标准化的方式确定扩展的产品与服务规范，同时协调上市节奏。

在"从 1 到 10"阶段，领导者完成扩展方向和路径上的探索，以及优化生态结构和产业规则等产业生态基础工作，下一步便进入规模复制阶段了。

产业层面的"从 1 到 10"是扩展路径一（扩展新业务）的关键阶段。这一阶段有两个核心目标：一是找到客户的新刚需；二是完成产业可行性验证，具体包括验证产业伙伴的意愿和能力，产业生态配套的成熟度，以及产业规则对新业务的匹配度等。成功验证的过程本身就可以深化产业伙伴对扩展方向的认知和共识，同时还能够优化生态结构和产业规则，这些都为下一步规模复制打下了坚实的基础。

以车联网为例，无论是从车商或终端商还是运营商角度，车

联网都是在现有客户基础上的新业务扩展，即扩展路径一。各方生态伙伴面对的最大挑战不是车联网技术与产品层面的挑战，而是产业层面"从1到10"这一阶段的产业可行性验证和客户价值定位。

从生态结构和行业政策角度看，与车联网强相关的生态伙伴可分为车载侧和路侧两部分，其中车载侧有模组、车载单元、导航和定位等企业，路侧则有天线、路侧单元、传输和边缘计算等企业。与车联网相关的政府职能部门包括道路管理部门、交通指挥部门以及工业信息管理部门等。由此不难看出，车联网的生态网络链条长，再叠加政府的多部门管理，领导者如何在"从1到10"这一阶段协调不同生态位的伙伴利益，找到具有通用性的价值创造路径，并优化或重新定义生态结构和产业规则，都是至关重要的产业挑战。

从10到N，实现低成本规模复制

在产业层面的"从10到N"阶段，生态系统作为一个整体，面临的挑战是如何基于前两阶段的产业方向探索与验证，低成本地规模复制已验证成功的三条空间扩展路径。

在此阶段，除了客户与市场层面的营销能力外，释放生态系统潜力是规模复制成功的关键，也就是如何通过减小产业制约，补齐生态短板，降低新伙伴进入门槛等方式，最大限度地释放产业生态潜力，使优化后的生态系统能够更好地匹配新的业务和新的客户。具体的释放产业生态潜力的内容可参考"激发潜力，带领整个生态体系领先"部分，本节不再赘述。

韧性：打通各层，让生态伙伴相信未来

在产业生态系统之间的博弈中，领导者需要在客户市场、产品服务和技术层面强度的基础上，长期、持续、专注地在产业与生态层面投入，才能构建产业领先的强度。正是由于产业强度的打造是综合能力的长期体现，它的构建过程通常比较困难，构建成功之后，产业强度则会较高。

然而，产业领先的高强度构建于其他三个层面基础之上，导致产业强度具有一定的脆弱性。市场、产品与技术层面中任何一个基础发生塌陷，都会导致领导者产业强度的塌陷，这时通常会伴随着整个生态体系的衰退，因此产业强度塌陷之后，其很难恢复。

2007 年前，围绕手机的三大主流操作系统，即诺基亚的塞班、微软的 Windows Phone（微软手机操作系统）、RIM 公司的黑莓，各自形成了强大的终端生态阵营，它们都具备一定的产业强度。但随着苹果 iOS 的出现以及安卓的崛起，原有主流终端操作系统的技术层面强度相对塌陷，这些原有主流终端生态迅速衰退，再也没能恢复。

所以，产业韧性的打造对于具有一定脆弱性的产业生态强度至关重要。韧性则体现于即便生态系统遭遇一些局部的失利，生态伙伴也不会丧失对领导者和生态体系的信心，而放弃与之合作。

理想的领导者与生态伙伴的关系类似于一种中长期的客户关系。一方面，领导者对待生态伙伴像对待战略客户一样，有共同的商业利益，彼此形成某种形式的等价交换。另一方面，生态伙伴以自身不动产方式进行规模投入，机会成本高，因此伙伴需要对领导者有很强的信心，才能走到一起，持续合作下去，并相信与领导者的合作能够获得长期的商业利益。

由此看出，领导者产业韧性打造的核心是为生态伙伴提供长期的信心与信任，令生态伙伴能够"看到过去，拿到当前，相信未来"。

看到过去：让生态伙伴看到领导者的综合实力和过往成功，对领导者实力产生信心，打造产业韧性的基础。

拿到当前：通过生态结构设计而形成的直接利益捆绑，让生态伙伴在当下的合作中就可以获得一定的直接利益，构成产业韧性的支撑。

相信未来：让生态伙伴相信在未来生态系统进化中，领导者具备引领并胜出的能力；相信与领导者站在一起，自身未来也能够持续成功，构成产业韧性的关键。

自身实力与伙伴信任构成产业韧性基础

生态领导者或核心成员自身的竞争力是其在产业与生态层面能够持续投入的基础。在纵深框架中，企业其他三个主要层面所打造的强度，在生态系统中可转化为对其他产业伙伴的影响力与黏合力。此外，生态伙伴对领导者产业层面的信任，主要源自对其综合实力的信任，源自对其过往引领方向与路径的信任，以及对其过往成功的信任。

市场层面：领导者规模优势一方面增强了自身在生态系统内外的产业话语权。另一方面，领导者的市场规模意味着与之合作，共同前行，就有更多的市场机会、更低的固定成本分摊、更低的供应与采购风险，更容易在市场中胜出，进而吸引更多的伙伴加入生态系统展开合作。

产品层面：产品层面的多方向和多路径在带来产品多样性的同时，也会为产业生态带来不确定性。生态伙伴会担心不确定性提升试错成本，不敢大规模投入，进而导致产品成本居高不下。此时，领导者推出有号召力的产品，甚至其产品化能力，都能降低不确定性，为产业伙伴乃至整个生态体系明确努力的方向。

在清晰的产品路径指引下，生态体系良性的正循环得以构成，即产业伙伴的投入会更加坚决，协同发力使产业效果更容易显现，生态伙伴对领导者的信任程度也将得以进一步加深。

技术层面：技术竞争力优势投射到产业生态层面，可体现为领导者在生态联盟或标准组织中源源不断地输出产品技术创新成果以及中长期研究成果等。这些由领导者提供的体系公共品，确保了生态系统中技术创新资源这一核心要素的供应，对于生态伙伴尤其是中小生态伙伴具有较强的吸引力。

企业在市场、产品与技术等层面展现出来的全方位强度和资源输出，在为生态系统提供体系公共品的过程中，折射出领导者的一种承诺和责任担当。在某种程度下，这份承诺和担当能够转化为企业的品牌优势，形成对产业伙伴的影响力与黏合力，夯实了企业在产业与生态层面的基础。

在企业自身实力基础上，企业全方位的领先强度通常也会为企业带来产业成功的经验，乃至引领生态共赢的成功经验。过去的成功，尽管不是未来的可靠向导，但可以进一步增强产业伙伴对企业的信心，带来伙伴信任的基础。

直接利益捆绑形成产业韧性支撑

在现代产业生态环境中，企业的优势体现在传统的企业竞争力优势和生态优势两个方面。企业竞争力优势聚焦管理好自身拥有的资源，生态优势体现在运用不属于企业自身的外部资源，即生态优势来自企业外部多方面的资源优势。正是因为生态优势根植于多方不同的耦合，所以它对外部环境变化的应对更快、更高效。

建立耦合最好的方式，就是确保生态系统内部各生态位具有强耦合的共同商业利益，以实现不同生态位的"一荣俱荣，一损俱损"。这样直接的商业利益捆绑，能够促进产业伙伴共同维护生态利益，从而使每一生态位自身的长期利益最大化。

产业生态层面的直接利益绑定，在为领导者带来产业韧性的支撑的同时，也对领导者提出了产业层面的要求：严守边界，有所不为；打造友好营商环境。

首先，领导者面向相邻生态位需要严守自身边界，做到有所不为。

领导者在生态体系内部通常都具有较强的话语权和影响力，同时其企业竞争力一般也强于其他生态位的产业伙伴。在这种条件下，领导者通常都会有一种"越界"竞争的冲动，不断扩展自身生态位边界，参与相邻生态位的价值创造竞争。

从长期来看，领导者一味地"越界"索取不但会伤及产业伙伴，还将有损于生态系统的整体健康，最终反噬自身。因此，领导者需平衡自身商业利益与其他生态位商业利益的关系。领导者在界定自身生态位边界时的一个重要标准是，要能最大化产业伙伴的耦合性。如果能够调动起更多的生态伙伴的积极性，形成利益共同体，那么最终能创造更大的价值。

腾讯在拓展其 ToB 的产业互联网生态体系时，其策略便是严守自身边界，通过投资、能力输出和产品协同吸引生态伙伴。腾讯 ToB 生态体系的伙伴销售易创始人曾提到，之所以选择腾讯，而不是其他互联网巨头，除了风格和基因较为接近外，更重要的考量是腾讯以往在 C 端领域的良好记录，其有敬畏之心，也有边界意识。

其次，领导者或核心成员在同一生态位上需要打造良性的营商环境，避免同生态位的恶性竞争。尤其是在客户和市场资源尚未饱和时，同一生态位的产业伙伴的共同商业利益完全可以通过"做大蛋糕"来实现。在此条件下，相同生态位上的恶性竞争会加剧生态系统的内部摩擦，降低整个生态体系的效率和发展速度，在与其他生态体系的竞争中处于不利地位。

"我们要走向开放，华为很快就是世界第一，如果只想独霸世界而不能学会给盟友分蛋糕，我们就是成吉思汗，就是希特勒，就将以自己的灭亡为下场。不舍得拿出地盘来的人不是战略家。"[1]

"即使我们成为行业的领导者，我们也不能独霸天下，若华为成为成吉思汗独霸天下，最终是要灭亡的，我们立足建立平衡的商业生态，而不是把竞争对手赶尽杀绝，我们努力通过管道服务全球，但不独占市场。"[2]

---

① 任正非 . 向任总汇报无线业务会议纪要——最好的防御就是进攻 . 2013.
② 彭剑锋专访任正非纪要 . 2015.

在 4G 初期的欧洲市场，华为无线即使有能力，也没有在售价上做文章。彼时正是西方产业伙伴经历行业大调整的最艰难时期，华为如果持续在友商的欧洲大本营采取低价策略，就完全可以将这些处于弱势调整阶段的西方友商淘汰出局。但为了打造友好的营商环境，共同做大 4G 这块产业蛋糕，华为选择了不同的策略。

反过来，欧洲移动通信市场的商业生态平衡也反哺了华为无线。2012—2013 年连续两年，当欧盟发起对华为的"反倾销、反补贴"调查时，华为的西方竞争对手，如爱立信、阿尔卡特-朗讯、诺基亚-西门子等，全部站出来为华为背书，说华为没有低价倾销。华为本身也受益于自己打造的友好营商环境。

生态系统不断进化的能力是产业韧性的关键

伴随着技术创新的不断出现、新业务和新市场需求的变化，产业生态需要不断进化才能应对新的外部冲击和挑战。领导者如何带领产业伙伴协同应对，实现生态系统不断进化的能力，是产业韧性的关键。

当产业外部环境发生变化时，生态内部成员有可能失去了方向感，甚至陷入迷茫期。领导者如果能够成为产业迷茫期的指路者和引领者，指出产业生态进化路径与关键节点，并带领现有生态伙伴协同进化，就为伙伴提供了最大的生态价值。这种与产业生态内部伙伴的进化协同进一步强化了领导者的产业韧性。

然而，在面对产业外部环境剧烈变化或生态体系之间的激烈竞争时，也许体系内现有伙伴和自身都有难以改变的路径依赖与纵深范围限制，仅仅依靠与现有产业伙伴协同已经不足以应对挑战。这时需要领导者进行主动生态变革，引入新的产业资源，例如新的产业伙伴，并依据环境的变化更新生态结构及规则。

弱者也可以力争局部主导产业

前文提到，一个产业生态领导者需要在三个产业层面做到领先，即产业整体领先、所在生态体系领先以及生态体系内部影响力领先。这些产业层面的领先一方面来自领导者在客户、市场、产品和技术等层面的持续积累和有力支撑，另一方面来自领导者的长期、持续、专注的产业层面投入。

既然产业领导者已经提供了那么多产业生态的资源和公共品，那么非领导者、新进入者甚至弱者是否还有必要在产业层面投入资源呢？我们认为，即便是新进入者或产业"弱者"，也可以在选择生态体系、选择生态位和局部主导三个方向上展开策略性的产业投入，以最大化自身在生态系统中的商业利益。

选择生态体系

与自然生态系统类似，一个有活力的产业生态体系也是一个不断调整进化的开放系统，具有一定的自组织、自优化能力。因此，生态体系作为由产业伙伴组成的商业生态系统，具有一定的新陈代谢功能，即通过引入新产业伙伴，替代缺乏竞争力的成员，以使系统能够保持旺盛的生命力和最优状态。产业生态体系有效接纳新进入者的标准，通常是企业能否为生态系统带来新增资源、新增价值或有助于整个体系的协同进化。

大多数情况下，当企业进入一个新的产业时，有可能面对多个生态体系。如何有意识地做出一个对自身的未来发展有利的选择，是一个关键的战略问题。企业需要从如下三个方面考虑。

长期战略匹配度：企业的发展愿景和长期战略与目标生态体系的战略发展目标是否一致。

竞争力互补性：企业当前竞争力优势领域能否匹配目标技术体系中的短板领域，企业加入后能否有效优化生态体系结构。竞争力互补将为未来企业的成长提供更有利的条件。

资源获取有效性：判断目标生态系统能否低成本地为企业提供产业资源甚至稀缺资源，并有助于企业的价值创造和快速成长。

战略匹配度与竞争力互补较好理解，资源获取有效性则需要进一步强调。并非什么资源都是企业需要的。企业需要选择与自身资源融合性或互补性强的资源，通过资源整合能形成新的价值创造能力的资源。因此，目标生态体系能否低成本地为企业提供匹配度和融合度高的资源尤为关键。

"我们要坚持以 3GPP 为大标准的路线不动摇，搭大船，过大海。坚持在大平台上持久地大规模投入，拒绝机会主义，拒绝短视。"[①]

在 3G 时代，华为无线面临着三个选择，即 3GPP 的 WCDMA、3GPP2 的 CDMA2000 和中国的 TD-SCDMA。华为无

---

① 任正非 . 在无线网络产品线奋斗大会上的讲话纪要——让青春的火花，点燃无愧无悔的人生 . 2018.

线尽管在每个方向上都有所投入，但投入更加侧重在 WCDMA，即 70% 投入在 WCDMA，30% 投入在 CDMA 和 TD–SCDMA，这就是华为无线内部的"搭大船"策略。这中间的重点考虑就是资源获取的有效性，即最大的运营商客户资源、最开放的技术资源平台（3GPP）以及最合理的 FRAND（公平合理非歧视）知识产权规则，这些都是 3G 时期与华为无线匹配度和融合度非常高的产业资源。

选择生态位

生态学中的竞争排除原则（又称竞争排斥原理或高斯假说）指出，自然生态系统中的两个物种不能同时或者不能长时间地在同一个生态位生存。同一生态位的物种之间会展开竞争，导致其中的一方获胜，可以留在原来的生态位继续生存。

产业生态系统与自然生态系统存在相似性，即产业生态系统成员之间存在生态位的重叠，必然会产生一定的竞争关系。在资源饱和的条件下，优势企业会将同一生态位的竞争企业从该重叠生态位空间中排挤出去。因此，产业新进入者在选择生态位时，要着重考虑如何"错位竞争"。

首先，新进入者要避免与领导者在同一生态位上"正面交锋"。生态位的重叠导致生态体系内的组织冗余和资源浪费，是生态体系内部潜在冲突的来源。尤其是与领导者形成生态位重叠，无疑会带来更大的竞争压力。为避免与领导者的直接竞争，新进入者要主动错位融入，与领导者形成互补式依赖结构。

其次，新进入者要把握住"被需要"的原则，即自身要对生态系统整体有价值，如能兼具一定的稀缺性，则会更理想。这就要求新进入者尽可能找到生态系统内部的价值"洼地"或生态短板，围绕短板重新组织与之配套的优势资源体系，建构自己独特的角色和地位，实现对生态体系内其他成员的错位竞争。

小米在进入智能终端行业的初期，敏锐地找到了终端生态中用户体验和性价比的价值"洼地"，即当时安卓的体验短板、中低端手机的硬件配置短板，以及 1 000~2 000 元机的缺位。小米通过开发自有 MIUI ROM，集成性价比较高的硬件配置，再辅以社会化媒体营销渠道，在短短 3~4 年里，从一个产业新进入者跃升为国内终端生态的佼佼者。

最后，在一些目标生态系统尤其是相对发展成熟的生态系统中，新进入者很难找到完全不重叠或少重叠的生态位。如果市场客户资源尚未饱和，同一生态位就可以暂时容纳多个成员。如果市场客户资源趋于饱和，新进入者则需要具备相较目标生态位现有成员更为强大的竞争优势，以应对未来生态体系进化过程中的优胜劣汰。

相对于小米的成功，锤子手机进入市场时机太晚，2014 年时其目标生态位上的现有成员已经略显饱和，国外厂商有苹果、三星、LG，国内厂商"华米 OV"都已聚齐，锤子手机又没有明显的软硬件研发、供应链和推广渠道等竞争优势，被生态体系淘汰是注定的事。

总之，新进入者或"弱者"在选择生态位时，要把握住"错位竞争"的原则，借助自身与目标生态位其他成员差异化的资源和竞争力，填补目标生态体系中的生态位空缺，或替换现有的弱势成员，找到最能发挥企业价值的位置。

局部主导

产业生态系统高效运行的一个目标是使体系内部成员之间产生较大的资源协同度，协同效果越好，系统所产生的合力越大，体系的竞争力和输出的客户价值越大。

但当新进入者对其他成员的协同黏合度逐渐变大时，即过度依赖于其他成员所提供的产业资源，则对新进入者的发展越发不利，其将受制于其他协同成员的发展状况。在这种条件下，企业在很大程度上不能按照自己的战略意图来规划未来的发展战略，企业的商业利益也难以获得生态体系的倾斜或保障。

所以，为了获取自身发展主导权和合理的商业回报，企业应将初期的战略目标锁定在成为生态体系的局部主导者上，如局部地域主导者或局部功能领域主导者等。这样才能通过主导局部市场或支配一部分企业资源，达到仅靠企业自身无法实现的商业目标。

如何成为生态体系的局部主导者呢？新进入企业可分三个阶段逐步提升局部主导实力。

成为局部重要成员：新进入企业要在选定的生态位上构建核心的资源优势，如技术优势、功能平台优势、渠道优势等，使成员在局部逐渐形成对本企业的依赖，从而提升企业在体系中的地位，成为局部重要成员。

持续打造局部黏性：局部重要成员要不断提升本生态位上的影响力，同时增加自身对其他成员乃至整个生态体系的价值，逐步提升局部伙伴对本企业的黏性。当这种黏性达到一定程度时，企业将成为局部强者，也是生态体系中必不可少的重要成员。

优化局部秩序，成为局部主导：局部强者的逐步积累，在不断巩固自身在局部地位的同时，还会带来局部规则优化的定义权和方向权。企业可以对原系统局部进行调整，使优化后的系统完全符合自身的发展。此时，企业已经进化为能够改变生态的局部主导者。

简而言之，成为局部主导者的关键在于依托自身差异化优势，持续提升对局部产业伙伴黏性，成为局部领域的不可替代者。之后再通过对局部规则的优化或重新定义，巩固自身的局部主导地位。

产业与生态对其他层面的反哺

产业与生态层面在整个纵深一体化战略框架中贯穿了其他三个层面。对领导者而言，尽管在产业与生态层面的投入未必能够直接、快速地带来短期商业利益，但这样的产业贡献仍有其独特的宏观和微观价值。

具体来讲，在宏观的产业生态层面，领导者长期、持续和专注的产业贡献会带来产业生态空间的扩张及健康可持续的发展；在微观个体层面，其也会对领导者自身其他三个层面产生反哺的作用。

对客户与市场层面品牌力的反哺

一方面，产业与生态层面深刻的理解力能够帮助企业更准确地把握产业大趋势和发展节奏，更深刻地理解客户的中长期需求。另一方面，领导者在产业生态层面的方向权能够帮助生态系统和企业自身因应产业趋势、发展节奏以及客户需求的变化，以实现更匹配未来中长期趋势的价值体系输出。

从对未来的"看到"，而后一步步地"做到"，带来了客户对领导者的一种长期信任，进而发展并强化领导者与客户的战略伙伴关系，进一步巩固了领导者的品牌优势以及提升市场的溢价能力。

华为无线在 2010 年左右就洞察未来 10 年的移动通信产业将从人的连接转向万物互联，最终客户业务从 ToC 扩展至 ToB。在此产业理解基础之上，华为无线提前布局和推动 4.5G 与 5G 物联网的创新和生态，帮助移动运营商在 5G 时代快速走进千行百业。

此外，做大空间、释放潜力和良好的营商环境等产业生态层面的成果，对于构建一个良性发展、有序竞合的整体市场起到了非常关键的作用。

对产品与服务层面竞争力的反哺

产业与生态层的工作目标最终都要回归客户价值，即产品与服务。而对产品与服务的反哺最直接的体现在于，标准或事实标准能否直接或间接拉升产品能力和产业的客户价值。

在制定产品与服务标准的过程中，标准制定者通过对产品技术的筛选和产品指标的确定来拉升和彰显产品的价值。例如，3GPP RAN4 工作组在制定无线基站的基带解调、无线资源管理以及中射频等核心指标时，各方都有自己的技术优势领域，这些优势体现为在该领域更领先的指标建议。而工作组比较典型的工作方式是将参与讨论的无线基站厂家所主张的指标进行均衡。最终形成的指标在各领域上都会向最先进的指标靠拢。最终各方的技术进步会拉动整个产业的进步，也会受到其他厂商进步的拉动。

从上面这个例子不难看出，参与产业标准组织的讨论和标准化工作对于产业新进入者或弱者也是非常有价值的。具体来说，新进入者可以通过参与产品标准规范的制定，减小隐性的产品制约，助力自身产品竞争力的提升。

除了产品的技术选择和指标确定，产业标准组织或联盟还能够决定产品标准版本发布的时间，通常也就进一步决定了产品可能推出的大致时间节奏。产业领导者对标准发布时间的协调力更强，自身产品的研发和上市进度也就更为匹配，进而提升了产品研发的整体效率。

对技术与资源层面的反哺

第 4 章提到，在产品进入确定性的开发流程之前，备选技术或技术组合路径的筛选贯穿了"漏斗"的全过程，企业所面临的最大技术挑战就是应对技术路径的不确定性。

因此，产业与生态层面对技术层面的反哺最主要的体现在于，帮助企业降低技术路径选择的风险。产业生态的领导者可运用产业层面强大的方向权和定义权，影响产业生态的技术路径选择。

例如，华为无线通过对 5G 产业技术愿景的洞察和定义，提前 8 年识别出了 5G 核心技术 Massive MIMO。在后续的标准化和产业生态构建中，华为无线不断为产业蹚路，最终实现了 5G 商用技术的断裂式领先。

另一个产业对技术层面的反哺作用的体现是，企业可以借助产业影响力，更加顺畅地实现技术专利的价值变现。这是因为技术专利只有被产品标准采纳了，才能更好地在专利谈判和专利诉讼中取证，最终转化为有效的专利收费或专利交叉许可。

在此过程中，企业在标准组织和联盟中的话语权与定义权至关重要。其直接影响产业伙伴对企业技术专利的接受意愿，即技术专利被产品标准接纳的难度会随着企业产业影响力的增加而降低。华为和高通等公司能够实现可观的专利收入，与它们在产业层面的影响力息息相关。

纵 深

本章小结与自检表

► **回顾**

　　产业与生态层面在整个战略框架中贯穿了市场、产品与技术三个层面。尽管在产业与生态层面的投入未必能够直接带来短期的商业利益，但持续的、良性的产业贡献能够惠及生态体系内的全体产业伙伴；同时，在健康的生态系统规则下，也能带来相应的商业回报。本质上，产业与生态层面的活动也是一种现实的商业选择。

　　产业与生态层面的领先强度体现在由内及外的三个方面：在产业体系内参与规则制定，具备实际领导力；激发生态体系整体的潜力，在生态体系间的竞争中胜出；推动整个产业的各要素发展，做大产业空间，引领产业生态进化。

　　产业与生态层面具有一定的脆弱性。其强度是构筑于市场、产品与技术三个层面基础之上的，任何一个基础发生塌陷，都会导致产业强度的塌陷。因此，产业与生态层面的韧性非常关键。产业韧性打造的核心是为生态伙伴提供长期的信心与信任。首先，要让生态伙伴看到领导者的综合实力和过往成功，形成信心的基础；其次，通过商业利益捆绑，让生态伙伴获得当下的利益回报，构成信任的支撑；最后，领导者要具备在生态系统进化中胜出的能力，让伙伴相信，只要与领导者站在一起，就能持续成功，奠定长期的信心与信任。

在产业与生态层面，并非只有"强者"才能发挥作用，新进入者或产业"弱者"也可以在生态体系选择、生态位选择和局部主导三个方面发力，以最大化自身在生态系统中的商业利益。

► 自检表

请读者从自己企业的现状出发，做如下自检与思考。

- 企业所在生态都有哪些生态伙伴和生态资源？

- 企业是否已经参与产业生态的规则制定和优化？

- 产业生态规则能否正向激励生态伙伴加大产业投入？

- 还有哪些外部资源能够引入生态系统？

- 企业所在产业生态的外部制约都有哪些？

- 有没有被忽视掉的产业链条短板？

请扫描二维码
获取本章思维导图

请扫描二维码
回答问题获取勋章

第 6 章

多层自激的正循环
——
形成持续强化系统的势能

●

企业如何才能变强、变健康？

●

桁架与势能

如第 2 章至第 5 章所述，每个层面都需要向外辐射力量。只有彼此有效传递这些力量到其他层面，各个层面才能在拥有自身强度和韧度的同时获得额外的支持与牵引，企业才能将四个层面黏合成一个有机的整体，形成更加稳固而坚韧的桁架结构①。

而这些力量在传递过程中形成的循环，就像人体的各种循环系统一样。这样的一个个循环不断地将养分与刺激带到各层级和各关键节点。每一次循环都让各节点多一份力量，多一次磨合。在持续循环的作用下，沿途的关键节点才能持续成长到新的高度。而循环系统没有覆盖到的节点，很难长期持续进步。

---

① 所谓桁架，在《大辞海（建筑水利卷）》中的解释是，由杆件组成、具有三角形单元的结构。用以跨越空间，承受载荷。……常见的有钢、木或钢筋混凝土制成的屋架、桥架等。同实体的梁和拱相比，桁架单位长度的自重较轻，用料较省，并能适应较大的跨度。

所以，设计正循环就是设计企业的发展势能，通过环环相扣的优势带动各环节持续正向发展，持续产生正向的增量。相对于市场沙盘、产品路标、技术路径和产业生态结构等各层面的战略，正循环规划设计是更为底层的战略。企业家与管理层应该有意识地规划企业自身的循环系统及其发展路径，并设计构建支撑循环长期运行的流程、制度与文化，以形成不断变强的势能。

三种力量形成桁架与正循环

协同力量在各层面间传递与流动，形成了企业内部的桁架结构与正循环系统。图6-1展示了一个比较完整的企业内部的协同力量集，但这远不是一个全集。现实中，协同力量的种类与流向更多。就像渠道和关键资源可以向外辐射出力量，技术授权也能获取资金流。纵深战略框架将这些力量划分为三个大的类别：资金力、理解力和支撑力。

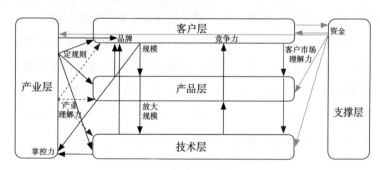

图 6-1　各层面间的协同力量

资金力，就是企业的粮草与血液。

企业必须源源不断地获得资金，才能够生存下去。就像血液一样，资金流向哪里，哪里才能正常运行，才有成长所需的营养。无论是企业内部的研发、生产和组织管理，还是对外的营销、投资和技术引进，都离不开资金的支持。

资金力是企业存活的关键，也是企业内部最容易流动、最快传导的力量。只要一个决策，关键环节部门就能通过合作、外购、招聘、培训或调整等方式做出响应。兵马未动，粮草先行，资金力就是企业的粮草。

理解力，就是企业的神经系统。

所谓理解力，就是感知变化，理解变化背后的逻辑，并向自身或其他环节传递。就像神经系统一样，理解力是在企业内部传递的刺激。理解传递到哪里，哪里就能感受到牵引。企业在全身布满触点去感知并理解变化，才能指引各层面做出正确的响应并有机地运行下去。所以，理解力是企业在复杂的商业环境中做出及时、正确应变的关键。

支撑力，就是企业的肌肉群。

支撑力往往是和理解力相辅相成的，就像指尖感受到灼烧之后，缩回手指的动作是靠手指、手臂与肩背肌肉协同发力一样。企业在一个层面感受到的压力与理解，往往还需要其他层面共同响应和支撑。

资金流决定循环的激发点、强点

每个企业都知道资金流的重要性，但是把资金导流分配到哪里，就要考验企业的战略思维和魄力了。

企业的三类资金

这三类资金具有不同的特征，在企业的经营中也会发挥不同的作用。

一是经营性资金，即企业通过销售商品或提供服务等经营活动而获得的收入。这些收入既可以来自客户，也可以来自伙伴或者政府的税费返还，关键看企业的商业模式设计。经营性资金是大多数企业的主要资金流，通常更具持续性，是企业长期生存的关键。

二是筹资性资金，即企业通过银行借款、发行债券或接受风险投资等方式筹集到的资金。这类资金更能反映公众、投资者、银行对企业未来经营业绩的预期，是把未来的收益转换为当前的现金。近期经营业绩表现良好且超预期的企业，以及符合未来概念炒作的企业更容易获得筹资性资金的青睐。

三是投资性资金，即企业通过投资实物资产、无形资产或金融资产而获取的收益。这类资金考验企业的眼光，却与企业的主营业务能力基本无关。除了金融类企业，其他企业的投资性资金收益都不具备连续性，因此就不纳入循环的考虑之中。

一个良性循环的形成，首先要保证企业的经营性资金持续不断地正向流动，以及必要时能够获得筹资性资金。很多企业初期的孵化，甚至成长期的规模扩张、技术升级，都极度依赖筹资性资金。从本质上看，企业新产品的初始阶段也都是从在企业内部获得筹资性资金开始的。但如果一个企业的经营性现金流始终不能转正的话，总有一天投资者会质疑并减少投资的。

多个层面都可以获取资金

一般情况下，企业的经营性资金是通过向客户销售产品或提供服务而获得的收入。但现代商业的发展，让企业拥有了更多的获取资金的方式。企业不仅可以从客户与市场层面和产品与服务层面获得资金，还可以从产业与生态层面以及技术与资源层面获得资金。

商业模式的发展使平台类企业能够同时从用户与伙伴处获得收入。任天堂最早同时向游戏开发商与用户收费，后来苹果和谷歌也通过应用商店平台向开发者收取平台费用。并非电子或互联网领域才有平台模式。尽管某些传统行业里的商业模式看起来并不像平台，但本质是一样的。电影业的盈利模式是票房保本，提高电影知名度，然后通过玩具、服装等衍生产品授权实现盈利。游乐园也会在向游客收取门票的同时，向商户收取场地租赁费用。

专利授权费用是在技术层面获得直接收入的主流方式。高通公司最大的收入来源是芯片销售。但它凭借在通信领域深厚的专利积累，还可以获得高额的专利授权费用，2018 年该项收入就达到 53.3 亿美元。随着 5G 时代的到来，相关通信企业相继发布了针对 5G 手机的专利收费策略。高通按照整机价格的 5% 收费，而爱立信对每部手机收费 5 美元，诺基亚则按每部手机 3 欧元收费。

一方面，产业与技术的领先可以直接影响客户购买决策，从而增强企业在客户与市场层面获取经营性资金的能力；另一方面，技术突破加上产业适配还能够催生新概念，拉高企业的估值，从而获取筹资性资金。特斯拉等有互联网根底的公司就非常善于这种操作。从无人驾驶到无极耳电池，都是在技术还未产生经营性资金时，就帮助企业获取了筹资性资金。

资金的流向分配是企业的重要战略

企业获取的资金总是有限的。因此，合理分配资金的流向对企业的生存与发展至关重要。即使获得了大批投资，企业也需要有效地利用投资，产生业绩，不然就"有这顿没下顿"了。而通过经营性现金流的循环发展生产的企业，更是恨不得把钱掰成一分一分地使用。企业必须同时考虑到如下多个方面，才能合理分配有限的资金流向。

保障整体运转顺畅。企业首先要保证基本投入，确保能够正常进行经营活动，确保规划设计的循环能够顺畅运转。当某些环节出现短板并导致循环不能顺畅走通时，资金就需要快速跟进。现在长板理论盛行，但和一些企业家朋友交流之后发现，深圳的很多初创企业都是倒在没有补齐短板之上。很多有技术、有创意、有产品而弱于营销的企业，往往还没有真正起步就快速消亡了。而长于营销短于产品技术的企业虽然常能打开局面，但会在对手跟进之后陷入苦战。

要注意的是，补短板并不一定全靠自己构建能力，关键是资金到位；然后，不管是请高手还是买方案都可以快速补齐短板，进而打通整个循环流程。企业快速补齐短板的方式包括但不限于：在市场上的广告、促销，以及买公司、买市场；在产品领域的 OEM（原始设备制造商）或 ODM（原始设计制造商）快速上市；在技术领域通过买专利、设备、解决方案和服务迅速升级。

为了完善研发、市场、服务、供应链、人力资源、财务、战略等领域的流程体系和管理制度，华为聘请过十余个顾问公司及其专家，前后的咨询费用达到数十亿美元。为了合法地换取别人的技术进行使用，使得企业能够快速推出优质产品，华为一直支付专利费用。在2020年与高通的和解协议中，华为就一次性支付了十数亿美元。在NB-IoT、企业无线、FemtoCell（毫微微蜂窝基站）、ETS等业务领域，华为无线也通过合作、并购等方式，快速推出产品与解决方案。

考虑边际增量，快速成长。企业在每个节点以及不同阶段的成长速度都不一样，因此资金投入的边际效果也不一样。进入市场的初期，企业只要大手笔在客户与市场层面砸钱，加强品牌营销和促销，就可以起到立竿见影的效果。但份额大到一定程度之后，再多宣传也难以带来更多的销售。这时候，品牌营销费用的边际效益就开始降低，再多投入也只能保障品牌营销的正常运转。产品与技术层面的发展，同样有爆发期与沉寂期。企业需要持续审视，在哪些环节的投入能够带来更快速的成长，优先投资边际效应更明显的环节。

累积效应，持续成长。另外，企业还需要关注成长的累积效应。其实就是把握住变与不变。在方向不变的领域持续投入，当前的成就会成为下一步成就的基础。就像华为无线在宽频、多频、多通道等长期方向上持续发力，专利的积累可以从量变到质变，技术的积累可以从小突破到大突破。

换句话说，企业要在大趋势不变的领域强化投入，持续成长并巩固优势。这样形成的优势是最难被超越的。而对于一些可以赚快钱但对主营业务没有帮助的项目，企业就应该慎重考虑其优先级。还有些项目或技术方向仍在不断变化，不确定性高。对此，企业应尽量避免赌博式投入，而采用小规模快速试错的策略。

注重整体，协同成长。企业经营活动及其循环系统是一个有机的整体，要避免"头痛医头、脚痛医脚"。提升市场份额，既需要营销品牌与渠道促销，也需要产品竞争力领先，还可以依靠产业与技术提升品牌影响力。提升产品竞争力，既需要理解客户的痛点或痒点，也需要技术层面的支撑。简而言之，企业规划资金流向时，需要综合考虑各层之间以及各环节之间的协同关系，选择对整体最有效的点强化投入。

保持耐心，让投入飞一会儿。与在其他层面的投入相比，在技术和产业领域的投入通常需要更长的周期才能产生成果或效益。如果地下水在 5 米深处，即使在地面打无数口 3 米深的井，也是看不到任何成效的。在这些领域，你得让投入飞一会儿，等待结果。

华为无线在技术研发领域持续投入了十多年，才实现专利的反向收费。华为无线从开始投入到自研出第一款芯片用了 5 年时间，然后又耗费了近 10 年才实现自研基站的全系列主要芯片。反观小米投资芯片，其在两年后就收手了。

总之，企业需要根据自己所处的行业、阶段和位置，综合考虑经营运转、投入的边际效应、累积效应、协同效应与滞后效应，而且需要不断审视变化，及时调整资金流向，才能平衡整体顺畅运转与长期持续成长。

理解力决定企业如何响应外部变化

神经系统遍布人的身体，任何一个肢体缺少神经末梢都是件要命的事。企业也一样，不能全面感知并理解外部环境与变化，早晚会出事。如果只有资金与资源流向各个环节，而各环节的感知理解不能在内部有效传递，那么优化配置就无从谈起，长出来的就只是"臃肿的肥肉"。

企业组织就是在一次次将变化与需求传递到各环节中，在一次次响应中，逐渐能够应对各种复杂局面与挑战。需求与理解流向哪里，就能刺激哪里发展和成长。反过来，哪个环节越多地传递需求与理解并获得响应，哪个环节就越强大、更稳固。

正确传递理解力需要五步

注意，这里使用的词是理解而不是感知。原始信息经过分析处理之后，才能成为有价值的信息。各层面、各节点需要广泛感知情形与变化，然后分析处理，形成对本质和趋势的理解，才能传递真正的需求与见解。从"看到"到"见解"的五个步骤如下：

看到——更广泛地发现现象、变化与细节；

看见——识别出哪些是有潜在价值的；

了解——了解这些潜在变化的事实、具体细节与发生背景；

理解——理解现象背后的深层次原因与底层逻辑；

见解——结合企业现状与能力，提出正确要求，进行正确的规划。

企业管理层需要从组织、流程与制度上保证理解力的产生与传递。

全面感知，全面理解

看到一点端倪并不难。很多时候，企业都能提前看到重要的趋势和变化。但就像柯达在 1975 年就制造出第一台数码相机，却错失了数码相机大时代，诺基亚也并非看不见 iPhone，却依然失手智能手机，大多数时候，企业会忽略掉关键信息，不敢下关键决策。究其原因，企业很难判断信息的真伪，也难于判断信息背后的严重性与紧迫性，更难判断其影响的不确定性。因此，即使看到了正确的道路，企业也很难及时做出正确的选择。

前文提到的华为无线 GSM 竞争力案例也是这样。早在 2003 年，研发体系就发现 GSM 的部分指标开始出现竞争力落后的风险。但由于无法确定影响，其一直没有规划版本。直到 2005 年，产品竞争力的落后对市场竞争产生了巨大影响，华为无线才被动响应而启动新 GSM 的开发。

企业需要在全系统各层面上，从不同维度感知情形、变化与规律，包括客户需求、市场竞争、产品竞争力、技术趋势以及产业方向与节奏等各方面。然后综合各层面、各维度感知到的细节与背景，进行分析处理，才能得到更准确、更确定与更超前的判断。

客户与市场层面的感知和理解——直接、实证。企业的客户与市场层面直接接触客户，会直面竞争。因此，在与客户的交流、应标以及市场竞争中，客户层面能够直接感知客户的需求痛点在哪里，产品在哪些地方领先或落后，竞争的焦点在哪里，对手生态体系的强弱变化，还能发现产业的变化趋势、客户的客户的变化、客户关注点的变化趋势、市场或产品竞争的规则限制。并且，市场竞标的失败是对产品或技术竞争力最刻骨铭心的反馈。

因此，企业必须在战略层面上用好客户与市场层面的感知和实证功能。客户与市场层面一方面可以传递最直接的感知，帮助企业理解市场竞争焦点与重心所在；另一方面可以证实其他层面的信息与判断，从客户利益视角分析其影响，预测发展走向与节奏。

产品与服务层面的感知和理解——竞争力、趋势。称职的研发部门其实并非仅仅了解自己的产品。正常的产品开发流程都会要求研发部门详细分析竞争对手当前产品的性能指标、质量与成本。好的研发部门甚至可以通过对手公开发布的产品路标来预判对手未来产品的技术路径与性能指标。因此，产品研发部门能够明确知道，当前以及未来一两年内竞争力的具体优劣点在哪里。企业有效发挥产品理解力，就能根据市场上公开的产品路标判断其主要发力的细分市场，并根据其优劣点在市场竞争中提前布局。

例如，在华为无线推出分布式基站之后，诺基亚也发布了其FLEXI基站。但华为无线研发人员很快就从其公开宣传资料中发现FLEXI基站是风冷散热，并分析得出风冷散热方案天然就在可靠性、集成度以及能耗上相比华为的自然散热方案有巨大劣势的结论。这样的分析结论传递到客户与市场层面后，让行销团队在应标中以及客户交流中占尽优势。

产品竞争力的分析不只对产品规划与市场竞争有帮助，还有助于通过产品动向预测对手的技术走向进而提前卡位。面向未来产品的功能和性能目标，产品竞争力的分析更具强力牵引技术方向的作用。

技术层面的感知和理解——潜力、提前。深入技术层，就能感知到未来某一方向的特性或指标发展潜力与趋势，就能够提前预判在哪些领域可能构建断裂优势，在哪些领域可能拉近或被拉近竞争差距。

有些朋友经常会问："为什么华为要自己做很多东西？"其实，华为无线的出发点一方面是保证产品的供应连续性与技术领先性，另一方面就是要有足够深且广的触点以感知底层技术变化趋势与产业潜在变化趋势。华为无线深度介入射频功放技术，才洞察到 GaN 的潜力，才能提前布局整个产业链，才能提前分析能效比发展趋势对集成度和产品架构的影响趋势。此外，深度合作研究 GaN 的应用，才可能提前感知其他新材料的出现，从而降低未来的技术风险。

换句话说，对关键技术的深度介入与理解，一方面可以促使企业提前布局，强化技术竞争力；另一方面可以使企业对产品架构有更深层次与更超前的理解。

产业与生态层面的感知和理解——环境、全面。来自产业的理解力能够帮助企业更准确地把握产业大趋势与发展节奏。产业趋势、竞争对手主推方向、客户与伙伴的诉求等信息都会在标准的博弈交流中清晰呈现。标准冻结的时间点通常也决定了产品可能推出的大致时间节奏。例如，根据竞争对手公开提交的 5G 提案、发布的 5G 相关白皮书、推动毫米波频谱的发放，华为立刻就能明白竞争对手的主要发力方向，根本不用等到其发布产品。

在生态体系内，客户、伙伴甚至竞争对手都是企业外延的触点，帮助企业感知更广泛的环境信息。华为无线的 X Labs 以及参与 Testbed 更给予了无线与客户、伙伴共同深度探索产业方向以及了解客户的客户的机会。

总的来说，只有各个环节都全面感知、深度理解并有效传递，理解力才能拉动各个环节响应。这就是在内部施加的一种预应力，让组织以更稳固、更积极的姿态去响应内外部变化。综合这些感知与理解并小心求证，更有助于企业形成正确的见解，做出正确的决策。

支撑力是各层面协同强力响应的关键

一个拳手，从脚蹬地开始，然后腿、腰、肩、臂依次发力，才能挥出凶狠的拳头。全身肌肉协同才能打出最大力量。相似地，一个组织的强大与稳固也是来自各部门的协同支撑、共同发力。对局部而言，每个节点在经历不断超越极限的训练和反复的撕裂之后，才变得更加健壮。

常见支撑力

所谓支撑力，就是一个层面向其他层面提供的帮助。各层面的常见支撑力如图 6-2 所示。

客户层面支撑力——规模、客户关系

客户层面的规模优势就是对其他层面的最大支撑。众所周知，规模优势可以直接降低产品的采购成本。同时不要忘记，它

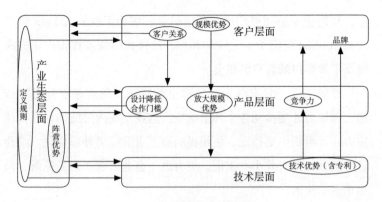

图 6-2　各层面的常见支撑力

也可以加快产品在经验曲线上的快速成长。新产品上市之后，能够依托原有的客户基础而快速铺开上量，快速迭代技术。由此带动互补产品与供应商的部件原材料快速上量，企业所处的整个产业链都将从中获益，企业的产业话语权也自然增强。

良好的客户关系是另一个重要支撑力，它能够加速创新扩散周期。有了良好的客户关系与客户信任，企业的新产品、新解决方案就能够更快被早期客户采纳，从而更快地得到验证与改进。

产品层面支撑力——竞争力、放大规模优势、降低合作门槛

产品层面对市场最大、最直接的支撑就是竞争力优势。产品首先要在功能、性能与质量上支撑住目标客户群的期望。达成"4 新"，即新高度、新概念、新客户、新品类，就能支撑住市场竞争与品牌营销宣传。

产品层面还能够进一步放大规模优势。归一化、组件化与平台化能够减少器件种类，增加单一器件的采购量，放大企业的采

购话语权。

通过产品的接口设计或 API 公开、开发工具推广、应用样板公开、培训与认证服务等一系列操作，企业可以降低合作伙伴的进入门槛与风险，增加对合作伙伴的吸引力。

技术层面支撑力——竞争力、品牌、产业话语权

技术是产品长期竞争力的基本保证。没有技术支撑的产品很难保持长期的竞争力。而且通常而言，技术与专利上的断裂领先是产品断裂式竞争力领先的源头。

关键技术与专利的领先也可以转化为对品牌的支撑。因为技术研究存在长期性与高投入的特点，所以关键技术领先就是在传递产品会长期领先的信号给整个产业。

在开始极限打压华为之后，美国商务部于 2020 年 6 月宣布将允许美国公司与华为合作制定 5G 网络标准。这反映了华为在无线领域产业标准上的话语权。而仅有市场产品性能优势与市场规模优势是无法引领产业的。要想引领标准组织的方向，必须有不断精进的技术作为支撑。华为无线从 2009 年就开始投入，进行 5G 的前瞻性研究，截至 2020 年 2 月共提交了 3 147 篇 5G 专利申请，排名第一。标准上的话语权是用长期的前瞻性技术研究积累出来的。

产业生态层面支撑力——生态体系竞争力、影响规则

产业与生态链是有生态体系的。整个生态体系强大，则生态体系中所有的生态位参与者都能从中获益。体系的竞争力领先就意味着体系的方向、解决方案、产品与技术方向是更有前景的。

这一方面可以强化客户的信任，传递生态体系品牌；另一方面可以降低技术路径选择风险。

企业的产业影响力还体现在对标准的定义、对标准冻结时间点的影响以及对测试指标的影响上。其实这就是在影响整个产业的赛道与节奏。企业因而能够影响产业在什么维度竞争，在什么时候开始竞争，以及竞争门槛的高低。

协同发挥出支撑力

对单个部门来说，优先关注自己的事、自己的 KPI，是再平常不过的事了。要把这些支撑力充分协同发挥出来并不容易。所以，我们专门花一点篇幅讨论华为无线是如何打破支撑力传递的"部门墙"的。

第一，统筹规划。企业要明确总目标与阶段性目标是什么，才能调动各环节力量支撑目标的达成。大多数有战略规划的企业都会通过战略解码的方式分解战略，确定阶段性目标及其对应的重点工作，并落实到各部门。但是，总会有些战略项还未完全思考成熟，暂时没有明确的目标、方向与支撑。此时，有必要针对这些重要课题成立跨部门的战略专题组织研究，一方面可以深化战略思考，另一方面在战略专题的研究之中能自然地将支撑协同计划分配承接下去。

第二，组织上打通。打通日常支撑力的渠道，需要建设跨域的决策组织。产品线决策机构 IPMT、子产品线层面决策机构 BMT、产品决策机构 PDT 以及需求管理机构 PMT 等关键决策组织都是跨域的。这些跨域的决策组织，保证了各级决策都考虑到相关部门间的支撑力要求，并在决策的同时把支撑要求分配落地。

此外，联合项目组这种临时组织的形式，可以针对性打通协作支撑渠道。无线网络产品线层面与各子产品层面都有大量项目立项，以汇聚不同部门的资源共同协作。例如，在产业层面推进NB-IoT，就需要标准部推进标准、LTE子产品线开发产品、战略与产业发展部洞察方向规划节奏并寻找合作资源、一线行销与客户牵线搭桥。

第三，利益上打通。要调动大家积极输出支撑力，协同达成目标，还必须合理分配利益，如双算、共背与专项奖励等。

双算，即把两个团队所争抢的利益或绩效同时算到两个团队上，从而促使双方为共同利益而协力支撑。产品与服务是相生相辅的，但在计算收入绩效时就产生了争议。算给服务，产品研发团队就完全没有开发服务特性的动力；算给产品，服务团队快速服务客户的激励也将减弱。

共背，即多个团队共同背负整体目标的KPI或密切相关工作的KPI。例如，销售目标主要落在行销团队，但规划部门以及研发体系同样要背负销售目标KPI以拉动针对性的支撑力。注意，这不是KPI的分解落地，而是对整体目标的共同背负。"败则拼死相救"既是企业文化的熏陶，也是利益的牵引。共背更适合于纵向黏合各层面间的协同。

专项奖励，即各部门每年自定的奖项不应只局限在激励自己的部门，更应留出一部分奖金给予本年度对部门工作支撑最大的外部门员工与团队。

总的来说，做好支撑的第一要素就是沟通。无论在战略统筹还是在组织协同上，都是要先做好沟通，把难处和利益在各层级看清楚。由此，企业才能有效落实目标，打通支撑力，形成整体力量。

构建多层深度正循环就是构建成长力与自愈力

企业是天生就知道要形成正循环的，只有构建了良好正循环的企业才能持续成长。从诞生之初开始，企业就通过初始资金购入原材料，然后生产出产品，到市场上销售，获取收入，将收益再投入，进行生产销售。一旦基本的经营循环被切断，企业就面临消亡的危险。循环系统没有覆盖到的节点，则很难长期持续进步。

纵深战略框架认为，一个企业的未来很大程度上就是看其能否形成深层次、多嵌套的正循环，能否支撑正循环持续运行。企业设计循环系统时，需要理解下面三个概念。

第一个概念——以客户为中心

"……要始终围绕为客户创造价值，不能为客户直接和间接创造价值的部门为多余部门，流程为多余的流程，人为多余的人。"[①] 以客户为中心不是一句空话。落实在纵深战略框架中，就是所有支撑力都必须最终指向客户与市场层面，所有循环都必须

---

① 任正非.在 2015 年市场工作会议上的讲话——变革的目的就是要多产粮食和增加土地肥力.电邮讲话【2015】016 号.

纵 深

流经客户与市场层面。换句话说就是，任何一个循环或任何一个节点都必须最终对客户与市场有帮助，否则就是冗余的。

2000 年，加拿大的北电网络是全球市值最高的通信企业。然而自登顶之后仅 9 年，北电于 2009 年 1 月 14 日向美国特拉华州威尔明顿破产法庭申请了破产保护。

然而，通信行业在这 10 年并没有出现颠覆性的技术。而且，北电在技术与产品上持续迭代，既不保守，也不落后。20 世纪 90 年代，北电率先开发出 10G SDH，占据了全球光纤设备制造的 43% 的市场份额。2002 年，北电光网络的先进技术研究又率先突破了 40G 技术。北电破产之后，其以 LTE 为主的 6 000 多项专利也高价拍卖成功，价值 45 亿美元。

北电在技术与产品上大举投入时置客户需求与市场方向于不管不顾，让其走上了不归之路。2000 年的互联网泡沫让运营商投资大大减少，北电的仓库已经堆积了至少 10 亿美元的 10G 光纤设备存货。40G 光模块的真正规模应用却是在 2008—2009 年。北电无视市场实际节奏，将 40G 光纤技术产品化，这让其流血不止。3G 时代，WCDMA 的市场化程度数倍于 CDMA2000，但北电将重心放在 CDMA2000 上，并于 2006 年将其 WCDMA 业务出售给了阿尔卡特。北电因此完全失去了在 3G 时代翻身的机会。在 4G 的技术选择时，北电尽管掌握大量 LTE 专利，却又一次无视运营商的态度，无视频谱资源的限制。它把 WiMax 作为主要路径，投入大部分研发力量。这一次，北电又与 4G 时代失之交臂。

所以我们说，没有经过客户层面的循环，是内卷化的循环。这种循环对企业的最终生存没有帮助，甚至导致企业不断流血。好的循环就是能够避免或减少内卷环节的循环。

第二个概念——多循环

企业所处的行业不同、阶段不同以及自身能力不同，都会形成不同的循环系统。就像人体有多套循环系统一样，企业也不会只有资金流的循环。不同循环跨越不同层面，还可以彼此嵌套与交叉，这也导致理解与规划循环变得困难。因此，纵深战略框架把循环分成了三个类别。企业想要同时具备强大优势、及时反应变化的韧劲以及成长性，就必须同时构建这三类循环。

第一类循环是从资金流、支撑力到资金流的循环。资金流向哪里，哪里才有成长所需的营养。而这些环节成长之后要能够间接或直接贡献支撑力，给企业带来更多资金。

第二类循环是从理解力、支撑力到更深入的理解力的循环。理解流向哪里，哪里就有改进。客户与市场层面和其他层面的理解综合起来，传递出去，就能促使各层面有目的地强化改进，进而支撑更好地服务客户并占领更大的市场，最后获得更广泛、更深入的理解的循环。这类循环一方面指引资金流向促进生长，另一方面带给企业查漏补缺、快速适应并主动调整的韧劲。

第三类循环是各层面彼此之间的支撑力形成的循环。例如，技术、产品支撑了客户满意与市场获取，由此获得的市场规模优势则支撑了产业影响力增强、产品成本控制力增强，从而形成良性循环。支撑力循环可以使企业的优势更加稳固。

第三个概念——深层次

相比其他层面而言，纯粹的客户与市场层面创新和产品层面创新更容易实施，但竞争对手效仿或超越也更容易。竞争对手往往获得足够的资金，就能效仿成功企业的品牌、营销、定价或渠道建设策略。它们只要拥有产品工程能力或找到 OEM 与 ODM 渠道，就能在产品策略上紧紧跟随。

而在技术层面的积累往往需要花费更多的时间，不是投人、花钱就可以立刻解决的。领先者还可以通过产业政策、标准、开放生态和专利强化整体优势。所以我们看到，伟大的企业往往都在技术层面与产业层面厚积薄发。西门子、博世在工业软件与精密制造领域长期积累；戴森在高速电机与风道设计方面始终领先；苹果的芯片设计与操作系统也始终处于行业领先位置；……

简而言之，源自技术层面与产业层面的优势通常更持久、更稳固。企业应该抓住一切机会，建立更深层次的循环。

整体实力领先无法一蹴而就。产品也不是一开始就全面领先，甚至不是一开始就质量稳定。企业需要客户与市场反馈—产品服务优化—再反馈—再优化的循环迭代，逐步提升。同时还需要资金流的循环支持，企业才能走通客户市场—产品服务的反馈改进循环。如果能把这两个循环走通，企业就能勉强存活下来。

企业想要进一步发展，还必须走通客户市场和产品服务相互支撑的循环。很多国内企业就是因无法构建好这个循环而被锁死在了低端市场。产品不够好，客户接受度低；改进了产品，客户也不买账。企业长期得不到市场的正向反馈，就只能被迫从质量改进转为更内卷化的成本控制和效率提升改进。即使企业走通了客户市场和产品服务相互支撑的循环，也不能只停留在这两个层面。如果循环不能深入技术层面，没有领先技术支撑的浅层创新无法保证企业在产品层面建立稳固的优势。

企业设计规划的循环在初始阶段很难走通，很多环节都可能出现只有输入没有输出的情况。因此，企业一方面要甄别自己的行业特征、产业周期阶段、企业所处生态位与能力现状，设计出适合自己的循环系统；另一方面，要对循环建设有正确的阶段成果预期。最后，企业还需要调整流程、制度与激励，为循环的顺利运作保驾护航。

圣无线的循环变迁史

没有谁能够一开始就建设一个完善的循环系统。同样，华为无线的循环建设也并非一帆风顺。华为无线经过几十年不断的深化和发展，才建立起一个庞大而深入的循环系统，其主要经历了以下 5 个阶段。

第一阶段——初始起步，没有循环

事实上，华为无线自 1995 年成立到 1998 年的三年间，都没有走通任何一个正循环，如图 6-3 所示。这段时期内，华为无线的精力完全集中在产品开发上，除了 ETS 微不足道的销售基本没有客户与市场。

对产品开发的理解一方面来自标准的 GSM 协议，另一方面来自原来开发固定网设备和 ETS 设备所积累的经验。

没有销售，自然就没有收入。无线网络产品线所需资金几乎全部来自公司输血，即来自固定网络产品线的支援。

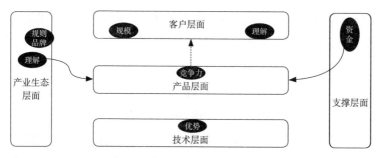

图 6-3　圣无线初始起步，没有循环

像其他创业公司一样，华为无线看到了迅速发展的移动通信市场，从而坚持下来。华为源源不断地向无线网络产品线补充人才，从固定网络迁移骨干，从行业招募精英，通过应届生补充新鲜力量。但此时的华为无线对产品开发能否满足要求，能否获得客户的青睐，仍充满迷茫与担忧。

第二阶段——开始销售，产品-市场的竞争力循环正常运转

1998 年，华为内蒙古实验局和河北实验局相继成功割接入网。华为无线的经营逐渐走上正轨，逐步打开了销售局面，但还远未达到盈亏平衡。

资金的流向不再只是产品研发，而更多投入客户层面，用于扩大销售团队与一线用户服务团队。

产品支撑力—客户市场理解力—产品竞争力的循环完整建立起来，并从此滚滚运行了 20 多年，华为无线更能发现自身的弱点与客户的痛点。客户的新需求与问题单开始涌向研发部门，促使华为无线拼命地稳定版本，开发必需的功能与定制化需求，

引入 CMM 与 IPD 等质量流程管理工具。这是无线建立起的第一个循环，也是其他循环的基础。

产品竞争力—市场销售—现金流—产品竞争力增强的循环初步形成。但是，不断增加的投入也导致无线仍然需要公司不断进行输血。这样的局面一直持续到 2005 年。

此时的无线已经开始向下延伸，投入技术层，如芯片研发、专利申请等。但是，芯片领域的研究周期很长，无法立即支撑产品竞争力的提升。

简而言之，无线在这个阶段建立起了支撑力—理解力的循环，并初步建成了资金流的循环，如图 6-4 所示。但这两个循环都还局限在客户市场层面与产品服务层面。

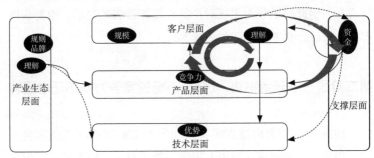

图 6-4　初始建立产品-市场竞争力循环

第三阶段——实现资金流正循环，循环深入技术层

2003 年以后，华为无线在海外市场实现了规模突破，进入收入快速增长的通道。华为无线的市场份额、产品竞争力、技术深度都持续增强。华为无线在这个阶段取得了三个成果：资金流

循环完全转正，理解力—支撑力循环下探到技术层，客户市场与产品技术之间出现相互支撑的循环，如图6-5所示。

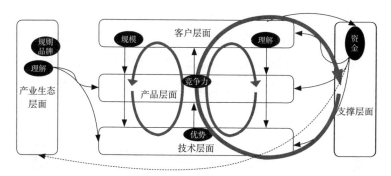

图 6-5　实现资金流正循环，循环深入技术层面，建立规模循环

随着销售扩大，无线网络产品线的盈利能力增强，形成了完整的资金流正循环。华为无线终于能够养活自己，能够支撑将循环逐步深入方方面面。

华为无线在技术上的投入开始见到成效。2003年，华为无线的第一款芯片在历时5年之后终于开始小批量应用到产品中，在性能与成本控制上起到决定性作用。从此，华为无线逐步切换到差异化加性价比的竞争力赛道，并越走越远。

市场的销售规模对华为无线获取合作资源的支撑作用开始显现。一方面，华为无线在获取全球供应商的关键器件中拥有了更好的合作协议；另一方面，足够体量的订单也能让供应商成长并进一步降低成本。

事实上，华为无线在2001年就成立了标准部，开始了在产业上的投入。但产业生态层对华为无线的贡献仍然局限于输出趋势理解与产业关键点理解到技术层面与产品层面。

第四阶段——持续深化各循环，开始强化产业投入

国内 3G 启动规模建设，加上华为的分布式、SingleRAN 等产品相继问世，支撑着华为无线的市场份额进入第一梯队。在已建成的正循环系统持续运行下，无线的客户市场、产品、技术层面都获得实质性成长。华为无线开始着力发展产业生态层面的循环建设，如图 6-6 所示。

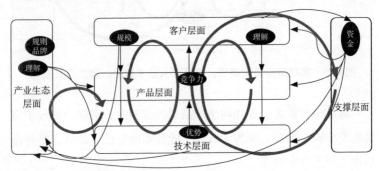

图 6-6　打通产业—产品—技术的循环

持续循环中，华为无线在技术层面取得了重大突破。华为无线的抗干扰算法、高能效算法与器件协同都实现了领先，自制芯片的范围从基带扩展到控制、中频与射频等全领域。2005 年，华为 WCDMA 专利占到整个 WCDMA 专利的 5%，跻身全球前五；2010 年，华为 LTE 专利占比达到 20%。由此，华为无线实现专利自保，即实现交叉授权，不用担心海外销售受限。

华为无线加强了在产业标准方面的资金与人力投入，标准部的人员数量从十数人快速增长到数百人。随着技术实力的增强与市场份额步入第一阵营，华为无线在 3GPP 获得多个分组的主席

与副主席席位，产业话语权逐步增强。

第五阶段——逐步开始参与规则定义，产业生态层面进入循环系统

在第五阶段，华为无线实现了份额、产品与技术的全面领先。此外，华为无线还打通了产业生态层面与其他层面的支撑力输出，形成全面的正循环，如图 6-7 所示。

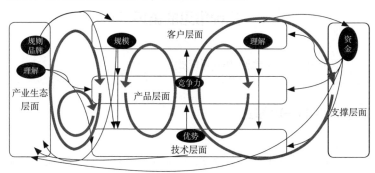

图 6-7　打通产业生态层面循环

华为无线的技术和产品竞争力在 2013 年后继续增强，创新产品的发布密度显著提高（见图 3-6）。2015 年之后，无线实现了 4G 和 5G 的专利领先，从专利自保发展到专利收费，并且支撑了终端等产品的专利谈判，降低了其专利费用。

华为无线在标准层面的影响力逐步增强，拥有了更多参与规则、推进标准方向与协调产业节奏的能力，更能推动 3GPP 与测试机构对网络测评指标的定义。

华为无线开始输出频谱规划与移动产业愿景等白皮书，建

设 X Labs，探索移动应用，加强了产业资源分配与产业愿景的影响。

华为无线对产业的思考和影响力增强了华为的品牌影响力，强化了华为与各领先运营商的战略伙伴关系。

经过 20 多年的努力，华为才实现了三类正循环，即资金流循环，支撑力循环，以及理解力到支撑力的循环。这三类循环都打通了客户、产品、技术与产业生态四个层面。

几种常见的循环

本节介绍一些常见的循环模式。

层层深入的一般模式

这种循环模式有两个特征，一是主要走经营性资金流，二是主要依靠产品服务竞争力而非市场营销，如图 6-8 所示。因此，采用此模式的企业成长相对缓慢，但走得更稳。

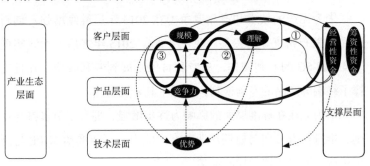

图 6-8　一般模式

最基本的循环是企业依托现有产品，形成销售，占领部分市场，获得收入，将其投入再生产。然后，企业将部分资金投入产品研发，横向拓展产品线宽度，获得更多市场与收入。

企业根据理解的客户需求以及市场竞争需求进行产品优化，以期提高客户满意度与市场份额。

市场规模上升，带来产品原材料采购量增加与制造经验提升，进而降低了产品成本与服务费用。

部分企业会进一步将上述循环深挖到技术层面与产业生态层面。

从不同层级出发，又可以把层层深入的一般模式划分为三个变种。

第一类是先有客户与市场，再开发产品。华为无线最早上市的 ETS 系统，除了交换机是华为的，控制器、固定台、手机由深圳天立通公司提供，收发信机则来自进口。华为此时更像一个概念提供者和系统集成商。由于华为公司品牌的力量，ETS 被不少省区市选用。但第一代 ETS 系统投入运行之后故障频繁，不得已，华为才自己组织力量开发无线通信产品。这类企业通常先理解客户、清楚产品需求，一旦产品开发成功就比较容易获得收入。

第二类是从产品研发开始，逐步获取市场，形成收入，再一点一点扩展产品线与深挖技术。华为无线的其他移动通信产品都是这样开始的，花了近 20 年时间才基本走通四个层级的循环。

第三类则是从技术层面出发，开发产品，占领或创造市场。如科大讯飞先拥有语音识别的技术，开发输入法、云 API，形成销售，然后逐步扩展产品品类到各类 App、录音笔、扫描笔，同时将大量客户产生的语音数据用于优化识别算法，增强底层技术能力。

超市与开市客的循环模式

超市类企业的收入同样主要来自经营性资金流，如图 6-9 所示。此外，不管它们有哪些客户群定位、选址或营销策略，基本都需要通过规模采购降低成本，促销增量。沃尔玛、家乐福等超市以及国美、苏宁等家电大卖场都属于这种模式。

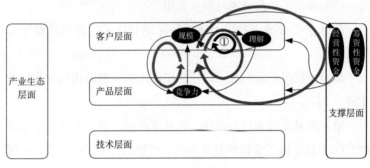

图 6-9　超市模式

在客户层面的理解力循环尤为重要。这类企业在销售中理解客户群与消费趋势，从而调整营销策略、优化商品品类、改进摆架，以期获得更大的销售规模。

规模支撑力循环在各种模式里都存在，而在超市模式里就更关系到企业生死存亡。销售规模扩大带来采购成本降低，企业既可以用更低的价格或更多的促销手段来增加销量，也可以获得更多的利润。

技术支撑的作用也存在，但并不是最明显的特征，所以就不在此处体现了。

开市客则在超市模式上有了进一步的发展变化。它在资金流循环上做了升级，改善了顾客购买体验，并增强了用户黏性，如图 6-10 所示。它通过会员模式，每年直接向每个客户收取 50 美元以上的会员费，而这笔钱的反哺降低了商品价格。因此，客户单次购买的体验更好，销售规模就更大。同时，开市客中每个品类的商品数量远低于其他超市，从而放大了单品采购的规模，进一步放大了规模优势。

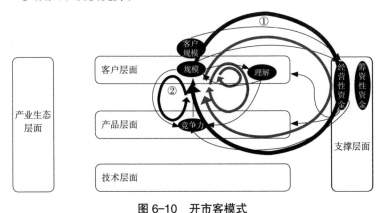

图 6-10　开市客模式

标王模式

所有企业都会进行市场营销与广告宣传。而标王模式的企业在这方面做到极致，一段时间内的资金主要流向品牌营销。

企业投入巨额资金到广告营销，从而迅速被消费者熟知。大量消费者出于好奇心而进行首次购买，促进了企业份额快速增长。

其他资金则主要流向生产与采购，以保证规模优势循环的正常运转，如图 6-11 所示。

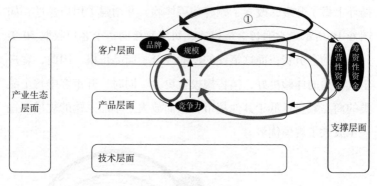

图 6-11　标王模式

　　这种模式的问题在于流向产品研发、技术研发的资金不能得到保证。因此，其产品发展策略通常是横向扩张或小幅改进，很难拉开实质性差距。而巨额的营销费用最终会分摊到商品售价上。如果规模优势不足以抵销营销费用分摊，消费者就不会进行重复购买。这类模式放在一般模式的发展初期，或者在进入新市场、推出新产品时，会是很好的阶段性模式与营销策略。但单纯的标王模式很难持续。

补王模式

　　此类模式的特征就是通过筹资，进行大量补贴，极速打开市场。

　　这类企业将筹集的巨额资金直接投入对伙伴或用户的补贴，从而快速做大市场。在一段时间内，市场规模的扩大可以拉高投资者的预期，进而筹到更多资金用于补贴大战。

纵　深

与标王相似，补王的资金主要流向补贴与扩大规模，而较少流向产品与技术升级，如图 6-12 所示。

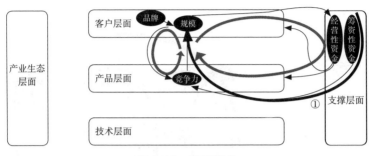

图 6-12　补王模式

补王模式很吸睛，但也面临巨大的挑战，能否及时形成经营性资金流正循环成为决定生死的关键。这类模式主要出现在共享经济行业，门槛并不高。中国的海量软件工程师可以快速开发出适用软件，众多竞争者只要找到投资就能参与补贴大战。"筹资—补贴—市场—预期—筹资"的链条稍有不慎就会断掉。此外，补贴形成的定价锚定了用户或伙伴的预期。一旦补贴结束，市场就容易出现萎缩的情形。因此，受困于低价预期的共享自行车近乎全军覆没，而改变了用户习惯，形成刚需的美团、饿了么生存了下来。

特斯拉模式

特斯拉模式，其实也可以叫作互联网造车模式，其特征主要是不断通过技术升级创造新概念而获得投资。

这类企业用工程手段加速成熟或基本成熟技术的商业化应

用，创造出新概念，筹得巨额资金。企业一方面将资金用于加速产品化进程，另一方面借助新概念在顾客中的营销作用，占领市场，扩大销售，如图 6-13 所示。

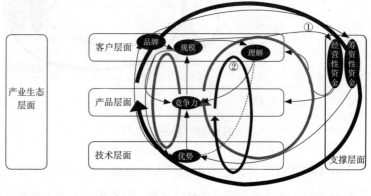

图 6-13　特斯拉模式

企业积极从规模用户处获取数据与反馈，进一步改进产品，找准技术方向。根据理解，企业选择主要技术方向继续创新概念、发布新产品，继续筹措资金。

例如，特斯拉使用成熟的 18650 锂电池，通过电池组合技术造出了新能源汽车。因此，它获得了筹资、上市的机会。特斯拉继而在极速建厂、扩大生产的同时，不断累加应用自动化驾驶技术，获得消费者与资本的青睐。Model 系列车型遍地行驶又产生大量数据，回馈到自动驾驶技术。最近，特斯拉又发布了无极耳电池技术，对锂电池进行技术升级，再创造出一个新概念。在一系列组合拳下，特斯拉的股价虽然起起伏伏但始终大踏步向前。而蔚来汽车、小鹏汽车等新造车势力的循环体系与特斯拉也非常相似。除了造车是通过传统汽车厂商 OEM

进行外，它们同样不断推进自动驾驶，创造换电等新概念。这种模式成功的关键在于要能把概念兑现，要造出产品并形成销售，才能给资本信心。如果只能"PPT造车"，就沦为一场骗局。

本章小结与自检表

▷ **回顾**

本章引入了正循环的概念。所谓正循环，就是资金力、理解力与支撑力这三种力量在系统中不断转换与传递、不断增强而形成的循环。企业的整体实力、各节点的实力以及各层面的响应能力随之不断增强。

资金力就是企业的血液循环系统。首先，资金实力必须具有持续性，这是重中之重。其次，资金力的流动应注意边际效应、积累效应、整体效应以及延迟效应。

理解力相当于企业的神经感知系统。这是一种拉力，拉动企业朝着正确的方向，在正确的时机发力。这也是一种刺激，刺激发力的环节成长。

支撑力是与理解力相辅相成的。各层面、各环节有的放矢地提供支撑力给其他节点，从而构建起更稳固的企业框架。

企业的循环构成是逐渐深入的，而非一蹴而就。最初的循环方式可能比较单一，跨层级也比较少。随着资金的充裕以及理解的加深，企业才可能逐步建立更复杂、更深层次的循环系统。通过一次又一次的响应与磨合迭代，各层面之间产生更加紧密的联系，从而更能响应未来复杂的内外部环境变化。

最后，本章介绍了一些常见的正循环模式。企业的业务是复杂的，所以一个企业往往会涉及多种循环模式。需要特别指出

纵深

的是，任何一个循环或环节都必须直接或间接对客户与市场有帮助，否则就是冗余的。

▶ **自检表**

请读者从自己企业的现状出发，做如下自检与思考。

- 当前企业有哪些循环？能否增加新的循环？

- 其中哪些循环可以往更深层次发展？

- 企业更像哪一种循环模式？是否应向另外一种循环模式发展？

- 循环中的资金力具有可持续性吗？

- 循环中理解力的传递与响应是否顺畅？

- 能否形成系统的全感知全响应？

请扫描二维码
获取本章思维导图

请扫描二维码
回答问题获取勋章

第 7 章

实际应用纵深

如何将纵深框架理念应用到商业攻防中？
随着行业发展，应该如何调整纵深战略结构？

纵深战略在防守中的应用

竞争是商业常态

我们一直在强调，没有长期的蓝海，企业一定要重视竞争。因为随着中国社会的进步和产业生态发展，企业创新发展的门槛降低，客户的可选择范围扩大，其好奇心越来越强，转移的风险却越来越低。所以，企业面临的竞争风险呈上升趋势。

首先，现今的客户拥有越来越多的选择机会，也自然会产生更多的好奇心。客户忠诚度与客户的好奇心成反比，而与转移风险成正比，即好奇心越强，忠诚度越低；转移购买风险越小，忠诚度越低。

第一，整个社会的商品数量在快速增加。2001年年底，我国累计有效注册商标量为145万多件。截至2020年6月底，我国有效注册商标量为2 741万件，增加了不止10倍。除了同品类商品在增加，替代品也在迅速扩张，客户真正可选择的范围增长远超 10 倍。例如，过去人们早餐的主食主要是馒头、包子，但现在可以在上百种面包、水果沙拉甚至各种代餐中做选择。

第二，制约购买行为的距离门槛正在被快速打破。有了外卖之后，两三公里外的美食也可以在半小时内送达，人们的就餐选择范围就不再是周围几百米了。虽然距离只扩展了五六倍，但面积扩展了二三十倍。所以，除了商业街，住宅区与工作区的餐饮竞争激烈程度已大幅增加。随着物流与电子商务平台的发展，企业得以跨越城市、省甚至国家的界线进行销售与竞争。此外，企业也可以更方便地跨地域采购材料、设备与技术。2020 年 11 月 15 日，涵盖人口超过 35 亿的亚太地区《区域全面经济伙伴关系协定》正式签署，15 个成员国之间商品流动的关税壁垒得到消除。企业竞争的国家界线也逐渐被打破。

第三，消费者获取的信息变得更加丰富且更有针对性。在原来的搜索与购物网站基础上，朋友圈、短视频以及直播带货带来的不只是商品推销，还有体验传播。这样的传播更直接到位，更容易勾起消费者的好奇心。

其次，客户的转移风险在降低。一方面，中国产品质量一直呈上升趋势。从纪录片《美国工厂》中可以看出，中国已经拥有严谨的管理、具有良好技能的工程师、同样先进的设备以及更具责任感的工作态度。中国制造的质量提升并不是一件难以理解的事。很多到国外旅游的人，千挑万选购回做工更加精良的商品或纪念品，最后却发现商品背后印着 "Made in China"（中国制造）。

另一方面，客户购买商品的质量风险在降低。国内电商的商品介绍通常包括商品的各种指标、使用方法以及材料品质。其详细程度远超亚马逊等美国电商平台上的商品介绍。消费者购买商品时更能够做到心里有数。另外，电商平台的打分评价机制则把商家与一个用户的一次性交易变为商家与用户群体的多次交易。退换货机制包括 7 天无理由退换货和运费险等，让客户在买到不合适商品时能够灵活处理。而电商平台上自营店逐步占据优势，更反映了用户从低价消费向信任消费转变的趋势。所以，客户进行新尝试时，选择到劣品或不合适商品的概率在降低。即使做出了错误的选择，也有退换货机制的保障。

最后，中国拥有最全的产业链，创新门槛降低。联合国对产业进行了详细的分类，中国是全球唯一拥有其中全部工业门类的国家，在产业配套、基础设施、人力资源等方面占据综合竞争优势。中国的政策支持与完备产业链融合而成的"双创生态系统"，是其他许多国家难以比拟的。这些产业链与生态优势不仅体现在产品创新上，还体现在市场营销、技术资源与产业伙伴都能够在更广泛的视野里寻求合作与组合。

此外，中国的产业生态环境不仅孵化中国人的创新创业，也吸引了全球的创业者。英国《金融时报》网站就以"去中国创业"为标题进行了专业报道。美国纪源资本合伙人李宏玮称，在美国，硬件创业公司把一个概念做成产品通常需要两年时间，而在中国深圳只要半年。全产业链不仅降低了创新的门槛，而且降低了模仿制造的门槛。

总之，不断面临创新品与模仿品的竞争成为一种常态，企业一定要适应，一方面强化自己实力，不断创新，另一方面强化弹性，应对各种竞争。没有考虑竞争与被模仿的战略，不是一个完整的战略。没有考虑防守弹性的战略框架，不是一个好的战略框架。

纵深防守的四种策略

从企业竞争的视角看，企业各层面、各环节的任何一点都可能遭遇挑战。正如第 2~5 章中提到的那样，每个层面都需要构建弹性，以便在被动或落后状态下能够恢复竞争力并反超。这里讲的防守主要是指，企业在被挑战时怎样削弱挑战的影响，获取更多时间去响应与反超。"防御被看成为了赢得时间、节省兵力、扼守特别重要地区和改变不利兵力对比而采用的一种行动方法。防御不是目的，而只是实施战役保障和准备进攻的手段。"[①]

纵深防守的实施前提是，防守的领先者相对比较全面，并且在多个关键点上具有领先优势。即使一般意义上的弱者，仍然在其具体的细分市场或场景中拥有局部的优势，如距离优势和客户关系优势等。而挑战者，尤其是新进入的挑战者，虽然可能找到一两个领先的闪光点，但很难一下子补齐所有短板，更难以卡位所有关键要点，实现全面领先。总之，纵深防守就是围绕这样的前提与特征展开的。

扼守关键要点，即卡位

挑战者要发起进攻，除了需要有一个或多个领先点，还需要在进料物流、生产运作、出库物流、市场营销、服务、采购、技术发展、人力资源管理和基础设施等完整价值链[②]上具备基本能

---

① 图哈切夫斯基，等. 大纵深战役理论 [M]. 赖铭传，译. 北京：解放军出版社，2007：87.

② 迈克尔·波特的价值链模型。

力。当然，企业可以通过自己发展相关能力来补齐，也可以通过外部合作或购买获得。

如果能够在整个价值链的某些关键节点上卡位，防守方就能够限制对手在整个产业价值链上的完整性，从而扼住对手的咽喉，化解进攻于无形。在开发 iPhone 初期，苹果公司就在触摸屏上建立了巨大的优势，并从产能与工艺入手，对整个手机行业实施卡位。"电容式触摸屏的电极结构主要有 X、Y 电极分别镀在玻璃基板两面和 X、Y 电极镀在玻璃基板的同一面两种。前一种是 TPK（宸鸿）和苹果共同开发的，最后由苹果申请了专利；后一种是 TPK 独立开发并自主申请专利的。现在 TPK 给苹果生产的产品用前一种方式，给其他厂商生产的产品用后一种方式。"[①] 由于苹果公司的成功卡位，不管是原来的巨头如诺基亚、摩托罗拉等还是新兴的安卓系统手机厂商，都面临触摸屏产能不足以及响应速度等关键性能指标落后的困境。因此，苹果公司的触屏优势维持了近 10 年的时间。

所谓卡位关键要点，就是在整个产业的价值链上寻找或创造稀缺。根据稀缺度以及企业自身影响力的不同，卡位也分为两个层次。理想情况当然是像 iPhone 阻断触摸屏那样，在一段时期内阻断或严重迟滞行业对手在某个方面的能力发展。但大多数情况下，受限于关键点的稀缺度以及自身的创新能力，企业很难阻断对手，而是通过一个或多个关键要点的优势来抵消在某些方面的劣势。企业需要审视自己所在行业的价值链各环节，寻找并分析稀缺的关键要点。下面是一些常见的关键要点。

---

① 曾航 . 一只 iPhone 的全球之旅 [M]. 南京：凤凰出版社，2011：58.

品牌——在信任感稀缺的领域更重要，包括对品类、产品与新功能的信任。

客户关系——在需要贴身服务或定制服务的领域。

渠道——包括店址、网点、分支数量或平台等都可能成为稀缺项。

物流——在可达性、时效性以及性价比上。

生产设施——例如光刻机、机床、数控设备、工业控制软件等生产工具。

原材料、关键器件——包括矿石、能源、水源等原始资源，也包括芯片、特殊器件、特种钢材等工业半成品。

技术——以专利、独家拥有等形式存在。

伙伴 ——产业价值链越长，伙伴越重要。包括开发伙伴、服务伙伴、互补品伙伴以及供应链上的伙伴等。

人才——包括科研型人才、特殊技能人才、工程师人才与营销管理人才等。

资金——金融等资金密集型行业、处于快速启动或发展阶段的行业。

除了卡位关键要点，领先者还应充分发挥自己的控场优势来影响规则定义。这是纵深攻防的精髓。企业的纵深防守就是要让竞争发生在合适的时间、合适的场景中，比拼自己最擅长的领域，并且让竞争胜负的影响范围与程度可控。

"防御阵地的编成，要迫使敌人在纵深不是按照他们的预想，而是按照所构筑地区和防坦克'要塞'组成的整个体系预先规定的方式发展进攻。防御正是应该在这方面迫使敌人服从自己的意志，并在大纵深地区实施，显示完整的战役体系。"[1]

限制竞争的频次与范围

纵深防守限制竞争范围的第一个手段就是提升入门标准。领先者通过提升入门标准，从而将竞争对手的数量和竞争的领域尽量限定在一定范围之内。

企业可以通过影响产业标准、政策文件或者客户标书来设置硬性入门标准。例如，在通信行业有可靠性指标、功率指标、能效指标和抗干扰指标等；在食品行业有安全指标与营养指标等。新进入者达不到这些指标就无法参与竞争。

领先者还可以影响客户的期望值，设置软性入门标准。新进入者达不到这些期望，就无法广泛参与竞争。就像移动通信行业发展了几十年，通信设备的可靠性已经非常高，无线性能指标、能效设计与产品集成度都实现了数十倍的提升。OpenRAN（开放式无线接入网络）等开源项目面对已经高企的客户期望值，即使喧喧嚷嚷了数年也难以大规模参与网络建设。总之，高企的客户期望不但可以拉动企业进步，还可以减少被挑战的频次，降低劣品淘汰良品的风险。

缺乏基本入门标准的行业往往会爆发激烈的恶性竞争，陷入烧钱大战或者低价竞争的泥潭。从长期发展来看，所有企业都会受损。在共享自行车行业疯狂烧钱与疯狂布放自行车的硝烟散去

---

① 图哈切夫斯基，等.大纵深战役理论 [M].赖铭传，译.北京：解放军出版社，2007：62.

之后，即便是最后的幸存者摩拜也在 2018 年被卖给了美团，并且到现在仍处于亏损状态。

因此，不少难以建设性能标准的行业领先者选择了往下走，建立低端防火墙。领先者立足规模优势与技术优势，通常可以实现更低的成本与更高的运营效率。这种低成本、高效率叠加商业模式的设计，其实更让大多数新进入者头疼。很多小电商发现，有些商铺的商品售价比自己的进价还低。于是他们满腹狐疑地调查一番之后，却发现确实是真品。其实，这就是领先者发挥自己的规模优势，主动降价，减少盈利，设置低端防火墙，从而规避长期的低价大战。

"我们在争夺高端市场的同时，千万不能把低端市场丢了。……如果低端产品让别人占据了市场，有可能就培育了潜在的竞争对手，将来高端市场也会受到影响。华为就是从低端聚集了能量，才能进入高端的，别人怎么不能重复走我们的道路呢？"[1] 不仅是华为有这样的思考。正是与颠覆性创新理论提出者克莱顿·克里斯坦森教授的交流，促使英特尔及时推出了赛扬处理器。此后，赛扬处理器成为英特尔在低端市场最热卖的产品，有效抑制了 Cyrix（赛瑞克斯公司）和超威半导体公司向高端 CPU 的发展。[2]

纵深防守限制竞争范围的另一个手段就是主动区隔市场。如果企业只拥有单一产品或占有单一市场，那么一旦遭遇激烈竞争，企业所有的利润、市场和产品都会受到影响。因此，企业发

---

① 任正非．在战略务虚会上的讲话——坚持为世界创造价值，为价值而创新．电邮讲话【2015】006 号．

② MACK T, SUMMERS M. Danger: Stealth attack[J]. Forbes, 1999, (2): 88-92. 发

展初期还未能实现多元化时，是非常脆弱的。就像摇摇招车尽管是国内打车 App 的先行者，但它在争夺北京市场的竞争中失利之后，后续就再难获取充足的资金来追赶业务。

领先企业在发展到成熟阶段之前就应该综合客户层面与产品层面，主动进行业务多元化、多产品、多细分市场的区隔。这种区隔可能是从渠道、物流、品牌方面构建的地理维度的区隔，也可能是通过政策文化加上定制化产品构建的自然区隔，还可能是通过多样化产品甚至不同技术对市场进行细分后形成的区隔。

移动通信基站领域经过了 20 多年的竞争与发展，其市场与产品已经被详细切割。产品细分为十数个频段、5~7 种制式、多种功率，其形态又分为室内或室外、分布或一体、与天线集成或分离等。虽然企业依旧不能牵引，甚至不能确定对手会进攻哪一块市场或产品，但受限于资源、经验与能力，新进入者很难快速推出多种底层技术差异性巨大的产品，甚至连基于相似技术推出多种形态的产品都是一种冒险。而多地域、多领域市场的争夺，更是对其物流能力、营销资源与经济实力的考验。所以，企业遭遇新进入对手大面积进攻的概率已经微乎其微。企业即使在某个局部领域落后，其整体的领先优势也难以被撼动。

削弱竞争对手的竞争力度

削弱挑战者的竞争力度，就要分散承压的着力点。前文提到，挑战者往往能在成本或性能的某一方面领先。然后，它们围绕这一领先优势进行营销宣传，激起消费者的好奇心与购买欲。购买决策的代价越小，挑战者的这一策略越容易获得成功。而防守方很难阻止挑战者在某方面局部领先。尽管防守方本能地就知道，尽量将市场上比拼的项目牵引到自己的强项上。但仅仅这样还不够，还需要充分利用挑战者难以快速建立全面优势的特点，将其局部优势分散化。其本质是让客户的选择更理性、更全面。

第一，从比拼单点性能到比拼产品的综合实力。领先者要有意识地影响客户购买决策的评价标准，要引导客户从关注单点性能转移到关注产品综合指标与实际使用体验效果。企业可以推动测评机构、测评媒体进行综合评价，也可以通过积极交流推动客户标书偏向全面比拼。企业更可以通过直面客户的营销与销售活动，直接向客户阐述与呈现实际使用中可靠性和各方面性能带来的实际价值。

身处通信设备行业，对华为等设备供应商来说是幸运也是不幸。运营商的购买选择大多会经过理性而复杂的过程。运营商采用一个新设备上网，大体会通过如下步骤甄选：了解方案、离网测试新设备、现网局部测试新设备、少量采购与应用、大规模采购。运营商总是不断考察新设备，始终会给其中相对成熟者尝试的机会。不管是当初的华为、中兴与大唐，还是现在的三星、OpenRAN 的开源设备商以及各小基站供应商，都有机会尝试与得到鼓励。但这些新进入者都需要在一开始就与原有的巨头进行全面比拼，所以最终能够杀出来的新供应商寥寥无几。

第二，从比拼产品到比拼生态与伙伴。领先者在行业耕耘多年，其拥有的伙伴数量是挑战者难以望其项背的。

在很多领域，商品需要与互补品协同，才能充分发挥作用。就像计算机需要硬件、操作系统与软件协同运行，网络设施要和终端设备配合才能发挥作用，手机需要丰富的 App 才能为用户提供各种意想不到的功能，甚至连桌子与椅子都要搭配好才能既舒适又美观。

而在复杂度较高的产品领域，服务类伙伴也至关重要。例如，汽车的保养维护、空调的安装与清洗是否方便，都会影响消费者的决策。在深圳北环路和沙河西路交界处有一个三星公司的厂房。厂房上面曾经竖立着一个大大的标语："要做世界第一的基站"。但抛开产品竞争力不谈，单是服务伙伴的问题就让三星进退维谷。通信设施是一个复杂的系统，设备的安装部署、网络优化、现场维护都需要服务伙伴的支撑。一方面，缺乏服务伙伴会难以让客户放心，拉低整体竞争力；另一方面，如果花费大量精力与资金发展并维持数量众多的懂三星设备的服务伙伴，其仍将面临传统巨头的全面竞争，胜算依然不大。

而在讲究生态的智能手机操作系统领域，最先发展起来的iOS 与安卓系统都有超百万的应用数量，也即拥有最深的护城河。所以其他手机操作系统，如三星的 Bada、微软的 Windows Phone（微软手机操作系统）、诺基亚的 Symbian（塞班）和黑莓的 BlackBerry OS（黑莓操作系统），尽管都是巨头支持，却难以撼动前两者的地位。华为在危难之际推出的鸿蒙操作系统也将同样面临如何获取足够多的应用开发伙伴的艰难挑战。

第三，从比拼产品价格到比拼客户的增量成本。在第 3 章中已经提到产品的黏性设计与客户的转移价值差。企业在防守中有效发挥存量优势，构筑客户黏性，就能进一步削弱对手的竞争力度。所谓转移成本或价值差就是，客户在现有产品基础上进行扩容、升级或更新换代与购买新产品之间的成本差或价值差。客户的成本绝不仅仅是购买设备的价格，还包括培训、安装调测、网络规划优化、网络中断成本、习惯改变与风险成本等。所以在扩容场景下，防守方的成本（扩容设备成本＋扩容部署成本＋网络优化成本）与进攻方的成本（所有设备成本＋搬迁旧设备费用＋新设备部署成本＋网络优化成本＋网络中断成本＋培训成本＋习惯改变与风险成本）进行比较。即使在完全更新换代的场景下，防守方的培训成本以及习惯改变与风险成本仍然远低于进攻方。

总之，综合比拼有利于避免与对手的强项进行单一比较，削弱其竞争力度。防守方应先选择比拼自己的强项，再选择全面比拼产品多项指标，进而超越产品比拼生态与伙伴，最后比拼历史与增量。

在产业层面贡献与防守

行业领头者可以有更高端的操作，即设计产业结构和生态位。以英特尔为例，它构建了一个以 X86 CPU 为核心的兼容机生态体系。在这个生态系统中，英特尔占据了不止一个生态位。其核心业务是 CPU，但它定义了 PCI（外设组件互连标准）、USB 等硬件接口规范，提供了相应的软件 API 接口，并公布公版主板设计。而兼容机厂商在此基础上设计自己的主板与整机结构，选择不同的显卡与外设，最后加载与英特尔 CPU 高度适配的 Windows 操作系统。因此，英特尔的主要对手，包括超威半导体公司以及历史上的 Cyrix 和 VIA（威盛电子），都不得不完全遵从英特尔定义的规则，在 CPU 这个生态位上与其正面竞争。所以，英特尔才能够从 1978 年发布 8086 开始，将优势地位保持了 40 多年。

纵 深

当然，即使英特尔设计了产业结构和生态位，也不意味着其可以松懈。事实上，英特尔这两年在 CPU 性能上逐渐被超威半导体公司赶超。虽然它的份额优势还未完全丧失，但如果长期得不到扭转，就会危及其整个业务体系。

另外，领先者还可以通过标准与关键资源分配进行竞争和防守。这样就能在一定程度上制约对手的进攻轨迹与节奏，提前规划好应对之策。车联网真正铺开之前，DSRC（专用短程通信）与 C-V2X 的标准之争就已经如火如荼。2020 年 11 月 18 日，美国联邦通信委员会（FCC）正式投票，决定将 5.9GHz[①] 频段中 30MHz[②] 带宽（5.895~5.925GHz）分配给 C-V2X。这标志着 3GPP 的 C-V2X 技术标准终于获得了全球主要国家的认可，尤其是中美两个汽车与交通大国的认可。而支持 DSRC 的 IEEE（电气与电子工程师协会）阵营只能望着未来广阔的 V2X 市场哀叹。

除了引领标准与技术的方向，领先者还可以协调某个特性或功能的标准冻结时间。而这个冻结时间点就是特性及其背后的技术可能实际发布的最早时间点。

在移动通信行业，频谱分配也能决定竞争的方向、范围与时间。频谱分配多，则竞争集中在宽频应用与产品集成度上；频谱分配少，则竞争更聚焦在抗干扰高效利用频谱上；频谱使用功率与室外使用场景受限，则使用此频谱的标准体系只能聚焦室内场景；频谱分配落地时间晚，其上网应用时间自然更晚。

---

① 1GHz（吉赫）=10^9HZ。——编者注

② 1MHz（兆赫）=10^6HZ。——编者注

最后要强调的是，领先者在做产业时不能只顾及自身利益，而忽略了产业利益与社会利益。这不只是一句口号，而是基于长期利益的现实考虑。没有什么领先能够一直保持，企业损害大多数人的利益，就会被大多数人抛弃。

纵深战略在进攻中的应用

在主动竞争中获胜才能成长变强

企业的发展过程中，一定会出现踩到别人的脚或者挡到别人的路的情况。因此，在竞争中脱颖而出是企业成长变强的必由之路。下面我们看看企业必须在哪些竞争中获胜。

首先，企业需要直面同品类的竞争，在主力市场和核心产品的竞争中获胜。这是企业抢占份额、获取利润的主战场。生产 PC 就需要在 PC 行业中获胜，生产手机就需要战胜其他手机厂商。

需要注意的是，核心产品与外围产品在竞争中有不同的组合与定位，包括但不限于获取利润、产生引流作用、提高品牌声望、引导产业方向与创造客户黏性。定位不同，对胜利的理解也就不一样。企业并非在每种产品上都要与其他企业拼个你死我活。就像英特尔的主板业务与谷歌的 Pixel Phone（谷歌智能手机）一样，它们的主要目标都是引导产业方向。这类外围产品并不需要也不应该以份额为竞争目标。

其次，企业与替代品之间是相互竞争的关系。我们在分析竞争五力时常说，"面对替代品的竞争"。但这样的表述方式，很容易导向防守策略而忽略了替代品分析对企业扩张策略的影响。替代是相互的，企业面临哪个领域延伸过来的替代品，就有向哪个领域延伸的潜在机会。企业对替代品外延的分析，不仅能帮助企业提早识别潜在竞争点，还能帮助企业找准自身的业务范围与战略定位，向外扩张。例如，线上教育与线下教育都可以帮助客户提升自身能力，自然是替代品竞争的关系；从同样需求出发，它们与图书也存在替代品竞争关系；再向外延深，教育、游戏、娱乐等都是在争夺客户的工作外时间的分配。

再次，企业还处于生态体系之间的竞争中，企业利益与生态体系利益息息相关。企业不仅与竞品或替代品竞争，还作为生态体系中的一分子参与生态体系间的角力。这样的生态体系可以由多种纽带联结在一块。

垂直产业链是最常见的生态系统。在华为遭受美国打压时，产业链上包括代理商、经销商、渠道物流商、大批器件供应商与生产合作商等所有企业都会受到影响。所以，2020 年 11 月 17 日华为公司宣布，共有 30 余家荣耀代理商、经销商联合发起了对荣耀的收购。这是以荣耀手机为纽带的产业链体系发起的一场自救行动。

技术站队，也是形成生态体系的典型方式。随着电信技术和业务的飞速发展，以及互联网在全球范围的兴起和普及，电信网、计算机网以及有线电视网的业务与市场开始相互渗透和融合。2005 年左右，宽带数据骨干网的主流传输平台之争爆发。华为因 ATM（异步传输模式）技术的高带宽以及良好的 QoS（服务质量）保证，而站在 ATM 阵营。最终的结果却是，高时延、简单与低成本的 IP 战胜了低时延、复杂与高价格的 ATM。华为虽然迅速开发了相应的 IP 设备，但在 ATM 交换机上的巨大投入打了水漂，还损失了时间成本。而"当年国际电信联盟决定全世界潮流走向 ATM 道路时，只有思科走了 IP，走出了今天的灿烂辉煌"[①]。

还有一种生态体系，是通过资金和流量平台联结在一起。阿里巴巴阵营和腾讯阵营庞大的商家群体覆盖了各个方面，它们之间的竞争也是异常激烈。

最后，同一体系内不同生态位之间，也可能存在竞争。企业在成长变强的过程中，往往会渗透到不同生态位，自然就会和不同生态位的其他企业发生碰撞与合作。例如，在手机产业内，彼此的竞合关系就错综复杂。三星公司在手机上和苹果、华为竞争，在手机内存上与镁光、现代竞争，在液晶面板上与 LG、京东方竞争。而苹果在手机上与三星、华为竞争，在操作系统上与谷歌的安卓竞争，在 CPU 上与高通、三星、华为竞争，在办公应用上与微软竞争。

所以，企业的成长史就是一部竞争合作史。企业需要与直接竞品竞争，与看得见或者看不见的替代品竞争，与不同生态位的企业或者曾经的伙伴竞争，与不同生态体系竞争。在竞争中获胜，是企业成长的必修课！

纵深进攻的要点

谈及纵深，大多数人想到的都是纵深防守。但是，第 1 章提到的讲求实力的战略，其实都属于进攻或积极防守的战略。同样

[①]　任正非.在重装旅集训营座谈会上的讲话.电邮文号【2013】174 号.

地，纵深战略框架也是可以用于进攻的。而且纵深进攻是谋定而后动的连续的大纵深协同进攻，更具碾压性。在详细展开纵深进攻前，先要澄清两点：

第一，它不是彼此之间的小试探、小冲突，而是决定一个品类、一个市场归属的战役级商战。

第二，协同进攻不是无视客户习惯、产业成熟度、市场成熟度与技术成熟度等一系列限制的一哄而上，而是有目标、有节奏地协同进攻。

纵深进攻要点一：宽广进攻面，不让对手从容应对

防守方希望限制挑战范围，减小影响。反过来，进攻方则希望在足够宽广的市场上发起进攻，以防对手有条不紊地采取各种应对措施。怎样判断进攻竞争面是否足够宽广有效呢？有两个原则。

第一个原则是，站在自身的角度看竞争突破之后获得的预期成效，要能够形成正循环。企业不一定要形成资金力到支撑力的正循环，但至少要能够形成客户市场到产品相互支撑的循环，同时可以看到形成资金力循环的希望。换言之，就是竞争主动发起方可以巩固获得的成果，可以凭借获取的市场基础与客户认可进一步放大初期取得的优势。

第二个原则是，看对目标竞争对手的影响。对方是否无法忽略竞争突破口的影响？对方的市场策略、开发节奏或技术路线是否受到影响？简而言之，就是看对方原有的循环支撑体系是否受到影响与阻滞。

要符合这两个原则，企业就要选择足够大的细分市场作为进攻点，并且自己要拥有足够领先的产品与足够丰富的产品系列。这样才能在足够宽广的正面，构成足够强度的竞争进攻。

纵深进攻要点二：在关键方向上多点协同

找准突破口之后，企业需要在多个层面协同实施纵深突破。即在这个突破方向上，企业同时进攻防守方的多个层面的关键环节。

首先，打铁还需自身硬。进攻方的产品综合实力、市场营销与销售能力必须过关。进攻方要能够精准把握并引导目标细分客户群的需求。

其次，进攻方需要多层面协同，放大优势：在标准或事实标准领域，确保产业方向、节奏与新产品合拍；在产业链上确保服务、供应链、互补品等各类伙伴的步伐一致。推动政策助力新产品推广，至少保证政策不会形成阻碍。确保技术储备支撑企业持续发布新产品，甚至结合专利形成护城河。确保关键资源与产能，在扩大战果时也不会掉链子。引导产业与客户对产品优劣的判断原则更加全面，真正展现出企业的优势点。

最后，多层面的协同不能一成不变，而要在过程中不断磨合调整。在扩张过程中，企业要持续加深对客户需求的感知，发掘产品优势点的新价值，协同各方，充分发挥价值以及进一步改进产品。

总之，协同的目标就是破坏对手的支撑体系，并协同放大进攻方优势点的价值。

纵深进攻要点三：多梯次突破，持续扩大纵深

如果进攻方只能攻占一个细分领域，而没有能力进一步强化领先优势或者无法找到新的领先点，那么强大的对手最终仍然会赶上。即使是颠覆性创新，如果没有后续的连续性创新跟上的话，企业也会成为死在沙滩上的前浪。巨头们有足够的时间和空间来发挥韧劲，在劣势点赶上并赶超，并依托原来的纵深优势磨平进攻方过往的努力。

所以，进攻方在撕开突破口之后一定要有后续竞争手段。这就叫梯次突破，扩大纵深优势。如果说第一次突破是打乱对手的防守节奏，打乱对手规划的产品开发、市场发展与企业经营节奏，后续的持续突破就会打乱对手的反击节奏，打乱其各种响应计划。

一波流的进攻，只会在一波之后被带走。连续组合技才能扩大突破效果。

纵深进攻要点四：尽量构筑战役型进攻的突然性

这里用了一个词，"尽量"。企业的大型战略动作在产生商业影响之前，总是有很多蛛丝马迹的。企业的招聘信息、产业标准与政策上的动作、供应链上的合作变化、并购与投资动作、与研究机构的合作变化、组织结构与管理层变动，都会在一定程度上暴露企业未来的商业策略变化。虽然防守方理论上有能力从这些公开的信息中提前预判进攻方的举措，但变革发生之前，无心者很难把点点滴滴的征兆串起来，分析出风暴的影响力。所以，进攻者还是很有可能构建纵深进攻的突然性。

华为无线网络产品线在天线业务上的反超案例

2011 年，在一次业务决策会议上，华为管理层给无线的天线业务下了最后通牒：最后再给你们三年时间，如果还没有根本性改变，就解散天线业务和团队。天线业务没有退路了。

华为的天线业务始于 2004 年收购瑞士的灏讯公司基站天线业务。然而到了 2010 年，4G 建设已开始，华为无线却在整个 3G 时代都没能抓住天线业务的机会。凯士林凭借其高可靠、高性能、全系列的单频天线，始终占据市场第一的宝座。而国内大批天线厂商在华为天线后紧紧跟随。华为天线在市场上始终不愠不火，在产品上更乏善可陈。天线业务的领导自嘲道："我们的天线是比我好的没我便宜，比我便宜的没我好。"

这时 LTE 开始兴起，凯士林为 LTE 储备三频天线技术。恰逢此时，华为无线基站业务提出"五频三模"的 SingleRAN 方案，这个方案对天线也提出了更高的要求。因此，天线业务部抓住机会，规划了 Single 天线，要求一面天线要支持五频三制式，即支持 800MHz、900MHz、1 800MHz、2 100MHz、2 600MHz 五个频段，GSM/UMTS（通用移动通信系统，即 3G）/LTE 三种通信制式。终于，天线业务部在 2012 年率先推出了 Single 天线解决方案。这个产品背后隐藏着无线大量的技术突破：攻克无源互调这个被国外友商长期占据的技术制高点，并达成了更高难度的多频无源互调；创新性地提出 SBS（肩并肩）架构，确保扩频不降性能，增频不增尺寸，加端口不加重量；深入一步解决涂层材料、铝合金散热与抗腐蚀的平衡问题，为全球差异化场景部署铺平质量道路。借助华为基站业务与客户的丰富渠道传播，五频三模的基站与天线超越竞争对手的三频一模，而被客户迅速接受，由此打开了市场。

经过四年的背水一战，华为天线业务在 2015 年实现超越，成为份额第一的天线供应商。时至今日，华为天线已经牢牢占据业界的半壁江山。华为天线业务的逆袭是典型的纵深进攻。华为天线充分发挥了原有的纵深优势，即华为是当时业界唯一跨界厂商，天线厂家中最懂主设备的，主设备厂家中最懂天线的。这一系列让业界眼花缭乱的新产品、新突破的背后其实是整个战略纵深框架各层面的协同发力与梯次突破。

在技术层面上，基站专家投入天线业务，深化了天线团队对网络发展的理解、网络优化的能力。在产品层面上，基站与天线实现了产品发布节奏上的协同以及 AAU 等集成的新形态产品。在市场层面上，天线借力了基站的销售渠道和品牌影响力。在产业层面上，无线积极推进新的天线形态以配合，有效改变了天线的竞争赛道。

撕开多频多模天线突破口之后，华为天线又不断协同开辟新战场，如电调天线、AAU、多扇区、M-MIMO（大规模振子）等；同时持续强化巩固突破口的优势，如从六扇区发展到九扇区、从三频到五频再到六频。这样的一路狂奔，使华为天线彻底打乱了对手的节奏，奠定了最后的胜利。

2012 年，华为天线推出业界首个 Beamforming（波束成形）AAU，即基站射频单元与天线的合体，并在移动通信业务的权威协调组织——全球移动通信系统协会，持续推动有源方案（即

AAU 方案）。

2013 年，华为天线依托对客户的理解力，推出即插即用的方便型远程电调下倾角解决方案，解决了客户电调部件安装空间受限、可靠性差、配置和维护困难等问题。

2013 年，华为天线率先推出 FA/D 3D 电调天线商用产品，突破了部署 TD-LTE 网络的天面瓶颈。

2014 年，华为天线率先推出全球首款超宽频劈裂天线，开启了六扇区大规模商用时代。

2015 年，华为天线发布 G/D/P 系列平台和 AAU3961，突破了 4.5G 网络部署的天面瓶颈。其开辟了 AAU 新品类，实现批量发货。

2016 年，华为天线强化多扇区方向，推出九扇区劈裂天线；强化多频方向，实现六频 4.5G 天线的商用。

2016 年，华为天线率先完成 Massive MIMO 外场测试，并在 3GPP 上推进 4.5G 标准与 5G 标准上的 Massive MIMO 应用。其开启了 5G 时代大规模振子的新天线时代。

其他纵深进攻方式

除了上一节讲到的四个纵深进攻要点，还有一些其他方式也可以起到纵深进攻的作用。

阻滞通路

阻滞通路就是阻滞竞争对手各层面相互之间的支撑与循环。

在客户与市场层面上，进攻方可以在关键要点上发起竞争而直接削弱对手。进攻方可以争取对手的典型标杆客户的订单，阻滞其从客户到市场的示范效应与口碑传播等。其也可以在店址、物流与营销渠道等领域发起竞争，直接影响对手市场力量的展开。

进攻方还可以通过外部手段间接削弱对手产品的支撑效果。从产品到市场的支撑多为企业内部的运作，因而进攻方很难直接阻滞对手的支撑通路。但其可以引领新市场、新产品和新的产品优劣判断原则，迫使对手原来环环相扣的支撑出现空档。

就像冷酸灵牙膏在预防龋齿为主的牙膏市场上硬生生切下一块抗过敏牙膏市场一样，即使相对较弱的进攻方，也可以通过强调新需求来切割市场。原来的玩家则很难用原有产品体系来支撑新切割分化出来的市场。

从技术和资源层面阻滞对手的产品竞争力，是更为犀利的做法。市场上原有玩家能长期存在，就说明它们拥有必要的技术和必要的关键资源。除了国家力量与巨头，大多数企业都没有能力在对手原来的纵深阵地上阻断其技术或资源。所以，企业应将目标放在产品未来发展方向上的新关键技术、新专利、新产能与新资源。

三星公司的 AMOLED（有源矩阵有机发光二极管）屏幕凭借艳丽的色彩显示、高对比度和流畅的反应速度被应用在各品牌的高端手机上。时至今日，三星仍是手机屏幕技术的领导厂商，在手机 OLED（有机发光二极管）屏市场上的份额高达90% 以上。华为等高端手机都曾受制于三星的屏幕供应。但是，大家不能只看到成功者的荣耀，还要看到三星提前 10 年进入

OLED 无人区所承担的成本与风险。

此外，仅阻滞某项技术而不能实现产品级阻滞的话，并不会达到预期的效果。就像输掉录像带技术之争的索尼，照样生产VHS（家用录像系统）录像机、摄像机而赚得盆满钵满；而东芝在其 HD-DVD（高清光盘）输掉高清 DVD（数字通用光盘）技术路线之争后，依然可以转而生产蓝光 DVD 设备。

阻滞对手的资金流，是一种更致命的竞争方式。消减对手资金流是综合竞争的重要战果之一。

依赖筹资性资金流的企业，基本是通过"蓬勃的现实发展 +美好的未来预期"获得资金的。就像做空机构的操作一样，进攻方只要阻滞对手的现实业绩或预期发展中的任何一个，就能迫使以筹资性资金流为主的企业暴露出其稳健性较差的弱点。

例如，奇虎 360 于 2009 年 9 月发布杀毒软件正式版；2010年 1 月 18 日，360 杀毒用户规模突破 1 亿；至 2011 年 1 月，360 已拥有 3.39 亿活跃用户，覆盖当时中国网络用户的 85.8%。360 在相对金山毒霸、瑞星杀毒并没有产品与技术优势的条件下，依靠免费商业模式快速实现了碾压性的超越。而对手在丢失市场后，资金流快速萎缩，陷入"仿效免费模式则快速死，坚持收费模式则慢一点死"的尴尬境地。

突破产业规则限制

强者的重要标志之一就是在产业层面竞争规则上的影响力更强。那弱势方能突破强者对产业的强影响吗？答案是肯定的，而且从来不缺少成功的案例。弱者可以通过协同构建新体系、新联盟或新开源组织来与强者进行直接对抗。除了大众耳熟能详的开源操作系统 Linux，数据库开源软件 MySQL 取得了更具决定性的胜利。从 1996 年 MySQL 1.0 发布之后，其就逐步得到广泛应用，直至获得了 80% 的服务器数据库市场份额。众多知名网站和产品均使用了 MySQL 数据库，比如维基百科、脸书、谷歌、WordPress 和阿里云等。

《2019 中国乳业（奶制品）营销发展白皮书》显示，乳业呈现集中度越来越高的趋势。2018 年，伊利和蒙牛的行业份额占比分别为 23.6% 和 22.4%，两家企业已经占据行业份额的 46%。但是，首农、三元、光明和完达山等其他从业者没有束手待毙，而是加入中国农垦乳业联盟。2019 年 11 月 24 日，《中国农垦乳业联盟产品标准　生鲜乳》正式发布。联盟标准要求乳蛋白质含量 3% 以上、乳脂肪含量 4% 以上，超过国家标准中规定的 2.8%与 3.1%。更令人叫绝的是，该标准在菌群含量方面远比国家标准更严格，标准要求菌群总数小于 10 万 CFU/ 毫升[①]，而国家标准是 200 万 CFU/ 毫升。从商业视角来看，我们不难理解这个新标准的防守价值：在优质资源有限的前提下，牛奶品质要求越高，头部企业达到标准要求的牛奶数量就越少；牛奶新鲜度与菌群数量要求越严格，巨头的运输保存成本就越高，对本地型企业的压力就越小。

　　争取与共享对手的盟友也是产业层面进攻的常用手段。市场现有的领先玩家一般都有大量的盟友，并与这些盟友一起构成了庞大的生态体系。弱势方与领先玩家的盟友开展合作，可以更快

---

① CFU 为菌落形成单位。CFU/ 毫升指的是每毫升样品中含有的细菌菌落总数。——编者注

地消减对手的联盟优势。

　　智能手机发展之初，iOS 的 App 数量占据绝对优势。艾媒咨询根据主流手机终端统计的数据显示，2010 年 3 月 iOS 与安卓的 App 数量分别为 17 万和 3 万。为了在 App 数量上快速赶超，安卓实施了免注册费与免提成的应用商店的管理规则。与之对应，苹果对 iOS App 开发者账号每年收取 99~299 美元，并收取30% 的收入提成。仅仅一年之后的 2011 年 3 月，iOS 和安卓平台的 App 数量就分别变为 35 万和 25 万。2012 年，谷歌更是推出一个叫作 J2ObjC 的工具，该工具能将安卓 App 的 Java 代码高效转化为 iOS App 的 Object C 代码。谷歌此举的目的很明显，并不是让苹果的 App 开发者转移到安卓平台，而是让开发者同时开发两个平台的 App，以抹平生态上的差距。

避开对手的纵深强点

　　在力量悬殊而无法强攻时，进攻方可以通过新入口、新市场、新产品、新技术、新场景与新产业组织等手段，绕过对手的强势纵深阵地。某打车 App 已经获得共享打车市场的霸主地位，原以为可以松口气了，但原有的竞争对手纷纷退场之后，一批新进入者凭借自己独特的场景化入口优势又杀了进来。百度地图和高德地图利用导航入口优势，让消费者在查询路线时可以顺便点击打车。美团则利用餐饮入口，让消费者在查询美食之地后可以直接打车前往。这些企业从而都避开了专门打车类 App 的入口优势。

　　进攻方需要警醒的是，即使避开了巨头的纵深，还必须快速展开自己的市场、产品系列以及加深技术积累。否则在对手反应过来腾出手之后，企业就会面临巨大的危险。传音手机，是打败了三星和诺基亚，一年狂卖250亿元的"非洲手机之王"。与华为无线从偏远城市起步并定制优化如出一辙，传音公司从2004年开始选择在非洲市场发展，并针对深肤色定制化开发人脸识别与美容优化等特色功能。经过十几年的发展，传音已成为当之无愧的非洲手机巨头，2018年其市场份额达到48.7%。但传音绝非高枕无忧。首先，其占据的仅仅是一个缝隙市场。而2019年中国市场排名第四的小米在国内手机营收约为1 200亿元，比传音高了一个量级。其次，传音的研发投入仅占营收的3%左右，缺乏技术壁垒，针对深肤色的定制优化其实也并无门槛。最后，其在扩展印度等新市场时，已经展现出力不从心的态势。一旦国内外手机巨头们转过身，特别是国内更具性价比的品牌开始发力印度、非洲等新兴市场，传音仅凭存量渠道优势将很难应对挑战。

总之，所有的纵深进攻方式都是，尽量发挥自己的纵深优势点去阻滞对手的协同通道或循环，或者绕开对手的纵深优势，打破对手的封锁。要理解纵深进攻的精髓，还需要深度理解纵深中各层面的强弱定义、韧劲定义以及协同循环的概念。

纵深战略在不同阶段中的应用

一个行业或细分市场从产生之初到最后衰退，其市场成熟度、产业成熟度、产品成熟度以及技术成熟度都在不断发展变化。而企业进入这个领域的时间不同，原有的积累不同，其核心能力与路径依赖也不尽相同。因此，每个企业的战略都不会完全一样。

纵深战略框架的框架模型本身适用于各阶段，即坚持以客户为中心，持续构筑强点，增强韧性，加强彼此之间的支撑力，形成循环。但企业需要根据行业特征、阶段特点与企业能力基础确定自己的战略框架，制定战略，明确当前发力方向、下一步目标与路径。下文会重点阐述纵深战略框架在不同行业阶段或市场阶段的应用。

创新市场

创新市场阶段最大的特征就是低成熟度、高不确定性。对一个创新领域而言，通常它的市场成熟度、产业成熟度和产品成熟度都相对较低。某些创新从底层技术开始，如语音识别、无人机、集成电路等，它们需要较长周期不断优化技术与产品，并迭代催熟市场与产业。另一些创新则从成熟技术出发推出产品，或基于成熟产品改变商业模式。一旦能够成功契合新的细分市场，它们就能快速扩散发展。就像空气炸锅一样，它基于成熟的电加热与风循环技术，一经推出就迅速在烤箱市场与煎炸市场切下一块少油、便捷的细分市场。

由于创新阶段的产品与市场都没有得到验证，企业贸然进入的风险较大。因此，先驱者在方向大致正确的前提下，还需要注意 10 个字：门槛、激活、补齐、循环、前瞻。

产品和服务达到客户或市场的必备需求价值门槛是成功的基础

企业敢于成为创新的先驱者，总有一个或多个强点。有的拥有独家底层技术，有的擅长产品开发，有的长于营销创意，有的拥有渠道与客户积累。这些先驱者凭着自己的强点，用一腔热血投入创新，但其中的绝大多数都已成了前浪。事实上，很多失败的企业不是没有找对创新方向，而是没有达到最低的体验或需求门槛。换句话说就是，先驱者往往找对了方向，但败于没有达到必备需求价值的门槛。

双卡双待、远摄相机、手表型手机、大音量，这些特色功能早在 10 年前的山寨机上就已存在。华强北的山寨机喧嚣一时，它们复制或创新了很多后来被证明为正确方向的功能。但受限于其整体品质与特色功能的实现度，山寨机最终都归于平静。

iPhone 并非智能手机的开山鼻祖，摩托罗拉的"明"早已经有触摸与手写功能，基于 Windows CE（微软开发的嵌入式操作系统）的手机也能够上网操作。但这些智能手机的操作体验总是差了些什么，操作触摸屏还需要用一支笔，移动浏览器与桌面浏览器的体验差距巨大。因此，3G 网络虽然已经发展了 7~8 年，但仍然缺乏杀手级终端、杀手级应用。直到 iPhone 用手指多点触摸、大屏和海量 App 满足了用户用手机上网的基本体验之后，智能手机才开始兴起，逐步取代了功能机市场。

RuralStar 系列解决方案，是华为无线为促进偏远地区联所未联而推出的低成本、全站点解决方案。华为在 RuralStar 解决方案上不可谓不用力。无线在 RuralStar 中集成了大量创新，大幅降低了总拥有成本，包括超高集成度的芯片，创新非视距回传、一体化超高集成度，降低整站功耗的能效设计，以及土建工程优化与新型杆塔设计。华为无线还在产业上积极通过全球移动通信系统协会和宽带论坛推广，与各国政府或运营商共同实验。从

2017 年起，华为 RuralStar 系列产品已在超过 50 个国家部署，为近 4 000 万农村居民提供了语音和高速网络服务。

但这样的速度并不算快，相对于 7.5 亿没有移动网络覆盖的人口，不过解决了 5%。按照创新扩散理论，创新刚刚扩散到早期采用者而已。但运营商已经部署了相对容易建设、容易回收投资与运营成本的场景。在未来需要部署的区域，极低总拥有成本这个必备质量的硬要求就横亘在面前。需求很强烈，解决方案什么时候能够跨越总拥有成本硬要求，什么时候就能够获得爆发式增长。华为在 2019 年年初与 2020 年年初相继发布了 RuralStar Lite 和 RuralStar Pro 解决方案，就是希望能够不停地迭代，尽快跨越创新快速扩张的硬门槛。

简而言之，企业创新最首要的目标是满足客户的需求，即找对方向，然后至少达到最低要求门槛。

先驱者要想快速激活市场，就需要找准切入点

根据美国学者埃弗雷特·罗杰斯在《创新的扩散》一书中的观点，创新事物的扩散推广会经历创新先驱者、早期采用者、早期大众、后期大众、落后者五个阶段，如图 7-1 所示。一般来说，企业找准了魅力质量，满足了必备质量，就基本能满足创新先驱者和部分早期采用者的要求。但是，这并不意味着创新事物就一定能够快速发展，因为孵化新市场、新产品，需要经过培养客户习惯、打消客户疑虑等耗时环节，才能真正被早期大众接受，从而进入创新的快速扩散阶段。

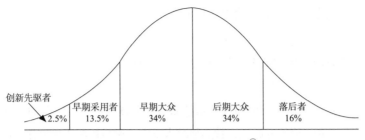

创新先驱者

| 早期采用者 | 早期大众 | 后期大众 | 落后者 |
| 2.5% 13.5% | 34% | 34% | 16% |

图 7-1　创新扩散阶段分类 ①

　　因此，企业需要在充分研究客户购买决策链模型的基础上，一方面优化产品和服务，降低客户接纳新产品、新模式的门限；另一方面找准客户痛点、痒点，通过各种手段激发客户购买行为。大家熟知的标王模式、补王模式、明星示范或用户口碑传播等营销手段就可以打消客户疑虑，激发购买欲。另外，也可以像高速公路 ETC 收费、电动汽车等行业一样，通过政策方式来孵化并快速铺开市场。

先驱者需在全价值链补齐短板，才能在低风险地布局创新市场

　　大多数中小型创新企业都是强于某个具体环节，但也有很多短板。它们在拓展新领域时需要借助产业生态的力量快速补齐能力，如营销、渠道、物流、生产或者研发技术等领域的短板。

　　巨头创新者固然可以凭借其原有的纵深布局向新领域延伸，但通过产业伙伴协同补齐能力、增加创新多样性，也不失为面对

---

① 罗杰斯.创新的扩散：第五版 [M].唐兴通，郑常青，张延臣，译.北京：电子工业出版社，2016.

高不确定性时降低风险的有效策略。

初期的创新企业必须注意两个基本的循环

第一个循环是市场理解到产品改进支撑力的循环。没有天生的全知者。要练好游泳，就必须跳入水中，逐步练习优化动作。同理，产品与市场也有一个迭代过程：不断优化产品，满足客户需求，支撑客户群扩大；随着服务客户的数量增加与客户的使用体验反馈增加，企业对客户的需求以及创新方向的理解也在不断加深。采用 MVP（最简化可实行产品）、敏捷开发还是传统的瀑布模型都不是关键，关键是企业要有意识地快速迭代优化产品，加深理解。

第二个循环是资金力循环。毫无疑问，在创新初始阶段，市场与产品是重中之重。但资金力循环是企业能够正常运作、持续创新的关键。即使企业已解决了启动资金的问题或者没有初期盈利要求，也不能有丝毫懈怠。创新的资金消耗往往比预想来得快、来得多。为了下一波筹资性资金，企业也需要时刻审视市场拓展、产品与技术进展，持续传递信心与愿景给资方（这里的资方包括外部投资机构、内部投资管理决策层、股民等）。企业要尽量避免陷入 2011 年无线天线被最后通牒的境地。

再次提醒，没有长期蓝海，企业要有竞争的前瞻眼光

创新企业对市场和产品的证明越清晰，跟随者的出现就越快、越坚定、越多。所以，企业不能等到面临竞争时才考虑竞争。一开始，企业就应把纵深防守的思想嵌入各种拓展、开发的过程，包括市场层面的营销定位卡位、产业链上的保密协议、渠道或关键资源的掌握、技术专利的布局、技能保密与关键人才卡位。有条件的话，企业还可以推动政策和标准来建立入门指标。这个阶段的防守动作不一定很大，但企业需要将其纳入规划，清楚在什么时候、什么情况下应该向下一步推进。

百舸争流

在创新阶段，市场上只有先驱者。但随着市场前景、产品形态与技术方向逐渐明朗，大量的新进入者纷纷涌入，于是进入了百舸争流阶段。市场爆发的初期，还可能存在供小于求的情况。但当从业者纷纷改善产品、扩展市场边界、优化管理和扩大生产时，供过于求的现象开始出现，竞争变得愈加惨烈。

在产品与技术相对简单的行业中，大量同质化的产品将涌现，创新争夺集中在商业模式、营销方式或渠道建设上。而在产品复杂、技术门槛高的行业，则开始出现对产品定义权、标准、产业规则和生态体系影响力的激烈争夺。

在展开本节内容之前，我们先简要了解一下移动通信业 1G 的发展史。很多读者都了解数字蜂窝的 2G、3G、4G 到 5G 的分类，并听说过其中赫赫有名的爱立信、诺基亚、摩托罗拉、阿尔卡特、西门子、北电等通信设备公司。但说到蜂窝的起源，就鲜有读者了解 1G 时代的大牌设备商。因为当时的大牌大多都已经倒下！

1946 年，美国 AT&T 贝尔实验室首先提出蜂窝通信的设想。30 多年后的 1979 年，AT&T 在芝加哥开通了第一个民用模拟蜂窝的试商用系统，它采用的是先进移动电话业务（AMPS）技术。20 世纪 80 年代，很多国家纷纷跟进，推进自己的标准建设模拟蜂窝网络，包括日本的汽车电话系统（HAMTS）、德国的 C Networks（C 网络）、英国的全面接入通信系统（TACS）、法国的 450 系统、加拿大的 MTS（移动电话系统）450 以及瑞典等北欧四国的 NMT（北欧移动电话）-450 系统。这些国家的标准推动了模拟移动蜂窝通信的发展，但也造成了整个市场的碎片化。得益于先发优势与最大本土市场带来的规模优势，摩托罗拉领衔的北美设备商成了 1G 时代最大的赢家。因港台影视剧中的"大哥大"，摩托罗拉的 1G 手机系统被大陆观众熟知，并于 1987 年率先从广东进入中国大陆（内地）市场。

吸取了力量分散的教训，欧洲厂商在数字蜂窝的 2G 时代联合推动了 GSM 标准，使 GSM 标准一举成为主流，并把标准主导权的优势一直保持到了 5G 时代。而北美厂商主导的 CDMA 系列标准与 WiMax 标准没有成为主流，它们在 1G 时代的辉煌也没有延续下去。贝尔、朗讯、北电和摩托罗拉等声名显赫的北美通信公司都相继倒在了通信业不断发展的路途上。

如果说创新尝试阶段最大的特征是整体的不确定，那么百舸争流阶段最大的特征就是入微级的不确定。行业进入者众多，都有自己的强项与积累，创新在各层面不断涌现。无论是先驱者还是新进入者，都容不得半分懈怠。这个阶段的纵深战略应用中，企业需要注意以下五点。

力求对产业的影响力

在本章"纵深战略在防守中的应用"一节与"纵深战略在

进攻中的应用"一节中，都讲到了参与规则的价值。本节开头的移动通信行业案例也反映出参与标准的巨大成效。先驱者固然在规则定义上有先发优势，但说到底，规则定义权是由先进性、规模、共同利益与组织关系等综合决定的。新进入者完全可以借助自己的独特纵深优势，通过联合方式积极抗衡。

全力圈地，建立黏性

企业要能够建立根据地（见第 2 章"占据'高地'与'根据地'，攻守兼备"小节）。企业在这个阶段随时可能面临任何维度的竞争，拥有一块较大的稳固的细分市场会极大地增强企业的生存能力。这里所说的细分市场可以是从地域维度、人群维度的划分，也可以是从档次维度或细分需求维度的划分。在圈地过程中，企业在产品规划中一定要注意占领新高度、新维度、新客户、新品类"4 新"定义权（见第 3 章"定义'4 新'，以正确的方式领先"小节）。

要注意，占据优势不是终点。企业还应通过强化产品设计与商业模式设计来构筑价值黏性，通过营销策略与贴身服务构筑情感黏性。

充分积累并发挥规模优势、成本优势

圈地之后，企业应尽快建立并充分发挥规模优势。规模优势可以增加企业在产业政策、标准与生态体系中的话语权，也可以降低企业及其上游供应链伙伴的成本。再结合管理效率提升与

成本控制优化，企业在受到市场挤压、产品竞争或其他恶性竞争时，就能更有底气地积极响应并确保资金流不断链。

在强点卡位

创新者在创新尝试早期就可以布局卡位。新进入者也可以依托固有强点优势，卡位关键节点。但这个阶段市场还比较分散，因此大多数卡位动作，包括市场渠道、供应资源，甚至技术专利与产业政策的卡位，都更趋向于局部的防守。企业实现了卡位，就可以让自己的整个纵深体系更加稳固。

增强企业韧劲是确保企业能存活下去的关键

虽然前文已经提及韧劲，但在此还是必须强调韧劲在这个阶段的重要性。尽管产业已经确定了大方向，却还有相当多的细节仍未明确。而且，众多进入者的能力基础与特长千差万别，创新点随时可能从不同角落钻出来。无论是先驱者、新进入的巨头还是其他新进入者，都可能突然就发现自己在某方面落后了，甚至在影响支撑力和循环的关键环节落后，或者突然发现别的企业发掘了更具潜力的细分市场并已抢占先机。因此，企业必须做到以下几点：

全触点展开，及早预警或发现可能出现的关键落后与新的大机会；

强化研发队伍与流程建设和技术积累，以便产品落后时能快速反应并反超；

培养客户与市场层面的快速反应能力，积极应对可能出现的市场、营销与商业模式创新；

在产业与技术等建设周期较长的层面上通过合作联盟形式快速补齐短板。

总而言之，在百舸争流阶段，进入者众多，变化与创新呈现多层面与高频率的特点。大浪淘沙之后，最终能幸存的只是少数。不掉队的基本要求是，保持创新的热情、强化纵深实力与韧劲。

巨头相争

经过百舸争流阶段的惨烈竞争之后，幸存者都拥有自己的优势与更全面的纵深布局。在受到对手的创新与竞争挤压之后，它们总能及时补齐，甚至凭借自己在其他方面的优势做出非对称响应。此时的巨头们凭借多强点的纵深布局而韧劲十足，但也存在很强的路径依赖。

所以，在巨头相争的阶段，竞争格局通常很少剧烈波动，而是静水潜流地此消彼长，但到了升级换代时刻仍然会发生"灭企大战"。还是继续看一下移动通信行业的例子。上一章提到的巨头们都是倒在一次次换代升级过程中。移动通信行业比较有规律，从 1G 到 5G，每 10 年升级换代一次。由于产业的技术与研发门槛，进入 2G 时代后基本上就是巨头相争了。即使处于 Niche（利基）市场的 NEC 与富士通也都是大名鼎鼎的企业。

1G 时代，北美企业因为规模优势与先发优势而占据了主导地位。2G 时代，欧洲企业联合起来获得了胜利，3GPP 的 GSM

战胜了北美的 D-AMPS（数字先进移动电话业务）与 CDMA，成为主流标准。由于 3GPP 的协议更具开放性，企业间更需比拼技术积累与研发实力。从此，北美企业开始走下坡路，其资金链逐渐断开，产品技术研发能力逐渐下滑。但巨头的韧劲仍然帮助它们撑过了整个 2G 时代。朗讯、贝尔在 2002 年被阿尔卡特并购。完全进入 3G 时代后，北电与摩托罗拉也在 2009 年与 2010 年轰然倒下。进入 4G 时代后，欧洲的西门子与阿尔卡特在产品与技术研发上也跟不上升级换代的节奏了，分别于 2013 年和 2015 年被并入诺基亚。具体见表 7-1。

表 7-1　移动通信设备商发展简史

	1G	2G	3G	4G	5G
北电	√	√	×2009		
朗讯	√	√	×2002		
贝尔	√	√	×2002		
摩托罗拉	√	√	×2010		
爱立信	√	√	√	√	√
诺基亚	√	√	√	√	√
西门子	√	√	√	×2013	
阿尔卡特	√	√	√	×2015	
华为		√	√	√	√
中兴		√	√	√	√
大唐		√	√	√	?
三星				√	√
NEC	√	√	√	√	√
富士通	√	√	√	√	√
松下	√	√	√	×2015	

上面的移动通信产业发展极简史反映出，巨头相争阶段的本质特征是全方位的实力相争。品牌营销、商业模式、渠道建设和市场格局都基本定型，竞争对手之间彼此熟悉且能快速响应，很难伤筋动骨。而换代升级时技术与产业层面的剧烈变动，就成了对巨头们深层次实力的大考。这个阶段的纵深战略中，具体要注意下面几点。

通过正循环积累并强化实力，保证安全

在比拼实力的阶段，企业更需要通过多个深层次正循环增强实力，积小胜为大胜。

跨越周期度过寒冬的首要条件是资金充足。因此，企业除了保障资金力循环，还要确保资金蓄水池足够深。苹果公司能够撑过艰难时刻走向辉煌，诺基亚与华为能够坚持走下去，都与背后百亿美元级的储备密切相关。成功的企业都会持续优化管理，提升内部运作效率，改进成本控制。只有这样，企业才能在提高质量、改善用户体验的同时，挤出更多利润，积累更多"过冬的棉袄"。

拥有充足资金支持之外，巨头们还会持续通过自研、合作或并购来增强技术实力。苹果公司与思科公司每年都会有十数次并购交易。与大多数国内公司买市场、买品牌不同，这些并购多数是买技术、买专利或者投资关键资源。iPhone 中的 CPU、Siri（苹果智能语音助手）和激光雷达等多项技术都是通过合作与并购获得的。思科公司更甚，有 30% 的产品是通过直接并购其他公司获得的。这些产品给思科公司带来了大量的现金流和利润，保证

了思科公司持续地发展和壮大。

这个阶段的企业还会腾出手来，逐步优化渠道与供应安全。第一，避免或减少独家供应商的状况，确保供应安全。第二，向优质渠道与供应伙伴倾斜，完善采购协议，从源头保证产品质量。第三，将具体某个器件的供应商数量缩减到两三家，结合技术优化，增加单一器件采购数量，从源头降低成本。

快速创新，积累小胜

产品创新不以技术优势为支撑，就难以长久保持优势。即使有技术支撑，只要对手可以通过合作或购买获得技术，企业同样难以维持优势。就像前面提到的 GaN 充电器一样，各手机厂商与配件厂商在爆发期之前就发布了自己的产品。此时，不跟进会落后，跟进了也无法改变格局。蒸蛋器的情况也类似。它在 20世纪 20 年代就被发明出来，不流行则已，一经流行就迅速铺开。如果你在京东或淘宝上搜索，会发现有上百个蒸蛋器品牌。

那么做产品级的创新还有用吗？有用！但需要持续快速创新，不断推出"4 新"产品。如果说间或一两个创新是创新考验，持续快速创新就是企业研发软实力的极限比拼。很多 3GPP协议定义的特性功能都没有被实际实现与应用。这是因为定义容易，但实现起来有巨大的工作量和难度。华为无线把这种困难当作机会，持续开发各种特性，不断强化产品的功能与性能。这样就拉动了整个行业一起快速奔跑，把实力比拼、研发效率比拼和产品质量管理比拼绷到极限。跟不上的竞争对手就会逐渐被拉开差距。

角力规则

到了这个阶段，剩下的巨头们的纵深布局都比较全面，都有一定的参与规则制定的能力。虽然规模更大、与客户关系更紧密、技术积累更深的巨头在产业规则的整体影响力上更占优势，但是，巨头的影响力也有其局限与边界。很多时候，其所处体系的力量对比才是影响规则的决定性力量。而且，角力发生在对手的本土或根据地上时，即使是巨头，其影响力也天然处于劣势。不能或不会有效影响规则的企业，都会面临北美通信企业在 2G 时代的境地，只能赤膊硬比拼。

2020 年 4 月 23 日，财政部、工业和信息化部、科技部与国家发展改革委联合发布《关于完善新能源汽车推广应用财政补贴政策的通知》。原计划 2020 年彻底结束的新能源补贴政策，将延期至 2022 年。其中规定售价达 30 万元及以上的车型，将不能享受新能源补贴。单看这条规定的话，蔚来汽车从 ES6 到 ES8 所有车型售价都高于 30 万元。但还有一条规定，即拥有换电模式的车型，不受价格限制影响，这使得蔚来成为最大赢家。目前采用换电技术的车企，仅有蔚来一家。这是一条专属于蔚来的条款。此后，蔚来汽车在资本市场上一直领涨中国新能源汽车，当日股票即上涨 3%，到 11 月底已经上涨了 5 倍。

技术层面上的大招是决定性力量

爱拼才会赢，企业在前期技术上不敢拼，后续产品就不能拼。

熟悉华为的读者对分布式基站、多载波、SingleRAN 等都耳熟能详，甚至流传着一个算法就实现了 SingleRAN 的说法。实际上，这些产品之所以能长时间发挥攻城拔寨的效果，是因为有背后众多的技术进步做支撑。GSM 多载波技术曾是世界公认的难题。"当我们为中国的移动客户部署 GSM 多载波设备时，除了华为，没有任何一家厂商能做到满足标准协议的要求。"无线 Fellow 吕劲松表示。多载波技术、宽频能力、导频共存等众多技术实现突破，才能在保证性能和成本的基础上，实现 SingleRAN。

进入无人区是实现技术断裂式领先的重要途径。与三星提前 10 年进入无人区然后获得 OLED 屏的绝对优势相似，华为无线在 1998 年第一个自主 GSM 局点刚刚开通之际，就启动了WCDMA 算法与芯片预研。从此华为无线的芯片一发不可收拾。

防止颠覆

颠覆意味着原有的巨头相争或一家独大的格局被推翻，意味着巨头的陨落。说起颠覆，许多人第一时间想到的是柯达或诺基亚。

柯达曾经在 1997 年以 310 亿美元达到市值的巅峰。但从 2000 年起，胶卷的需求出现停滞，公司陷入困境。直至 2012 年1 月，柯达正式提出了破产保护申请。曾经辉煌的胶卷帝国轰然倒下，享年 132 岁。

但和公众的认知不同，柯达并非没有积极转变，只是原有的业务范围和优势限制了它的能力与视野。柯达本质上是一家化学公司，主业务是胶卷；它还是一家服务公司，有最多的冲印专业店。但柯达基本不能算作一个相机公司，它聚焦在一次性相机这样的低端市场，份额不超过 5%，还受到拍立得的侵权起诉与围剿。所以，颠覆胶卷产业的是数码相机，但挤压柯达主营业务的是存储卡与打印机。

柯达在数码相机上积极转型，但缺乏研发、生产相机的基础积累。20 世纪 90 年代，柯达在数字化中投入了超过 50 亿美元，并在 2000 年成为美国的第二大数码相机品牌。之后，柯达于 2003 年 9 月发布新战略，放弃传统的胶片业务而将重心转向数字产品。但能力的强弱早已发生转变，数码相机后来的王者如尼康、索尼和佳能等，本来就是胶片相机或电子领域的强者。而柯达的数字化收入仅为 2 000 万美元，每售出 400 美元，它就会亏损 60 美元。

柯达的核心能力在化学能力与冲印渠道。2000 年 8 月，52 岁的新任 CEO 邓凯达说："我们碰巧正处于爆炸式增长的行业。数字意味着更多照片。随之而来的是越来越多的输出。"因此，柯达选择充分利用冲印渠道，与惠普合资为冲印店生产价值 60 000 美元的喷墨照相微型冲印机。不幸的是，大众在数码时代更多地选择在硬盘内保存照片，在屏幕上查看。虽然照片打印服务仍然存在，但相对于胶片时代已经大大萎缩。

我们再回过头看这场从胶片到数码影像的革命，会发现被革命的仅仅是柯达与富士这类胶卷厂商。这场革命几乎完美地避开了它们的纵深强点。它们经历了从胶片上光感化学到集成电路上电子光感的革命，经历了从化学显像冲印到集成电路存储的革命。而数码相机厂商只是经历了从模拟到数字的换代升级。宾得、尼康、徕卡、佳能、美能达、奥林巴斯等，凭借镜头与相机机身的传统优势，几乎都顺利延续到数码时代。由此可见，在颠覆性趋势上有纵深积累的企业有更强的生存能力。

颠覆主要有三种类型。第一种是视野之外，即企业根本没注意到颠覆的萌芽就错过了最好的遏制或进入时机，然后就被行业外或过去认为的小变化颠覆掉了。第二种是能力之外，即颠覆发生在企业的纵深能力之外，迫使企业与创新者站在了同一起跑线上，甚至更落后一些。第三种是路径依赖，即企业看见颠覆性趋势，但抓住新的小机会就会损害自己现有的大业务，面临"早做早死早超生"的尴尬境地。实际的颠覆情景往往是其中两三种颠覆的复合体：颠覆刚出现时看不到，看见之后不想做，不得不介入时却发现能力不足，抓不住。企业自然也需要多重方法来应对颠覆。

应对视野之外的颠覆

事实上，很少有真正完全在企业视野之外的颠覆。大多数情况下，企业只是视而不见。前面案例中的柯达，正是世界上第一个用CCD（电荷耦合器件）成像技术制造出数码相机产品的公司。然而，也许是技术成熟度的原因，也许是出于对现有业务影响的考虑，也许是对其高不确定性的考虑，柯达始终没有决定性地发力数码相机。

知道实际的结果之后，去苛责巨头们应对颠覆的策略，是非常不公平和不切实际的。要知道，哪有这么多颠覆？一个行业里，几十年才会有一次颠覆，但每年都会有多个关于颠覆的误报与早报。一个成熟的应对策略，绝不是胡乱地投入，浪费企业的财力、人力和物力，甚至把不可能的颠覆推成真正的颠覆，但也不能迟迟没有反应。分级预警应对的机制至关重要！

华为无线在每年的战略规划中，都会从政策、产业、市场、周边产品与技术等多个角度分析战略风险，尽量扩展视野。与大多数风险管理方法相似，其基于发生概率和影响大小对这些风险进行分类处理。

针对大概率、大影响的风险，成立跨部门的战略专题研究并部署应对之策。

针对小概率、大影响的风险，制定多级应急预案，并监控风险变化情况。

针对不确定性高的风险，成立战略蓝军或技术蓝军进行模拟推演，并给出应对建议。

每年审视刷新战略级风险，并全年跟踪风险项的变化，分级预警。

应对能力之外的颠覆

说起柯达，就不能不提富士。同样是胶卷巨头，同样面临数码风暴的颠覆，富士却成功实现了转型。其应对策略与柯达多有相似，但从细微之处可以看出更多门道。

延伸纵深，充分发掘原纵深核心强点优势的应用范围

取舍的不同带来了不同的结果。柯达选择全面放弃传统胶片业务，保留冲印渠道。而富士坚持认为胶卷技术是富士公司的核

心优势之一，勠力提升感光材料生命力，提升胶卷感光层微细颗粒的细腻度，将胶卷成像水平提升至数码技术无法比拟的程度，从而实现了在医学成像领域的持续发展。

另外，富士胶片于 2007 年在护肤美妆领域推出的化妆品"艾诗缇"，更被认为是富士胶片将原有核心技术运用于不同市场并商品化的典型案例。

多元布局，降低颠覆出现在纵深能力范围外的概率

尽管富士的胶片核心业务同样受到剧烈冲击，但它的转型之路并非完全在纵深之外从零开始。其后来被商业界津津乐道的高精医疗胶片、数码相机以及文印业务转型，其实都源于前期的多元化布局。

医疗业务不陌生——1993 年，其收购了千代田医疗株式会社 51% 的股份；1999 年，其推出 Synapse 医用影像信息网络系统和 Sapientia 全数码内镜系统。

相机业务不陌生——1940 年，其成立以富士龙品牌为主的富士光学镜头公司；其相机业务始于 1948 年。

打印与文件业务不陌生——1962 年，其与兰克施乐联合成立富士施乐，从 1973 年开始自行研发静电印刷机及其他设备。

记录媒介不陌生——1987 年，其在德国成立了生产 CD、DVD、VHS 和软盘等记录媒体的制造工厂 Fuji Magnetic GmbH。

学会放弃，通过止损保存力量

当原有业务受到巨大冲击快速萎缩时，企业会被巨大的固定成本拖垮。学会适时放弃、及时止损才是明智的选择。

2006 年 1 月，富士胶片宣布计划裁员 5 000 人。富士胶片不顾巨额补偿，大幅收缩胶卷业务规模，回购特约服务店的营业权，累计花费了 2 000 多亿日元改造经营架构。后来，富士转型的主要掌舵者古森重隆也感到庆幸地认为，如果过于犹豫不决，后果将无法想象。

拥抱创新，一旦认清就大胆投入和并购

在确定数码影像行业（数码相机等）是未来业务重心板块之后，富士就大力推进数码技术的自主研发。依托从 1999 年就开始持续创新的 super CCD、适配数码相机的富士龙 EBC（电子束镀膜）镜头和自主研发的 RealPhoto 影像处理器三大自主研发项目，富士在数码相机领域独树一帜，成为主流品牌之一。

此外，从 2006 年起，富士在喷墨、医疗器械、制药等领域投入近 7 000 亿日元，大胆并购了约 40 家公司。因此，富士胶片才能抓住新领域的发展脉搏，迅速推出相关产品。

应对路径依赖的颠覆

巨头们原有核心业务利润率高，市场占有率大。强化核心业务在逻辑上没有任何经不起推敲的地方，但核心业务的强势地位在某种程度上必然会阻碍新业务的开拓和试验。不管是克里斯坦森提出的来自低端的破坏式创新，还是来自周边行业或品类的侵袭，在巨头们的业务开发体系中都会受到原有强势业务的遏制。

应对的措施似乎也绕不过克里斯坦森提出的独立经营模式。

毕竟独立团队虽然对纵深优势的利用少一些，但受到的掣肘也更小，可以不考虑对原有业务的损害而放手一搏。但是，如果独立经营团队光着脚和其他创新者站在同一条起跑线上，如何保证它有更大的成功概率？如何提高原有业务的生存率？

一方面，企业可以参考本节中对能力之外的颠覆所提供的纵深应对策略。另一方面，企业也可以参考苹果公司通过 iPhone 主动对 iPod（苹果播放器）发起的自我颠覆。换个角度，也可以理解为苹果公司在用 iPod 的小市场博取更广阔的智能终端市场，即依托其在 iPod、计算机、互联网的理解优势对智能手机业务发起颠覆之战。

面对颠覆，没有谁能说自己稳赢。伟大的公司都是穿越了兴衰的。企业能做的就是准备好更厚的过冬棉袄，然后"Stay Hungry, Stay Foolish"（求知若饥，虚心若愚）①。

---

① 苹果前 CEO 史蒂夫·乔布斯的名言。

本章小结与自检表

▶ **回顾**

纵深战略在攻防中的应用是基于一个大前提的，即只要一个企业做出创新，行业里的其他从业者就会最终看到，并根据自己的理解、能力基础与特长进行跟随和再创新。因此，在商业的战场上没有长期的蓝海。所有企业都要随时准备着被进攻或者发起新挑战。

领先者的纵深防守主要有以下几类策略。

卡位——在整个产业的价值链上寻找或创造稀缺。企业可以在一定程度上阻滞对手在此领域的跟进，也可以抵消在某些方面的劣势。

拉高入门标准，减少竞争——在多个层面拉升客户的基本期望值，将竞争冲突更多地聚焦在品质上，减少恶性竞争。

主动区隔，限制竞争范围——主动进行业务多元化、多产品、多细分市场的区隔，减小遭遇竞争时波及的范围。

分散承压力度——有意识地影响客户购买决策的评价原则。从比拼单点性能到比拼综合体验，从比拼单产品到比拼体系生态，从比拼单次购买到比拼存量黏性。

影响产业规则——设计产业结构和生态位，在一定程度上限制对手的进攻轨迹与节奏，以提前规划好应对之策。

纵深进攻则与纵深防守针锋相对，有如下要点。

选择宽广突破口，协同进攻——在影响足够大的宽广市场上发起竞争突破，使对手无法有条不紊地应对；协同发力推动客户在购买决策时聚焦到企业优势点上。

梯次突破，扩大纵深优势——连续胜利，而不是一次领先。这样才能彻底打乱对手的防守节奏与响应计划。

尽量保证进攻的突然性——留给对手响应的时间越短越好。

阻滞通路——通过进攻支撑点、弱势点而破坏防守方的市场竞争力，从技术和资源层面影响对手的产品支撑力，通过商业模式变革等方式影响对手原有的资金流循环。

避开对手的纵深优势点——协同构建新体系、新联盟或新开源组织来与强者进行直接对抗。共享对手的盟友是产业层面进攻的常用手段。

这些纵深防守与进攻在行业市场发展的不同阶段会不断被用到，但重心有所不同。

创新市场阶段——市场或产品不确定性高，先驱者的目标就是活下去并蹚出一条路来。所以，其策略首先是低代价尝试活下来，即补齐短板、形成循环；其次，跨越体验门槛以触发需求，并找准爆发点，加速创新扩散；最后还要前瞻性部署纵深防守。

百舸争流阶段——市场前景明朗，进入者众多，创新往往从意想不到的地方发生。企业参与产业规则就意味着巨大优势；圈地成功，即建立根据地并构建产品-市场黏性，才能进可攻退可守；最后需要卡位强点，并随时准备发挥韧劲，补齐新的落后。

巨头相争阶段——巨头都有厚实的纵深体系，熟知彼此的手段与优劣，这个阶段的竞争是实力的碰撞。企业需要深化正循环，增强实力，并持续快速进行产品创新，不断胜利，拉开差距，最后抓住升级换代时机，从技术产业层面发起最具毁灭性的变革。

纵深

防止颠覆——颠覆随时可能出现，这时企业被拉回新的起跑线，甚至原有的厚重优势变成负担，没有谁敢言必胜。企业能做的就是展开全感知，分级预警，蓝军分析；成立独立经营团队，拥抱颠覆；原有业务团队利用纵深强点探索新出路，针对弱势环节学会放弃，及时止损。

► 自检表

请读者从自己企业的现状出发，做如下自检与思考。

- 企业的优势强点或特长在哪里？能否围绕这些强点建立起足够的攻防体系？

- 企业的短板是否补齐？能否有效弥补短板，避免遭受挑战就被阻滞整个循环支撑体系？

- 企业是否思考过在产业与市场规则上的影响力？

- 企业应怎样全触点展开，及时感知攻防变换与颠覆的出现？

- 能否用纵深战略框架中的手段优化企业当前的攻防策略？

- 企业战略与布局是否与当前所处行业阶段相匹配？

请扫描二维码
获取本章思维导图

请扫描二维码
回答问题获取勋章

第 8 章

常见纵深结构的学习与应用

●

企业如何设计自己的纵深结构目标与发展路径？

●

独角兽常见的纵深结构

"独角兽"是指成立 10 年内被公有或私有市场投资者估值超过 10 亿美元的企业。2013 年 11 月，美国种子基金 Cowboy Ventures 的创始人艾琳·李在美国科技类博客 TechCrunch 上发表了名为《欢迎加入独角兽俱乐部：向价值 10 亿美元的初创企业学习》(*Welcome To The Unicorn Club: Learning From Billion-Dollar Startups*) 的博文，对"独角兽"做出定义。"独角兽""准独角兽""超级独角兽"就此成为投资者的热点话题。

独角兽的定义就表明了独角兽的企业特征。首先，"10 年 10 亿美元"决定了独角兽是快速成长的企业。其次，"估值"决定了独角兽是由投资者判断的，即由投资者对企业未来的预期而非当时企业的财务业绩决定的。

独角兽的定义所界定的特征，也反映在独角兽的纵深结构特征与循环特征上。

独角兽的纵深结构特征

不同的独角兽当然拥有自己独特的纵深结构，但独角兽的定义也决定了一些共同特征。拥有这些特征的企业，更能满足投资者对企业快速成长的预期。

选择高成长性的市场或者说行业——站在风口

高成长性的市场，用通俗的话来说就是风口。从中美两国独角兽的行业分布来看，多数独角兽企业都是抢先在风口处占据一席之地，并伴随着市场的快速成长而迅速扩张。英国《金融时报》曾在报道中指出，美国的独角兽主要分布在金融科技、网络安全、网络服务和医药卫生等领域；中国大陆的独角兽则相对集中在互联网消费，包括电子商务和随叫经济等领域。

反之，如果企业选择了一个大而低成长性的市场，就需要对原有的强者发动正面强攻。如果企业局限在狭小的细分市场内，就更会面临成长性与抗风险能力的质疑。

选择产业链基本成熟的时机——真正的风口，正确的时机

10 年时限决定了产业链已经基本成熟，这是企业能够快速成长的基本条件。市场可以爆发，产业可以催熟，技术与工艺却一定得积累。因此，独角兽快速成长多是建立在技术链与工艺链已经基本齐备的基础之上。全球知名市场数据分析机构 CB Insights 于 2020 年 11 月发布的统计数据显示，独角兽企业的数

量已达到 500 家。独角兽数量快速增长的重要原因就是，产业链分工更加成熟。相比几十年前、十年前的前辈，独角兽更容易在产业链组合中快速补齐自己或行业的能力短板。

虽然我们现在看到从事人工智能的企业快速成长，但人工智能在几十年前就已提出，当时的人工智能企业早已湮没在历史长河中。如今，机器学习的底层算法有了巨大的进步且是开源发展；计算能力与存储能力按摩尔定律大发展几十年后，已经不可同日而语；大数据公司近十年的快速发展释放了数据处理能力；云计算的成熟则进一步使能远端数据处理与新型商业模式。正是因为产业链上各公司扫除了道路上的各种障碍，商汤科技、旷视科技和云从科技等从事人工智能以及用人工智能驱动的公司才能在风口中崛起。

类似地，荣耀、小米、OPPO、vivo 等智能手机企业的崛起，也是站在国内成熟的手机制造产业链上。在为苹果、三星、华为、中兴以及业已消失的诺基亚、摩托罗拉、波导等手机厂商进行了多年加工制造后，国内手机制造产业链已经成熟，其中操作系统（安卓）、国际和国内的屏幕（三星、京东方）、镜头（大立光电、舜宇、徕卡）、芯片供应商（高通、联发科、海思）以及整机制造企业（富士康、比亚迪）共同造就了智能手机产业。

这一点也可以理解为，独角兽都擅长用成熟产业链补齐自己的短板。

创造概念点

独角兽企业通常能准确地找到一个概念点，并围绕这个概念点不断地赢得市场，赢得估值。这个概念是独角兽进入成长性行业的切入点，可能出现在任何一个层面。

在客户与市场层面，这个概念可以是连接客户关系的创新，例如小米手机连接客户的互联网创新。商业模式创新则是更常见的概念，例如360免费杀毒的交叉补贴商业模式，以及爱彼迎、摩拜单车的共享商业模式。这些商业模式创新依托成熟产业链，改造传统市场或叠加其上，其未来预期更具确定性。

在产品与服务层面上，前面提到的产品"4新"则拥有不一样的概念力。其中定义新客户与新品类有更强的概念力，往往意味着切下一块细分市场或创造出一个新市场，新高度、新维度的概念意义则略显不足。

由于资本对高科技的认同，大多数独角兽企业都会试图创造一些技术概念点来包装自身。但底层技术的孵化成熟周期会很长，所以独角兽的技术深入度多在应用层级。它们是优秀的技术集成者，而非深入的技术研究者。

很多独角兽都是擅长应用先进、热门且已成熟的技术来创造概念的高手。例如，拼多多、今日头条等利用人工智能进行用户分析与内容推荐；爱彼迎和优步等利用互联网与移动互联网建立共享平台。特斯拉这样的公司更进了一步，能够不断组合甚至催熟技术来推出新产品。例如，特斯拉的Model系列的长续航能力是通过电池管理技术叠加成熟的松下锂电池而成功实现的。其还不断应用人工智能来实现自动驾驶功能，虽然远未成熟，但确实走在应用前端。

独角兽企业的循环特征

独角兽的评判标准是估值 10 亿美元。因此，这类企业当下并非一定要有良好的经营性资金流循环。事实上，很多独角兽企业是以牺牲经营性资金正循环为代价的，只为快速获取更多客户，占领更多市场，联合更多资源，进而通过非营利性的市场成长得到投资者信任，实现筹资性资金流正循环。

很多独角兽企业的正循环除了不断强化各关键节点，还有一个重要的作用，那就是不断增强资本对市场和企业的预期。独角兽需要持续强化各种支撑力，促使客户群与市场的快速增长。它们还需要不断证明概念的有效性，并制造新的概念来支撑资本的信任。可以说，走上以筹资性资金正循环为主的道路，就是走上了一条高成长、高压力和高风险的道路。

另外，准独角兽企业（即瞪羚企业）是有望在三年内成为独角兽的企业。它们经过快速发展已经证明了新市场的未来，以及自身的眼光与实力。但其他企业也已经看到这个机会，基本也已进场。瞪羚们还需要证明其持续孵化概念的能力，证明其选择的细分市场足够大，证明其在生态位上的影响力。它们中的少数，最终在强者之战后占据一席之地，才能进化成独角兽。

而每一个主要的技术浪潮都催生了一个或多个"超级独角兽"，即随着时间的推移，其市值超过 1 000 亿美元的公司。远有互联网时代诞生的脸书、阿里巴巴与腾讯，近有移动互联网与人工智能时代的字节跳动，它们都是一个时代的超级独角兽。超级独角兽是一个技术浪潮与一个巨大市场的胜利者。它们与稳扎稳打的巨头一样，都建立了比较完备的纵深战略体系。

最后，要强调两点。第一，高速增长不可能一直持续，独角兽的后独角兽时代一定会到来。独角兽必须在此之前构筑厚实的纵深体系与经营性资金流正循环，并逐步将重心从对资本的迎合转移到用户体验与技术积累上。第二，并非只有独角兽企业才是好企业。专注于底层技术的企业、ToB 企业和传统行业内的企业等慢成长企业都很难成为独角兽。它们即使稳步成长，经营远超部分独角兽，也较难获得资本青睐。但这并不妨碍它们成为好企业，甚至是伟大的企业。

隐形冠军常见的纵深结构

德国管理大师赫尔曼·西蒙于 1996 年出版了第一本关于隐形冠军的书之后，他仍持续刷新隐形冠军的定义指标。在 2019 年出版的《隐形冠军：未来全球化的先锋（原书第 2 版）》中，他对隐形冠军需满足的三个标准条件定义如下。

（1）世界前三强的公司或者某一大陆上名列第一的公司。
（2）年营业额低于 50 亿欧元。
（3）不为外界所知的。

从这几条标准条件定义中，我们可以看出隐形冠军和独角兽的明显区别。

首先，独角兽的定义标准是"估值"，换句话说就是站在投资者的视角，去衡量企业是否达到独角兽标准。而隐形冠军的第一个标准条件是"排名"，更多的是从竞争视角与经营视角去衡量。

其次，独角兽追求的是 10 年 10 亿美元估值的快速增长，而隐形冠军的条件是营业额不能超过 50 亿欧元。赫尔曼·西蒙特别强调，隐形冠军在营收上设置的 50 亿欧元是上限，而不设下限。即使在仅有两三亿美元的狭小市场中，也可以成长出隐形冠军。

顾名思义，隐形冠军有隐形的特质。与独角兽多属于 ToC 行业，为公众和投资者所熟知不同，大部分隐形冠军都属于 ToB 行业。它们即使身处消费者或服务领域，也多是隐藏在产业链后端。企业在价值链上越靠近消费者，其需求和市场波动频率就越大；而企业在价值链上离最终用户越远，则波动频率越小。因此，隐形冠军有更充裕的时间来积累技术与打磨产品。

总的来说，隐形冠军的特征就是专注、全球化、冠军与稳健。这些特征同样也会反映在它们的纵深结构特征与循环特征中。

隐形冠军的纵深结构特征

冠军，体现在极致的份额，还体现在占领高地

按照《隐形冠军》中的统计，2/3 的隐形冠军是世界冠军。它们持续耕耘再加上全球化经营不留空隙，为企业争取份额优势奠定了竞争力与空间基础。部分隐形冠军甚至占据了其目标细分市场 100% 的份额。尽管份额的绝对第一不是成为隐形冠军的必要条件，但确实能让企业的竞争格局更加稳固。

"冠军"更体现在对高地的占领上。《隐形冠军》中的"优质

客户"基本与纵深框架中的高地相符，即能起到旗帜作用的高价值客户。企业获取这类客户不是靠激进的低价，而是靠性能、质量、创新与价值优势。高地优势带来的不仅有市场示范效应，还有更高的毛利与利润，更有企业持续迭代产品与技术的拉力。

专注于单一市场或产品

赫尔曼·西蒙教授认为，当前中国隐形冠军与德国隐形冠军的主要差距在"专注"上。德国的隐形冠军更多地专注在狭小市场与单一产品上，而不少中国隐形冠军在专注与多元化之间徘徊。隐形冠军的专注，一方面体现在经营范围的保守。它们既不会轻易扩展产品线，也不会轻易去发展其他非目标客户群。另一方面，隐形冠军专注于深入理解其细分市场当前的需求与未来的发展，以及专注于在满足客户需求的技术和产品之上持续迭代与发展。

从纵深战略框架视角看，隐形冠军的专注能够帮助企业力出一孔，建立有足够底蕴的优势。长期的专注与市场份额的领先，使得隐形冠军在产品性能、质量与成本控制上同样持续领先。持续创新加上长期的生产技能与技术迭代积累，使隐形冠军的产品层与技术层既强又韧。

但隐形冠军的专注也带来隐忧。它们的产品与市场纵深宽度不足，在面对市场颠覆时其抗风险能力严重低于多元化企业。因此，德国的隐形冠军选择了下面两种应对方式。

一是以客户需求或目标客户群体定义市场。

"应用 / 客户需求以 63% 的比例在定义市场的标准中占据最

重要的位置。排名第二位的也是与客户导向相关的一个准则，即客户／目标群体。"①这样的市场定义方式，促使隐形冠军将战略更聚焦于客户。它们以持续满足客户需求为目标，而非盯着某个产品或某项技术去持续扩展应用场景或范围。这样，它们就能持续跟踪目标客户群的需求发展变化，不断优化产品、积累技术来应对这些发展与变化。另外，它们还通过长期的高质量的产品供应与合适的性价比，保持长期稳定的客户关系。

这是一条艰辛的道路，需要长期在产品与技术上保持投入和创新。这也是一条容易的道路。长期稳固的客户关系背后是最宝贵的客户信任。

二是全球化布局。

"地理区域对于这些在全球范围内开拓业务的公司来说意义有限。隐形冠军早已摆脱了发源地的地理束缚，向全球化大步迈进。它们眼中的市场是整个世界或者至少是它们所处的大陆，而不仅仅是它们所处的国家。"②

赫尔曼·西蒙教授认为，全球化可能是企业最重要的增长动力，甚至超越了创新。他认为，只有专注才能持续进步发展，才能成为业内顶尖的企业。但专注往往导致细分市场空间狭小，企业的营业额与利润受到挑战，并影响到对研发、生产的持续改进的正循环。所以隐形冠军往往通过全球化来最大化市场空间，获得实现正循环的必要规模。而在纵深战略框架体系中，全球化的

---

① 赫尔曼·西蒙，杨一安．隐形冠军：未来全球化的先锋：原书第 2 版 [M]. 张帆，吴君，刘惠宇，等译．北京：机械工业出版社 .2019.

② 赫尔曼·西蒙，杨一安．隐形冠军：未来全球化的先锋：原书第 2 版 [M]. 张帆，吴君，刘惠宇，等译．北京：机械工业出版社 .2019.

意义远不止于扩大市场规模，也不只是应对区域市场波动的蓄水池，而更是对企业全方位的能力拉动。

华为从2000年开始大规模出海。国内市场与亚非拉市场逼着华为降低成本，提高易用性；日韩欧美等市场逼着华为提高性能与质量；印度、非洲等市场逼着华为实现极低总拥有成本。同时应对这么多市场，还会逼着华为提升内部效率，对组织、产品与技术架构进行优化。全球化的布局之下，华为能更高效地寻找到合适的高校、研究机构。再加上分布在全球的数十个联合创新中心与研究所，华为能更准确地把握未来技术与需求趋势，增强整体技术实力，并联合验证各种新产品、新技术的可行性和价值。

简而言之，全球化是对全球市场与资源的重新整合和利用，是企业各层面上开启的更大循环，帮助企业避免在狭小领域里内卷化循环。

隐形冠军的循环特征

稳健的经营性资金流循环

与独角兽倾向于走筹资性资金流循环并快速发展相反，隐形冠军选择的是以更稳健的经营性现金流正循环为主。其资金流的循环也多采用传统的模式：产品／技术→市场→经营性现金→产品／技术。

几乎所有隐形冠军都会因其全球化的销售而拉动增长，也会因持续创新而获取更高份额。还有很多隐形冠军通过创新发掘出新细分市场，并在其中占据统治性地位。

而且隐形冠军更强调持续增长。它们宁可放弃跳跃式增长的机会，也要保证增长的可持续性。在德国，一些隐形冠军甚至会把它的增长率控制在 10% 左右。其目的有二：一是避免突然的扩张导致市场与生产、研发的脱节，避免由此影响到客户需求的满足能力；二是避免因市场短期向上抖动而增加产能，从而减轻在市场正常化或颠覆时的包袱。例如，特制钟表公司辛恩，一直刻意把公司的销售增幅控制在 7%~10%，因为这是其认为的最持续稳定的健康增长幅度。

深度循环——持续创新，积累技术底蕴

没有持续创新，就没有隐形冠军的持续成长。所以隐形冠军们非常强调循环深度下沉，即循环对纵深结构、持续创新和技术积累的哺育。

强化资金流向产品研发与技术研究，是基础中的基础。"普通企业 3% 的预算花在研发上，全球 1 000 强它们的研发费用占比增到了 3.6%，隐形冠军平均在研发上投入 6%。"[①]

另外，因为专注于具体的细分市场与产品技术领域，以及全球化触点展开感知客户需求，所以隐形冠军实现了更高的创新效率。"隐形冠军每千名员工的专利数相对于大型企业的数字是 5 倍。大型企业每千名员工专利数是 6，隐形冠军是 31。每项专利所耗费的费用，大型企业比隐形冠军要多很多，大型企业是

---

① 西蒙顾和公司 CEO 席乐克：怎么成为隐形冠军？中国的隐形冠军与欧美的隐形冠军有何不同？[EB/OL]．（2016-11-16）．https://www.sohu.com/a/119160221_479806.

271.3 万欧元，隐形冠军是 52.9 万欧元。"①

读者读到这里可能会感觉很眼熟。没错！从某种意义上来说，华为无线就很像一个大隐形冠军。华为无线以客户为中心，聚焦于运营商基站市场，基站业务收入占比超过 80%。华为无线在全球化展开，瞄准并获取跨国运营商价值高地，实现了全球份额领先。华为无线还长期保持 10% 左右的高研发投入率，不断发布创新产品与积累技术，在 5G 专利数上领先。华为无线还强调持续有效增长，不因一时暴涨而牺牲长期持续的收入与利润增长。华为无线营收超过 200 亿美元，基本达到世界 500 强门槛，但几乎不为公众所知。对前面提到的专注与多元化的困扰而言，华为无线业务专注于通信基站，确保竞争力风险最低，而华为业务多元化发展，应对市场变化风险。

中国制造要想由全变强，就应多向隐形冠军学习。有志于向隐形冠军发展的企业需要记住隐形冠军的特征与其纵深结构的特点。企业不能满足于对低端市场和国内市场的占领，而要勇于全球化并向高地发起挑战。企业依托中国强大的产业链与生产能力没有错，但别忘记加深循环积累技术优势和持续创新。

行业巨头与领导者的纵深结构

行业巨头的纵深结构特征

顾名思义，行业巨头首先要具有巨大的规模，并且在其所

---

① 西蒙顾和公司 CEO 席乐克：怎么成为隐形冠军？中国的隐形冠军与欧美的隐形冠军有何不同？[EB/OL].（2016-11-16）. https://www.sohu.com/a/119160221_479806.

在行业中位于头部位置。从 2020 年《财富》世界 500 强榜单看，行业巨头的营收规模门槛已经达到 250 亿美元。其实，在前文提到的超级独角兽与部分大隐形冠军也可以称作行业巨头。例如脸书、字节跳动、SAP（思爱普）等公司，其行业地位不言而喻，规模也达到或接近门槛。凭借其规模与行业地位，行业巨头们的一举一动不仅影响行业风向，而且影响着全球格局。

行业巨头的纵深与循环结构呈现"三多一全"的特征，即多强点、全面、多循环、多元化。

（1）多强点，全面，无明显短板——在"巨头相争"一节中我们已经提到，巨头都是竞争之后的幸存者。所以，它们都有自己的强项，也拥有了较全面的纵深布局。

首先，巨头都有坚实的市场基础，毕竟市场规模是成为巨头的基本门槛。它们的规模与份额优势是建立在足够大的可参与市场空间之上的。它们大多是参与全球竞争的跨国巨头，或者像中美两国企业那样拥有巨大的本土市场。

其次，不同行业的巨头也有自己的独特优势强点。有的拥有低成本优质资源，如沙特阿拉伯的阿美、澳大利亚的必和必拓等。有的则拥有强大的研发能力与销售渠道，如拜耳、辉瑞等医药企业。更多的巨头同时拥有市场、产品、技术、产业多层优势，如苹果、英特尔、微软、三星等。

最后，这些巨头可以凭借资金与规模优势在多年竞争中逐渐全面布局、补齐短板。以 2020 年《财富》世界 500 强企业为例，其平均利润为 41 亿美元，91% 的企业利润为正。即使经营状况暂时不利，巨头也可以利用其资产、规模获得筹资性资金。而且，巨头的规模也是同一生态系统内供应商伙伴与生态伙伴的共同生存基础，它们在共同战斗。

（2）多循环——巨头至少建立了三条顺畅的基础循环。

第一条是资金流循环。从巨头的经营情况就可以看出，大多数巨头都建立了稳固的经营性资金流循环。毕竟到了百亿美元的规模，单靠筹资性资金是难以长期维持的。

第二条是优势点到市场的支撑力-理解力循环。正是依托这个循环，巨头才能成长为巨头。我们见到过很多因高端客户、高端订单而拉动自身生产能力与技术进步的案例。例如，苹果订单拉动了富士康的手机代工能力，台积电在给高通、华为、超威半导体公司的代工中不断提升制程技术直至全球领先。

第三条是规模到产品、资源的循环。不会发挥规模优势的巨头不是好巨头。在"支撑力是各层面协同强力响应的关键"一节中，已经详细阐述了如何发挥与放大规模优势。巨头对规模的优势更体现在降低全价值链的成本与费用、增强客户信心加速创新扩散、吸引伙伴加入等上面。

（3）多元化——巨头普遍呈现多元化特征，因为有三个必要性。

第一是打破增长天花板。企业聚焦在狭小细分市场，固然更容易获得优势竞争地位，但发展的天花板也很明显。所以大多数企业在发展到一定程度之后，都会尝试多元化以扩大可参与市场空间。例如，我们前面提到的大隐形冠军SAP其实也在不断地多元化。其业务范围最开始仅集中在自动化财务会计以及交易处理（SAP R/1）上，之后又扩展到生产、进销存和人力资源管理，2000年后其增加了客户关系管理（CRM）、供应链管理（SCM）

与产品生命周期管理（PLM），2010 年后 SAP 开始云化并针对中小型企业与大型企业推出不同产品和服务。

第二，多元化是企业提升纵深效率、创新效率的自然思考。企业建设纵深强点与韧劲是持续的大量投入。一旦过了高速增长阶段或到达市场极限，企业就会发现进一步强化原有业务的优势所带来的边际收益，远小于充分发挥纵深优势而多元化带来的边际收益。企业的技术积累可以重新组合叠加，更快速地创造新技术与新产品；产品组合可以得到更强的协同竞争力；复用渠道、品牌优势，可以降低多元化产品的推广难度与营销成本；更多元生态伙伴的协作可能产生更多的化学反应。

第三是安全。如前所述，多元化的巨头在抵御市场风险与颠覆性风险时更具生命力。

行业领导者的纵深结构特征

行业巨头尽管在份额上领先，规模巨大，还可能在某种创新上领先，但并不一定是行业的领导者。所谓行业领导者，是指那些在行业中有定义权和选择权，能够引领整个行业或产业前行的企业。领导者的选择决定了产业的方向、节奏以及整个行业的水平。我们不能把行业领导者和领先者给混淆了。

华为无线掌握部分定义权，并且正在努力尝试承担起领导者职责的路上。华为无线从 2004 年开始就通过分布式基站、SingleRAN、AAU、LampSite 等不断定义基站的产品形态，在标准领域推进 M-MIMO、Polar 码……定义 4G 与 5G 网络。如果说华为无线拥有产品形态和网络方向的定义权的话，那么华为无线在做大空间并引领整个产业良性发展上仍处于尝试状态。虽然华为无线已经做了很多领导者应承担起的工作，如推动 NB-IoT、C-V2X 等标准并与行业合作实际应用，又如从标准层面与实操层面同时推动 5G 行业应用，但是这些工作能否带给产业巨大发展，还需要时间的检验。

从三星与苹果的对比中，大家或许能更清楚地理解领导者以及定义权和选择权的含义。三星公司在智能手机行业中以 22% 的份额，成为当之无愧的行业老大。但谁是智能手机行业的领导者？我想绝大多数人脑海中冒出的答案都是苹果公司。

因为 iPhone 就是行业的标准，代表了高水平，余承东才会在微博中说"华为手机的手势导航，单手操作比 iPhone 更方便"，在 Mate 40 发布会上说"其他厂商（苹果）不久前刚刚推出 5G 手机，而华为已经做到第三代 5G 手机了"。雷军才会在小米 10 周年公开活动上讲"iPhone 这两三年真的不怎么求进取"。他们都在与 iPhone 对比，而没有与三星手机对比。

苹果的定义权与选择权还体现在对流行的定义上。刘海屏难看，挖孔屏难看，iPhone 做了就不难看。安卓手机首先实现大屏幕、多摄像头、分屏多任务、画中画等功能，但这些在 iPhone 实现之后才成为行业标准。

像苹果这样的行业领导者，其定义权与选择权来自其长期领先后赢得的客户信任与行业对手的信任。可以说，这就是品牌的至高境界。领导者的纵深布局呈如下特征。

产业开拓者的地位与品牌形象。就像 iPhone 定义了智能手机、平板、无键盘、触摸屏、开放 App 等的长期形象。

占领高地，并成为意见领袖。即使身处低端市场或某个细分市场，也对用户中的意见领袖有强力影响。

有深厚的技术积累与合作创新能力，持续不断地推出高质量与创新产品。

综合客户理解、产品研发韧劲与技术合作创新，将已出现或未出现过的创新推进到真正满足用户体验或价值的高度；持续的市场份额领先。

拥有对标准的定义权（在强标准的行业）。

领导者能引领方向与节奏，最关键的原因是它的选择能惠及整个产业或行业。领导者无一不是在产业与生态层面超强的企业。企业的成功会给客户、生态伙伴与价值链伙伴带来利益。而领导者的成功会做大产业空间，找到新方向、新市场或者延续产业的增长，从而让同生态位的竞争对手也能获利。iPhone 的伟大之处在于，它同时激活了管端云中的端和云两侧，让找不到杀手级应用的 3G 网络终于有了用武之地，真正激活了宽带移动通信市场。电信运营商，电信设备商，App 开发者，华为、OPPO 等智能手机厂商都能从中获益。

同样地，特斯拉通过与松下、LG、MobileEye 等合作，陆续推出 Model X、Model Y 与 Model 3 等系列车型，将整个电动汽车推进现实。它的成功提升了公众对新能源汽车的接受度，改善了营商环境。比亚迪、蔚来等中国新能源汽车厂商一方面面临巨大的竞争压力，另一方面因特斯拉的成功而信心大增，并受惠于标杆对方向的指引。

总的来说，行业领导者除了拥有极强的创新实施能力外，还能最精准地把握体验或价值要求的门槛，让创新真正实用化。而且，它能通过产业和生态布局，协同整个产业把它的见解理念推

动起来。最后，行业领导者能够用一贯的成功，带给所有人信心
与收益。

不同生态位企业的纵深结构

企业的纵深结构不仅受行业属性与自身竞争地位的影响，还受限于自己所处的生态位。在本节中，我们将以移动通信产业为例，解剖各生态位企业的纵深结构。因为企业的循环结构与其原有基础的相关性更大，所以本节主要剖析纵深强点的分布特征。

要想理解移动通信产业中各生态位的纵深结构，就必须先对产业的生态位框架有一个总体了解。如图 8-1 所示，用户握在手中直接接触和使用的是智能手机与安装在其上的 App。用户虽然与运营商有交易行为，但只能通过 App 和手机来使用网络。而移动通信设备商是运营商的网络解决方案供应商，智能终端CPU 厂商是手机厂商的器件供应商。它们位于价值链后端，并不直接面对最终用户。

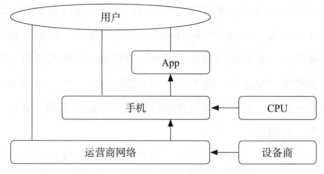

图 8-1　移动通信生态位框架图

移动通信运营商的纵深结构特征

移动通信运营商对强点的要求如图 8-2 所示。

图 8-2　移动通信运营商的纵深结构强点特征

客户与市场层——规模效应明显

用户对网络的需求是明晰的，即高速、可靠且全程全网一致的体验。因此，运营商理解客户的重点就在于理解不同用户群如何在资费与流量网速之间综合权衡，即如何通过套餐资费设计来吸引并留住用户。但资费设计是公开的，竞争对手彼此之间会相互学习，因而并不能持久拉开差距。

运营商网络的市场规模效应极为显著。除了支撑品牌与降成本等一般的规模效应，市场规模越大，运营商单位站点服务的用户数就越多，分摊到单个用户的成本就越低，运营商就越有钱建设并维护更多的站点。而站点数越多，网络的覆盖质量就越好。

因此，领先的运营商较易进入规模越大，质量越好，成本越低，对用户吸引力越大的正循环。

产品与服务层——产品（网络）是拉开差距的关键

随时随地高速可靠的网络，要求明晰却不简单。网络环境复杂多变是主因：有高楼、平房、地下室、道路、树林、开阔地等不同地形，也有人员密集或稀疏的话务场景，还有人员流动带来流量波动变化，满足复杂要求之后还会有价格要求。同时，由于公众的反对以及私有物业，运营商还要直面获取站址困难的障碍。所以，提供一个优质低成本的网络既是一件高难度的事，又是运营商展开更多市场策略拉开差距的关键。

技术与资源层——选择优质设备商并获取服务倾斜是网络质量的支撑

移动通信网络的质量严重依赖于设备商的设备，以及相关的网络规划和优化服务。良好的设备系统，能帮助运营商降低站址获取难度，优化覆盖，提高网络速率，减少网络故障中断时间，提升网络运维效率和降低能耗。所以，华为无线才用"帮助客户商业成功"来要求产品与服务。

当然，运营商的运营运维人员的技能与管理效率，对其降低整个网络运营成本也很重要。这也是运营商之间拉开竞争差距的重要因素之一。

产业与生态层——未来行业数字化大潮下，生态重要性将会上升

App 商提供的业务又叫 OTT（Over The Top），即在网络管道上空掠过，其业务和获得的收入都与网络无关。但运营商也找到了一些和 App 捆绑合作的模式。例如腾讯与中国联通合作的王卡套餐这种形式，确实可以在一定程度上帮助运营商获取更多低 ARPU（每用户平均收入）值用户。而随着 5G 向行业延伸，还可能会产生更多的合作形式，如定制网络、私有化网络、虚拟网络等。

基站设备供应商的纵深结构特征

身处快速发展而复杂的工业品生态位，基站设备供应商对强点的要求多而高，如图 8-3 所示。

图 8-3　基站设备供应商的纵深结构强点特征

客户与市场层——两个都重要，客户理解力循环是竞争力的基础

如前所述，虽然最终用户要求清晰简单，但运营商网络的网络部署极其复杂。这导致运营商对设备商的设备与服务要求很高。此外，不同运营商的频点分配、频谱带宽、流量密度也是千差万别。所以，设备商必须对运营商的资源能力、经营状况、网络规划、运维流程有非常深入的了解，才能够做好服务与产品。

工业品市场除了对产品质量有要求，还重点考量供应连续性。运营商的采购金额巨大，动辄上千万、上亿美元。因此，他们的采购行为会非常慎重。他们会根据设备商的经营状况与销售规模，评估其供应连续性风险对全程全网建设的影响。特别是在采购新型设备时，他们会尽量参考对比设备在其他网络的实际应用效果。规模较小的设备供应商在这个评估项上处于绝对劣势。所以设备商需要在市场层面占据份额、高地与根据地的优势。

产品与服务层——产品是重中之重，服务支撑产品价值充分发挥

通信设备的产品能力差异，会给运营商带来巨大的经济价值差异，所以产品优势是设备商竞争获胜的关键。不管是新高度、新维度、新客户还是新品类的创新，只要找对方向，都能转换成节约成本、提升流量、发展新业务和新客户的实际价值。

越是复杂的产品，服务配套就越需要跟上。只有得到设备商在前期的网络规划服务，后期的运维服务、备件服务、网络优化服务等持续支撑，运营商才能充分发挥产品能力。

技术与资源层——底层技术是关键支撑，关键器件供应安全的重要性上升

单用户体验的移动通信数据业务峰值速率从 1992 年 GSM 的 9.6Kbps 发展到 2010 年 LTE 的 100Mbps，增长了 1 万倍以上，丝毫不输摩尔定律。带宽速率极速提升的背后，是移动通信技术的快速迭代发展。没有跟上底层技术研究的企业在产品开发上就会掉队，也会在市场上掉队。摩托罗拉与北电这样的巨头也不例外。

通信设备的器件供应渠道，原本是通畅无瓶颈的，不是设备商间拉开产品性能与质量差距的关键点。但因美国的打压，供应安全的重要性越来越高，甚至关系到企业的生死存亡。

产业与生态层——促进产业，影响强弱，不定生死

领先的设备商可以推动有利的技术方向，协调技术与频谱的应用节奏，做好提前布局。通信标准是公开协议，频谱分配后对所有设备商开放。领先者更具规则优势，但并不能阻挡其他设备商的进步。

同样的道理也适用于生态。由于通信协议的标准化，端管协同可以带给华为、三星研究与部署的时间优势，但最终仍需要所有设备商与智能终端的支持。

在集群网等行业私有网络应用中，App、终端与网络设备的端管云协同形成的生态体系就是一道铁门槛。其他非生态体系中的玩家，就像 iOS 与安卓体系外的诺基亚与 Windows Phone 一样无助。

智能手机厂商的纵深结构特征

智能手机厂商对强点的要求如图 8-4 所示。

图 8-4　智能手机厂商的纵深结构强点特征

客户与市场层——重中之重，全面布局

智能终端直面消费者，在亚洲地区甚至达到一年一换，已经近乎快消品。智能手机有随身携带、时刻使用、价格不菲等特性。中国的智能手机平均售价为 1 100 元，约占人均月收入的40%。消费者在决策购买智能手机时既谨慎又大方，对面子、里子和票子全都要考虑到。所以品牌营销、渠道建设、口碑传播、市场份额、高地占领和产品质量等要点，都会影响到最后的销售结果。

产品与服务层——不断的"4新"+时尚设计

手机的质量品控是硬要求，大多数消费者不会只为所谓的工匠精神买单。但这只是新进入者的门槛，现今智能手机产业成熟度已经很高，主流企业都可以较为轻松地达标。

另外，手机是个快消品，只有不断推出新概念与新高度，才能吸引消费者的注意力。手机企业一方面需要陆续发掘新维度和新品类，如夜拍、远摄、防抖、无孔屏等；另一方面还需要不断提升到新高度，如CPU跑分成绩、照相机放大倍数等。这些功能与指标中，一些能产生巨大的体验差异，另一些则更多的只是心理感受。因此，智能手机领域的强者必须具备超强的理解客户需求与心理的能力，并能将这些理解付诸营销行动与产品开发。

技术与资源层——垂直分层，难以拉开差距

当前，智能手机产业与PC产业一样，有成熟的垂直分层结构：高通或联发科的CPU、安卓操作系统、三星或其他厂家的屏幕，以及各种摄像头、电池、富士通或伟创力的代工……所以，对多数手机厂家而言，技术深度达到系统集成与板卡设计级别即可。它们拉开差距的关键还落在产品设计以及资源选型与整合的总体集成能力上。

只有前三的手机企业拥有在技术层面拉开差距的基础能力：苹果有自己的CPU和操作系统，三星有自己的CPU和屏幕，华为有自己的CPU和通信模块。

产业与生态层——仅对华为手机是考验

手机的生态体系是基于操作系统的。除 iPhone 外的其他终端大都采用安卓操作系统，国内智能手机企业因而不受 App 生态制约，但也因此不能在 App 生态上拉开显著差距。华为手机因美国打压而被禁用安卓系统服务，而其自研的鸿蒙系统很难在一夜之间就培育起生态系统。

App 开发 / 运营商的纵深结构特征

App 开发 / 运营商对强点的要求如图 8-5 所示。

图 8-5　App 开发 / 运营商的纵深结构强点特征

手机 App 种类很多，其中淘宝、美团等平台类 App 的纵深结构与其行业属性息息相关，就不在这里展开。下文仅就工具、游戏类 App 进行分析。

客户与市场层——存在网络效应，客户获取至关重要

联网对战的游戏以及用户之间需沟通协同的工具类 App，都是有网络效应的。每个 App 就是一个独立的小用户网络。对这类 App 而言，同类 App 的竞争是同一生态位上不同用户网络之间的碰撞。它们会不遗余力地吸引用户并发展用户规模。如果大家注意到 App 的定价模式，就会发现这样一个有趣的规律：有网络效应的 App 更多的是先用免费吸引用户，再寻求通过交叉补贴的商业模式获得收入；而仅针对个人的游戏或工具 App 会更多地直接采用收费或者订阅模式。

产品与服务层——持续硬比拼体验与创新

用户安装使用什么 App 并不会被外人见到。他们下载、使用或购买 App 并不涉及面子，而主要为体验买单。因此，产品质量与创新就变得异常重要。游戏类 App 要能持续吸引客户，就只有不断提供新奇感与成就感再加上流畅的体验。工具类 App 要想在众多竞争对手中胜出，就必须不断根据不同用户的各种需求进行优化。

技术与资源层——带来优势

大多数 App 的性能表现依赖于操作系统和终端硬件，而对底层技术突破没有必然要求。即使有更高质量的引擎，能做出更高显示质量的视频游戏，也不意味着在客户体验中占据绝对优势。

产业与生态层——拉不开差距

大部分 App 同时提供 iOS 和安卓版本，所以操作系统生态对 App 而言就是空气，不可或缺，但人人都可获得。

智能终端 CPU 供应商的纵深结构特征

智能终端 CPU 供应商对强点的要求如图 8-6 所示。

图 8-6　智能终端 CPU 供应商的纵深结构强点特征

客户与市场层——缺乏客户黏性，硬比拼产品

智能终端 CPU 的厂家相对集中，主要有苹果、高通、华为、三星与联发科。其中面向市场销售的只有高通与联发科。但终端 CPU 产业有一个特征是缺乏客户黏性，不得不硬拼产品性能和质量，原因是产品通用性高，CPU 商不掌控规则。所有 CPU 都

是基于 ARM 的授权技术进行开发的，都能适配手机操作系统。CPU 对终端企业而言是生产原料，不留存量。

所以，尽管手机厂商会优先选择消费者认可的、自己熟悉的 CPU 供应商，但如果产品性能差距被拉开，CPU 企业仍然会丢城失地。另外，终端 CPU 设计投片成本巨大，以千万美元计，不能通过规模分摊成本的 CPU 最终都会走向消亡。

产品与服务层——硬比拼新高度为主，偶有创新新维度

CPU 性能比拼的主战场就是 CPU 与 GPU 的跑分。只要 CPU 在通信模组能力、散热能力上不出现 bug（故障）级的落后，就很难改变消费者的评价。而 NPU（神经网络处理器）刚出现，尚无权威的比拼跑分项。

技术与资源层——技术能力决定产品能力

终端 CPU 的产品性能比拼，就是技术层的设计能力与技术工程能力的比拼。尽管当前主流 CPU 都是基于 ARM 的授权进行开发的，但仍然存在发挥技术能力拉开差距的空间。苹果、高通与华为有架构 / 指令集授权，可以进行内核优化。苹果、高通有自己的 GPU 内核设计。高通与华为有自己的通信模组设计。即使仅基于 IP 核授权，也存在搭建组合的设计空间。

在所有终端 CPU 生产都依赖台积电代工的情况下，CPU 代工资源重要且影响供应链安全，却拉不开差距。

产业与生态层——重要，拉不开差距

英特尔从终端 CPU 市场退出之后，剩余的 ARM CPU 厂商都适配 iOS 或安卓。终端 CPU 不能缺少生态伙伴，它们也都不会缺少。

尽管这里仅以通信产业的各个生态位企业为例，但也基本反映了不同生态网络内各相似生态位的共同特征。

越贴近消费者，企业的客户越追求商品的综合价值，即同时关注使用价值、体验价值与传播价值。越远离消费者，企业的客户则越在意商品的经济价值。他们在乎商品能够产生多少收益和需要多少成本。

消费品的多样性更高，变化速度更快。企业的产品创新主要源于对客户与潮流的理解，也部分来自技术的组合与快速应用。

离消费者越远的工业品，其创新驱动越倾向于技术革新。整个生态位的发展有赖于技术的成熟或基础理论的突破。

生态体系的重要程度有阶段性和范围性。在格局未定的初期，生态体系间的竞争是非此即彼的正面惨烈碰撞。就像通信行业从 1G 时代万国制式竞技，北美企业称霸，到 2G 时代欧洲 GSM 领先 CDMA，再到 3G、4G 时代 3GPP 获得胜利，而北美设备商全军覆没。而在生态体系兼容并存时，企业虽离不开生态，但也无法依靠生态进一步拉开差距。就像大多数 App 都同时支持 iOS 与安卓一样。

垂直分层越清晰，越依赖底层组合的生态位，越无法依赖底层拉开差距。企业自己深入底层技术是机会与风险并存的战略决策。企业既有获得差异化优势的机会，如苹果的 CPU、三星的屏幕等；也可能在差异化中被所有其他企业拉开差距，如诺基亚的自有操作系统和英特尔的制造工艺等。

利用纵深框架学习标杆企业

有关成功企业的传记很多，这些传记也解读了很多企业成功的密码，但其他企业的学习效果并不好。学习从一两个侧面解读出的成功企业的突出点，并不能带给学习者成功的必杀技。而且，行业发展阶段不同，企业所处环境不同，同样的策略与举措得到的结果不同。所以，学习标杆企业的战略时，一定要避免简单思维。要看清行业的特征是什么，标杆企业成功的突破口在哪里，以及突破口背后整个结构的协同与支撑。

本节中，我们就一起看看与大家生活密切相关的餐厅的行业特征与纵深结构。就大家直观的感受而言，餐饮业是一个提供食品就餐的相对简单的行业。似乎在海外，只要是个中国人就可以开餐馆。但事实上，餐饮业是一个隐藏在生活中的拥有复杂结构的行业。学海底捞？如果你只学到海底捞的就餐服务与供应保障，当然学不会。餐厅需要做好让顾客看见→选择决策→前往→就餐→评价→让顾客再看见的多个环节。任何一个环节掉了链子，餐馆的经营就会受到影响。这就必须在纵深结构多个层面协同，才能保障每个环节并有机衔接整个链条。

客户与市场层——不难，也难

餐厅在客户层面最重要的目标是打通客户决策链。其中口碑很重要，但不是全部。即使你把海底捞在管理、服务上的经验全都学到，并且有自己的特色，你仍旧可能输在起跑线上，因为还有很多如门店数量、品牌效应这样的重要因素存在。

海底捞在深圳有 40 家门店，门店平均间隔为 7 公里。换句话说，距离你最近的海底捞在 3 公里以内，是一个大概率事件。对以亲友聚会或团队建设为目标的客户群而言，这个距离已基本满足要求。而其他任何一家以火锅为主业的餐饮企业在深圳的门店数量都没有超过 10 家。可以说，其他学习者在被肉眼直接看见的概率以及路途这两个决策因素上已经落后。

所有餐饮企业都会通过各种媒体宣传品牌，也会通过打折、促销以及发展会员增强黏性，通过网络传递口碑，还熟悉引流品、利润品的套路。但当当网内直接以海底捞命名的图书就有 14 种，其中还未包含涉及海底捞的商业案例的图书。

学习者与竞争者如果不能另辟蹊径，那么首先在"看见"与"前往"上就已经落后。

产品与服务层——重点所在，全流程软硬比拼

餐饮业终究逃不过顾客到达店面后享受就餐的硬比拼。而从纵深视角来看，餐厅需要全流程理解顾客在过程中获取的价值与付出的成本。顾客到店后大致经历如下的过程：等候餐位→点餐→等候上菜→进餐→等候结账→结账→离开。顾客在这些环节中可以获得各种价值，包括营养、味觉／视觉／听觉的体验、社交价值与分享价值等。顾客也随时在付出成本，包括金钱成本、时间成本以及因就餐环境、服务或菜品问题而造成其客户或亲友不

满的社交减分风险。

海底捞围绕这些价值与体验做了很多工作。其贴心服务和通过怡海国际的统一供应管理就为公众所津津乐道。例如，围绕顾客在等候期间内消耗时间成本却一无所得这个问题，海底捞的选择是提供小吃、柠檬水和热毛巾，提升体验价值，并准备了手工制作，不仅打发等待时间，还增加了社交价值。海底捞的应对之策是一种好策略，但并不是唯一的好策略。就像快餐店，其做法是，利用标准化流程缩短备餐时间，降低顾客的时间成本，以及利用 App 或小程序让顾客提前点餐，进一步降低顾客的等待时间成本。

此外，餐饮业在食品上同样需要遵循纵深结构中对产品层的要求。

一是保障品质的一致性是必备质量。如果一家连锁餐厅被评价为总店或某家分店最好吃，就很难做大规模。因为这家餐厅在同一城市都不能保证食物品质的一致水准的话，就更难以在全国、在全球保证一致性。统一配送和标准化流程只是手段，学习者要看到保证一致性这个最高目标才能学好标杆企业的技能。

二是需要"4 新"才能持续吸引顾客。有特色并能适合各地的口味，是餐饮业的魅力质量。麦当劳与肯德基在全球的品质都有保障，而且其分布在全球的各分店也针对当地口味进行了调整或提供新菜品。麦当劳在北美的汉堡肉味足但如同嚼蜡，在中国则更加多汁，在泰国与印度则有酸辣口味的汉堡与饮品。好餐厅的菜单总是由经典特色菜、家常大众菜与火热新品菜构成。

技术与资源层——重要支撑，可转换

在技术与资源层面投入以保障食品质量，是一种很有效的手段。快餐厅多引入专门的煎炸装备、温控装置再加上严格的规定与流程管理，从火候上保证食品口味一致。很多餐饮企业还通过集中采购集中配送的方式，解决食材配料的一致性问题。味千拉面、海底捞以及各快餐企业都是如此。

另外，信息支撑技术也能有效改善餐饮业的管理和服务。例如，海底捞的会员系统可以帮助其记录顾客的消费习惯。当顾客借助 App 点餐时，海底捞就知道这个消费者每次都点了柠檬水。这样，顾客刚落座，服务员就会将柠檬水端上桌。

CAVA Grill，这家创立于 2011 年的地中海风味的北美快速休闲连锁餐厅，却登上了《快公司》（ *Fast Company* ）评选的 2018 年最具创新力的 50 家公司的榜单。这家餐饮企业罕见地成立了一个数据科学家团队。其在下单区与座位区部署动作传感器，并根据数据分析调整菜单与餐厅布局，以改善下单速度并扩大餐厅容客率。其还部署音量传感器，以提升客户下单与用餐体验。其利用温度传感器监控食物从配送到成品的整个过程。此外，其通过跟踪食品订购和生产模型来减少浪费。借助数据技术的推动，CAVA Grill 从 2017 年年初的 24 个门店，快速发展到 2019 年的 106 个门店。

虽然一旦发现这样的支撑技术有效果，很多餐饮业企业最终都会引入，但是先引入者可以获得先发优势。它们可以在领先的时间窗里，把在管理与服务上获得的有利地位转换到其他诸如规模、资金、文化等更持久的优势积累上。

从我们解剖的这些案例可以看出：每个企业都有自己的能力基础，与标杆企业之间存在阶段差异或行业差异。学习一个标杆企业的成功经验，你需要站在纵深框架的视角全面审视标杆企业，不只看到它的策略方法，更要看到它面临的本质问题和整体布局。最好再与多个标杆企业进行对比，进而找到或创造出最适合自己的策略与举措。

对比分析纵深战略布局，找准差异化之路

前文提到，最好将多个标杆企业对比分析，学习其纵深布局。本节中，我们选择图书销售这个读者都比较熟悉的行业来分析同一生态位上多家企业的纵深布局及其优劣。通过这样的分析对比，读者更能明白应如何灵活利用纵深结构，避开弱势点，找准差异化的路径。

图书销售行业是一个资源丰富的行业。中国每年出版的图书约为 20 万种。再加上外文原版书籍，多年累积的图书就有几百万甚至上千万种。而图书市场的需求总量也是巨大的，仅深圳市的图书年阅读量就达到 2 亿册。但不管读书的目的是娱乐、获取知识还是发掘灵感，单个读者的读书数量是极为有限的。深圳市 2018 年的人均年读书量位居全国首列，也仅为 18.5 本。

因此，图书销售行业就像一座桥梁，一端连接海量的图书资源，另一端连接海量而离散的图书需求。传统实体书店与网上书店的本质都是，选择图书资源、摆放货架，让读者找到适合自己的图书，并以合适的价格达成交易。

在图书销售市场上，网上书店毫无意外地赢得了与实体书店

的竞争。智研咨询发布的《2020—2026 年中国图书馆 RFID 行业市场供需规模及发展前景预测报告》清晰地反映出该结果。图书的线上销售额与线下销售额在 7 年时间内发生逆转：在 2012 年约为 3∶7，到 2016 年变为 5∶5，到 2019 年则发展为 7∶3。网上书店固然有不够直观的问题，但拥有实体书店无法超越的四个优势。

第一，一个网上书店的图书量可以达到数百万种，甚至接近上千万种，把图书资源用到了极致。而像深圳中心书城这样的超大型书店也不过陈列了 25 万种图书，甚至无法把当年的新书全部摆上书架。

第二，线上的评价系统，把针对一个客户的单次销售转变成了对一个客户群的多次交易，有利于读者找到适合自己读书目标的图书。

第三，网上书店的固定经营成本远低于实体书店，可以支撑更低的销售折扣。

第四，巨大的规模优势可以进一步转化为成本与价格优势。

在建设数字中国的国家政策方针的指导下，数字阅读产业持续不断地向全民阅读发展，并与图文、音频和视频等各种媒体融合。中国数字阅读市场规模在 2016 年达到 167 亿元，到 2019 年则稳步增长到约 300 亿元，约为线上实体图书销售的 52%。

亚马逊作为网上书店与数字阅读的开先河者，无疑是大潮流下的大赢家。但随着国内同行进入市场并在各纵深层级创新发展，线上图书销售与数字阅读市场格局已经完全重新洗牌。亚马逊已经于 2019 年 7 月从中国的实体书销售市场退出，仅保留电子书业务。有趣的是，笔者的阅读消费记录与图书销售行业的格局变迁也基本吻合，如图 8-7 所示。

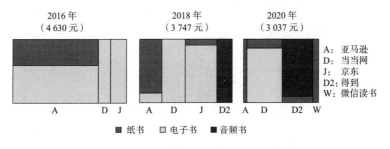

图 8-7　笔者的阅读投资变迁图

2016 年，笔者在纸书与电子书上总共花费 4 630 元。其中，在亚马逊上消费 3 472 元，在当当网和京东上分别消费 514 元和 644 元。

2018 年，笔者在知识获取上的总消费额下降到 3 747 元。在亚马逊上的消费额迅速降到了 896 元，在当当网上的消费额上升到 966 元，在京东的消费额上升到 1 267 元。一种新的消费出现了，笔者在得到 App 上购买听书类服务花费了 618 元。

截至 2020 年 11 月底，笔者在知识获取上的消费额进一步下降到 3 037 元。其中在亚马逊上的消费额降到了谷底，为 152 元。笔者的消费主要投在了当当网与得到上，分别是 1 405 元与 1 251 元。微信读书悄悄出现在消费榜上。

数字阅读正在快速发展，其头部企业也更为集中。所以，此处就不再赘述纸书的销售，主要针对各平台的电子书与听书等新媒体图书业务进行纵深分析，具体如图 8-8 所示。

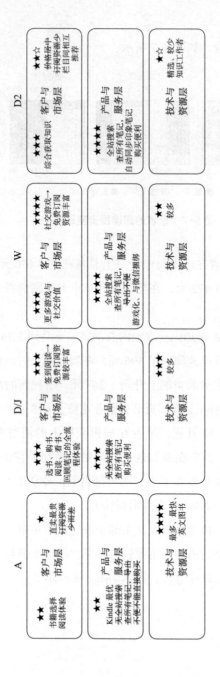

图 8-8 各电子书商的纵深优势对比

技术与资源层——亚马逊 > 当当网、京东、微信读书 > 得到

各大线上书商平台或知识服务平台都有基本的技术能力，都能快速开发相应的软件或功能。因此，它们彼此之间在技术上拉不开明显差距。

亚马逊作为曾经的标杆企业在电子书资源上更具优势，有些书的电子版本只能在亚马逊上找到。即便是现在，许多畅销书的电子版本还是首先出现在亚马逊网站上。这也是笔者仍然在亚马逊上购买电子书的主要原因。

而当当网、京东以及新进入的微信读书等平台，在图书资源上紧追其后。它们之间差距不大，也都不能算全面。

相比之下，得到电子书的数量就少了很多，仅有数万种。这也缘于其精品书的路线。它帮读者先行精选图书，而不是给读者太多的选择。但是，得到所拥有的知识解读工作者以及知识创作工作者也是很重要的资源。

产品与服务层——拉开差距的关键层级

虽然亚马逊的 Kindle 树立了阅读体验的标杆，但其他平台的产品也各有创新。正是从产品层的差别开始，各个平台之间拉开了差距。

下面，我们从阅读 App 的阅读体验、创新功能、支撑市场与生态能力以及多产品协同等角度来分析各平台的产品强点与快速跟随能力。

基本阅读体验——各平台都跨越了阅读体验的基本门槛

亚马逊 Kindle 的定位更倾向于一个纯粹的阅读 App，包括排版、来回跳转、快速查看标注、划线与书写笔记以及创新的 X-RAY 功能。这使得 Kindle 在阅读体验的各方面都是无可争议的标杆。

其他几个平台的读书 App 在阅读功能上都能看到 Kindle 的影子，体验相差不大。但京东早期的电子书中有很多是与实体书排版完全相同的 PDF（可携带文档格式）版本，不能调整字体重新排版。这个"硬伤"促使笔者最后放弃了京东电子书。

阅读创新增强功能——得到>微信>当当网、京东>亚马逊

不知道谁先谁后，国内的阅读 App 都实现了笔记全局查阅功能。读者可以集中查阅自己在这个阅读平台上记录的所有笔记或想法。只有亚马逊的 Kindle 要求读者打开一本书，才能知道自己是否做了笔记以及记了什么。

得到 App 还推出了一个对知识工作者特别有用的功能，即用户可以用关键词搜索全站所有内容，并免费查阅或试听其中的一部分内容。微信读书也快速跟进，借助全文搜索，通过两次点选的方式基本实现了此功能。而包括亚马逊在内的其他 App 都还未跟进。

支撑其他层级

支撑市场——当当网与得到对市场的支撑最为直接。它们最

重视 App 的渠道和店面功能，其首页就是商品的推销页面。而其他几个 App 更注重阅读体验，首页的第一行都留给了"最近阅读书籍"，方便读者快速进入阅读状态。因此，读者需要多级点选才能进入有详细分类的书城页面。最让人难以接受的是，读者即使在 Kindle 中找到心仪的书籍，也无法直接购买。

支撑生态——所有 App 都实现了笔记分享以及阅读查看其他阅读者的标注与笔记，从而扩展了图书的价值，把一个人的阅读变成一个小圈子的共读。我们以最为广泛的印象笔记为例，还可以看出各平台在生态合作上的差距。得到是"自动同步"，即读者所有的笔记会自动与印象笔记同步。当当网与京东是"导出"，即读者可以选择将自己在一本书中所做的笔记直接导出到印象笔记中。而微信读书与 Kindle 只能导出到邮件，读者需要自己寻找专门的工具软件才能将笔记转到其他笔记 App 中。

产品间协同黏性与攻防

亚马逊最早推出电纸书阅读器 Kindle 系列，由此吸引了一大批忠实的粉丝。当当网紧随其后，也推出了阅读器。两个先发者都采用封闭系统，与自家电子书形成协同效应，而不支持安装其他平台的 App。之后京东的 JDRead（京东电子书阅读器）采用安卓操作系统进入市场，虽不宣传但实际兼容其他 App。

作为后发者的得到与微信读书，明显花了更多心思来打破先发者的黏性，并彰显自己的特色。得到阅读器源于与文石 BOOX 的合作。它采用更大的 7.8 寸电纸书，其本机或耳机播放功能与自己的视听内容更有协同作用，它还明确宣传可以兼容安装其他阅读 App。微信读书也推出自己的电纸书阅读器，并且它还通过墨水屏版本 App 与网页版本方案打破了几乎所有阅读器的黏性壁垒。

亚马逊开创了"买这件商品的人还喜欢"与"猜你喜欢"的先河。这个功能已成为各电商平台的基本功能。得到在几个栏目内容中相互推荐引用，进一步强化了内容产品之间的黏性。微信读书则和微信深度捆绑，充分发挥了微信强大的入口引流作用。

产品层的逐项对比清晰地反映出：先发者亚马逊更多地依托底蕴而缺乏向后来者的学习；与之相对应，后发者微信读书与得到明显做出了更多的创新突破和尝试。

产业与生态层

在产品的支撑生态部分已经讲过，这里就不再赘述了。

客户与市场层——战略与各层级纵深布局效果的集中体现

几个阅读平台选择的客户的价值主张，其实也反映在了产品、资源与生态等各层面的策略上。

亚马逊聚焦在书籍选择与阅读体验上。

当当网和京东更加注重选书、购书、看书、交流并回顾笔记的全流程体验价值。

得到聚焦部分人群，提供听读融合、自读与他读融合的集中获取知识的价值。

微信则赋予了阅读更多的游戏价值与社交价值。

另外，不可否认的是，价格仍然是国人选择商品时最重要的考虑因素之一。虽然各平台都采取了订阅加单卖的模式，但实际的定价策略差异还是非常大的，并在很大程度上影响了销售的起伏。

虽然亚马逊的 Kindle Unlimited（电子书包月）服务很便宜（118元/年），但可以"Unlimited"的图书少且旧，读者很难找到心仪的书籍。而亚马逊单卖的书籍是几个平台中最贵的。

当当悦读虽然价格稍高（228元/年），但书籍的数量与质量都有保证。读者还可以通过阅读时长与签到积分，以近乎免费的方式获得单卖的图书。

微信读书 VIP（会员）的订阅价格与当当悦读持平（228元/年），但 VIP 读者几乎可以读到所有的图书。读者还能通过游戏、签到、组队抽奖和组队阅读等方式获得免费图书或无限阅读的天数。每到周六，笔者所在的华退群（华为退休群）就被微信读书的各种组队邀请霸屏。

得到电子书会员价格居中（148元/年），但其电子书与听书栏目资源相比之下最少。因此，它的市场局限在一个千万数量级的细分客户群内。

依托前期积累的资源优势，亚马逊、当当网与京东等都存活了下来。但倘若不能发挥韧劲，及时变革与跟进创新，它们的业务可能会持续萎缩，甚至被迫放弃部分业务。而当当网与京东在图书市场各纵深层级的布局呈现更多的同质化特点。

微信读书与得到两个新进入者，并没有一味地通过补齐和模仿来硬拼，而是充分发挥了自己的独特纵深优势，在数字阅读市场站稳脚跟。微信读书迅速补齐了自己在图书资源方面的短板，电子书种类达到了 60 万种。它还充分发挥了自己原有的社交平台纵深优势，赋予阅读更多的新价值。得到也没有在资源的广度上和原来的大牌企业硬拼，而是深挖图书资源的多角度呈现以及专业知识解读团队的效用。

总之，要运用好纵深结构，首先要理解行业的结构特征，看准标杆企业的强点弱点，理清自己的优势点；其次思考清楚有哪些弱点需要补齐，哪些可以裁剪而不必面面俱到，如何才能把自己独特的纵深优势充分发挥出来。

有兴趣的读者可以做个思考题：这几个平台还有什么独特的纵深优势？如何协同创新才能充分发挥这个优势？

本章小结与自检表

▶ **回顾**

本章总结了不同类型与不同生态位企业的常见纵深结构特征，指出应如何利用纵深战略框架来学习标杆企业，如何灵活应用纵深战略框架来寻找差异化。

独角兽公司的定义就是 10 年 10 亿美元估值这类快速成长型公司。大多数独角兽都会主动或被动地围绕估值做很多文章，以满足资本对未来发展的预期。独角兽公司主要的纵深结构特征是：

强于市场营销与品牌宣传；

市场规模快速增长；

在强点上不断产生新概念，这个强点可以在任何层面；

资金力循环方式多为筹资性资金流。

隐形冠军则是不知名但在其细分市场拥有超高份额的企业。它们多为隐藏在产业链后端的 ToB 类企业。隐形冠军的主要纵深结构特征是：

更为稳健的经营性资金流循环方式；

专注，极其有限的多元化；

狭小的细分市场和广阔的全球市场；

深挖技术层；

在本领域的产业规则上拥有更大的定义权。

独角兽和隐形冠军都可以发展为行业巨头。而行业巨头的纵深结构特征是：

多元化，支撑巨大规模并增强抗风险能力；

多层面上构建多强点，无明显短板；

多重循环支撑持续发展。

但行业巨头不一定是行业领导者，因为行业领导者还要具备两个能力：第一是拥有定义权，即引领未来的产品和市场的方向；第二是能做大产业空间，带领产业健康发展。

各生态位都需要考虑客户价值，其创新也基本来自客户市场或技术变革两个方向。离消费者越近，企业越需关注客户的多维度价值，其创新驱动更多地来自客户与市场。反之，则更关注客户经济价值，其创新更多地由技术变革驱动。

在垂直分层清晰的产业里，哪个层级稀缺，哪个层级就有更强的产业影响力。通信行业技术门槛高，所以聚焦底层技术的高通等企业拥有更强的影响力。

而学习标杆企业，不能简单地只看它的一两个强点，而要用纵深框架，先看行业本身特点以及行业普遍纵深结构布局，再看标杆企业在各层面的强弱布局，层级之间的协同支撑与联系方式，以及循环构建特点。

而想要灵活学好用好纵深战略框架的话，需要把握住以下几点：

补齐必要的短板——理清行业与标杆企业的纵深战略布局，尊重行业规律；

灵活裁剪——不能罔顾发展阶段差异与自身能力局限而全盘模仿；

强化并发挥独特优势——找到自己的原有纵深优势或新强点，协同发挥。

▶ **自检表**

请读者从自己所处行业与企业出发，做如下自检与思考。

- 产业特征是什么？有哪些典型的生态位？

- 企业所处生态位的行业特征是什么？典型纵深结构体系是什么样的？

- 行业里的标杆企业是如何进行纵深布局的？

- 行业里其他发展良好的企业又是如何布局纵深的？

- 企业补齐了必要的短板吗？

- 企业可否裁减掉不必要或者不现实的追求？

- 企业有无特殊的优势？如何与纵深体系结合，强化并充分发挥特长？

请扫描二维码
获取本章思维导图

请扫描二维码
回答问题获取勋章

第 9 章

纵深战略框架的误区与使用策略

纵深战略和易混淆概念的区别

纵深一体化战略框架涉及企业的多个层面，并与一些相关商业战略概念有部分交叠之处。本节对纵深一体化与护城河、全面优势、飞轮效应、多元化等概念做一个简要澄清，如表9-1所示。

表9-1 纵深战略框架与易混淆概念

	纵深一体化	护城河	全面优势	飞轮效应	多元化
强点范围	四个层面几乎所有点都可能形成强点，但都可能被攻破	五个类别护城河，包括无形资产、转换成本、网络效应、成本优势、规模优势，难以超越	–	–	业务多样化
强点要求	强度、韧性、支撑力	领先、稳固	领先、支撑力	领先	–

	纵深一体化	护城河	全面优势	飞轮效应	多元化
多点追求	逐步多点	多点	全部领域领先	–	–
协同	强调协同，理解力、支撑力、资金力	–	相互之间的支撑力	–	–
循环	多个跨层的深度循环	–	–	循环发展	–

与护城河概念的差异

护城河主要是从投资者视角出发定义的概念。护城河是企业能长期保持竞争优势的结构性特征，是其竞争对手难以复制的品质，具体来说可以分为五类：无形资产、转换成本、网络效应、成本优势、规模优势。另外，如优质产品、高市场份额、有效执行和卓越管理等则被归类为常见的虚假护城河。

而纵深一体化战略框架是从企业战略视角出发，认为四个层面几乎所有点都可能形成强点，并构筑持续领先。但框架更强调动态能力，认为每个点都可能被攻破，所以企业需要持续强化其刚性与韧性，并保持快速创新的步伐。

护城河不涉及彼此之间的关系，而纵深框架把强点及其之间的协同关系统一考虑进去。故而框架还强调强点向外的辐射力、彼此之间的协同关系，以及通过正循环促进增强。

与全面优势概念的差异

全面优势源于美国国家安全战略。它应用在企业领域，就是追求在各方面都占据绝对优势。这个概念对行业巨头更为适用，特别是在其产业处于变化很小的成熟期时。

纵深一体化战略框架不要求全面领先，而是力求在多点领先的同时通过产业生态、供应商伙伴、技术伙伴补齐短板。

全面优势也涉及彼此之间的支撑作用，例如经济对军事实力的支撑、科技对军事以及经济实力的支撑。但全面优势没有像纵深战略框架一样强调循环增强。

与飞轮效应的差异

飞轮效应的概念源自管理专家吉姆·柯林斯的《从优秀到卓越》以及《飞轮效应》等著作。每当提及亚马逊的战略，飞轮效应总是其中一个重要话题。

纵深框架中的正循环与飞轮效应，其实都是对系统论中"增强回路"的阐述。就像电路因自激而发生啸叫一样，因增强果，果又增强因。纵深框架对正循环里流动的力量进行了总结，即资金力、理解力和支撑力三类力量在层间的循环流动，使得企业不断发展成为"势"。

多元化战略

多元化是指企业非相关、跨行业、多品类的业务组合多元化。该战略强调涉足多个业务领域，企业可以增强抓住机会、抵御风险的能力。但该战略未强调多元化业务彼此之间的关系，以及对各业务领先优势的追求。

理解误区

笔者在关于战略体系的交流中发现，大家对纵深战略框架容易出现一些理解误区。下面就对其中常见的理解偏差做个澄清。

多强点 ≠ 全面优势

纵深战略框架强调多强点，但强点并不是越多越好，更没有必要追求全面优势。

首先，不同行业里，同一类型的强点发挥出来的实际效用大不相同。例如，占据渠道运输上的优势，对移动通信设备行业而言，仅仅影响了成本的1%；对于电商平台，则是竞争力的重要体现。而且企业在不断发展，其竞争地位在不断变化，各强点发挥出来的实际效果也在不断变化。

其次，战略是在有限的时间内、有限的资源下达成有限的目标。大多数情况下，企业投入市场营销的资金多了，投入产品研发与技术研究的资金就会变少。所以，企业在构筑强点时，需要增量思维，即考虑到边际收益和边际成本，选择能够综合长短期利益与自身能力、财力的方向。

最后，企业构筑多强点不仅意味着更多的投入，也意味着退出时更多的退出成本。企业更有智慧的策略是，找准存在稀缺性的关键节点，并围绕这个点构筑多个可协同的强点，然后通过产业与生态合作去构筑更多强点，而非全靠自己。

强点≠护城河

在前文中已经澄清，纵深战略框架是战略体系的框架，而护城河是关于各个单点持续竞争力的概念。那么，强点与护城河是一个意思吗？

两者相似，但又有三点不同。

第一，定义不同。简单来说，护城河就是企业可以长期保持的竞争优势。强点的定义是有领先优势的刚度，有调整部署夺回优势的韧度，以及有溢出能力支撑其他层级的控制点。两者定义的不同，也反映在下面的认知与用法的不同上。

第二，认知不同。与护城河强调长期保持的优势不同，纵深框架更强调发展思维，认为各层级始终在快速发展变化，大多数优势点随时可能被超越。所以企业还应该强化韧劲、多元跨界、持续创新的能力。由此，企业才可能在这个点上更长久地保持优势或及时反超。埃隆·马斯克曾在2018年对分析师表示："如果你对抗敌人入侵的唯一壁垒就是护城河，那么坚持不了多久。真正重要的是创新速度，这才是保持企业竞争力的重要因素。"

第三，用法不同。护城河理念强调的是建立抵御竞争对手进攻的可持续竞争优势，而纵深框架还强调强点的进攻与协同。强点不只可用于防守，更可协同发起纵深进攻。强点也不是独立存在或独立产生作用的。强点作用的有效发挥与巩固，都需要其他点的协同支撑。强点本身也需要支撑其他竞争点，才算充分发挥自己的效用。

发挥强点辐射作用 ≠ 抵消战略

抵消战略源自美国对苏联的战略，现今已经发展到第三代。究其本质，这三代抵消战略都是用技术优势来抵消数量上的劣势。落在商业战略中，就相当于现在的长板理论，即发挥长板的优势来弥补短板的劣势。

处于关键位置的超强点或者说超长板，才可以带来更多的抵消优势。例如，在 ToB 行业内，持续领先的产品往往可以抵消品牌宣传上的劣势。但反过来就不行。即使品牌宣传能力再强，也不能抵消长期的产品竞争力落后。

更关键的是，并非所有人都能用好抵消优势。美军之所以能够运用抵消战略，是因为它本身是全球最强大的军队，拥有最强的综合实力。而且某些短板不是新进入者能够在短期内弥补的。弱小的初创企业通常缺乏产品资质、可靠性以及自身经营稳定性的证明。即使它们拥有再好的技术，也难以快速进入运营商或汽车制造商的短名单中。

在纵深战略框架中，强点的辐射作用所强调的是协同支撑作用，而非一定要形成抵消优势。

强点投入 ≠ 就要持续坚持

在纵深战略框架的执行中，其实也是在所有战略执行中，有一个让人困惑的问题：在一个竞争优势点建设或防守中感到力不从心并难以坚持时，该坚持还是放弃？

如果坚持投入不放弃而成功的话，就是持续耕耘，有战略定力；如果失败了，则变成固执不放，拖累公司经营。如果放弃了，只要最后整体经营成功，就可能被认为是战略放弃，及时止损；如果失败的话，就叫作缺乏战略耐性。

这似乎变成了纯粹在事后以成败论战略的正确性。如何才能在规划或执行中更及时地判断该坚守还是放弃呢？企业需要做好以下三点。

第一，认清。

就像存在"僵尸企业"①一样，企业内部也可能出现"僵尸业务"，即存在长期无法赢利的问题业务。这些业务不但让企业长期失血，还会长期挤占人力和资金资源，阻碍新业务的成长。企业决策是否放弃某项业务之前，先要认清这项业务是否已经或将会成为"僵尸业务"。

以构筑产品与技术创新强点为例。

企业首先要认清几个成熟度，对产生成果的周期有正确的认识。企业需要理解当前技术成熟度状态、正常的发展速度，才能正确预判从技术投入到实用化的周期。对多数底层技术而言，时间就是绕不过去的槛。这些技术从一、二级成熟度走到最终成熟应用需要 10 年甚至更长的时间，还需要开发解决无数周边关联技术难题。这时候，需要让子弹飞一会儿。小米投资芯片仅两年就放弃，明显缺乏对芯片的投入产出周期的正确认识。另外，企

---

① 经济合作与发展组织于 2017 年提出的概念，即持续存在无法赢利问题的旧企业。

业需要正确认识创新扩散周期、产业生态的成熟度、客户习惯，才能真正做到有战略定力。

其次，企业还需要了解行业的能力以及企业自身能力的对比。企业完全没必要在一个根本无法构成瓶颈的通用能力上为坚持而坚持。只有在可以最终形成持续领先和稀缺的方向上，企业的坚持才有意义。

最后，还得考虑企业的承受度。即使这是一个有长期效应、可持续积累还有丰厚回报的方向，如果超越了企业的资金筹措能力或人才技能获取能力，企业也应及早撤出，转而选择其他方式，比如合作或购买。

第二，设计退出机制。

未思胜，先思败，这是很正常的事情。规划时的认知通常是隔着一层纱的浅层的、缺乏细节的认知。而实施后的认知基本会进一步加深，甚至发生转变。企业发现对成熟度、市场接受度存在认知错误后，如果不适合投入就应及时退出。企业应定期或不定期进行战略审视，并构建允许退出的机制与文化。另外，企业在规划期就应考虑到降低退出成本的方式，如适当比例的外包与合作等。

第三，概率认识。

企业要认清现实，成功与失败都是有概率和运气的。其实战略规划的作用是增加成功的概率，而无法保证成功。企业对此应该有正确的认识，事后复盘也不应只根据成败进行判断。

执行误区

在纵深战略框架实施的过程中，还容易出现一些错误的执行操作。本节内容就其中最常见的几种错误操作进行展开。

没有原则的多元化

企业在做大做强的过程中，或者遇到增长天花板之后，都会产生多元化的冲动与压力。但许多企业的多元之路就像格力手机、维珍可乐一样，走得并不顺畅，甚至成为企业的拖累。

企业最常见的多元化方式是"沿途下蛋"式的相关多元化，即利用企业主航道产品研发过程中的技术与研发能力外溢，开发新产品，孵化新市场。当然，多元化也可以是企业的渠道、生产、资源等能力的溢出结果。这种方式的优势是代价小而做成的概率较大。但这种方式也存在业务隔离度较低、对企业生存安全性的帮助相对较小的问题。

另一种常见方式则是"哪儿热去哪儿"式的不相关多元化，即企业盯着红红火火但没有纵深基础的风口市场，尝试进入。这种方式的优势是市场已经被证明，但仍然可能存在对新市场与新产品的理解鸿沟，以及各方面的能力差距。

企业的多元化需要考虑如下四个要素：（1）多元化之后能否提升企业生存的安全性？（2）多元化之路能否与现有产品市场体系协同，增强集团整体实力？（3）能否带来更多的收益？（4）多元化成功的概率有多大？

总的来说，利用原有纵深越多，成功概率就越高；与原来纵深跨度越大，隔离度就越高，企业未来生存的安全性越高；在企业本身所处产业内跨生态位的多元化则有更强的相互支撑作用。企业需要综合考虑，做好平衡与取舍。

表 9-2 中列出了产品与市场多元化背后各层面的跨度对比。分值越高，说明跨度越大，对原纵深能力的复用度就越小。虽然没有根据行业特征对各纵深项加权，但从表中的简单对比仍可以看出不同企业多元化的策略性差异。

表 9-2　多元化跨度分析表

	格力手机	锤子	小米	华为手机	富士相机	富士医疗	华为无线	小熊电器
客户	5	4	3	4	1	5	3	1
品牌	4	4	3	4	4	0	3	0
渠道	4	5	3	4	4	5	0	0
竞争对手	5	5	5	4	4	0	1	2
产品与技术	5	5	5	4	4	2	4	2
供应伙伴	5	5	5	4	4	0	4	1
生态伙伴	5	5	5	4	3	5	2	–
产业、标准	5	5	5	2	4	3	4	–
跨度汇总	38	38	34	30	28	20	21	6

格力从做大家电到做手机，似乎都是做电子产品，差异不大。但事实出乎意料，其在各个层面的跨度都非常大。其客户从家庭变为个人，两个领域的品牌关联度不大，压缩机等核心技术与手机技术完全无关，产业、生态和渠道都需要重新建设。从不加权的累加跨度看，甚至大过了雷军从金山软件向小米手机转型的跨度。

与之相对应的是小熊电器跨越厨房、生活家居、个人护理 3 个大类、20 多个品类、数百种产品，在产品多元化上做得风风火火。但细看各层，会发现其实它的多元化跨度很小。小熊电器始终聚焦家庭场景，充分发挥原目标客户群、渠道、品牌的纵深优势，不断复用加热、电机、温控、定时等基本技术，再叠加对客户的深度理解与创新设计，推出各种产品。

而华为与富士等企业的多元化跨度总值，基本都在 20~30。如华为从固定网络设备扩展到移动网络设备，从通信网络设备到手机；富士从胶片到医疗胶片、从胶片到数码相机。这些多元化明显更注重几种要素之间的平衡，新领域与原产业都有一定的关联度，能够相互强化支撑力与理解力，而在技术、供应链与市场上又有一定的隔离度。

理解力与支撑力失衡

另一个常见问题是理解力和支撑力传递的失衡。这个问题最容易出现在刚度过野蛮生长阶段的中小型公司。其市场与研发的分工开始明确，成立了两个或多个独立的部门。其规模逐步扩大，需求进一步增多，同时纠错成本开始增加。原来的快速发掘要求、快速响应开发、快速纠错的模式逐渐不再适用。于是，市场行销投诉研发与生产支撑不力、响应速度慢、问题多，研发辩解并抱怨市场胡乱提要求还随意变更。

其实华为无线也经历过这样的阶段。2000—2003 年，随着无线设备销售局面的逐步打开，各种需求蜂拥而至。产品经理、研发代表与市场营销部门之间的博弈冲突也愈演愈烈。华为无线的解决的方法是：

首先，在管理与考核上明确双方都担责。"代表处要以利润为中心，产品线要以销售收入为中心。"[1] 针对行销，不但考核销售指标，还会对误报需求情况进行排名和通报。而对研发不只要求产品的研发质量与进度，还同样考核其牵引销售与盈利指标。

其次，在流程制度上强化沟通，严格变更管理。"代表处有产品选择权、客户选择权、合同决策权"[2]，可以呼叫炮火，但不能创造产品。成立 CCB（变更管理团队）、PMT（产品管理团队）、IPMT（组合投资管理团队）等多级联合组织，对需求分层级决策接纳、拒绝或变更。

再次，重视复合型人才。只有拥有地区部经验的人员，才能就任 PDT 经理岗位。所以 PDT 经理都熟悉并理解市场一线的压力与套路，双方更容易达成妥协。

最后，接受不完美。华为无线到现在，也还有 20% 左右的冗余特性。

这样的解决办法其实是个通用方案，即在全员认识到理解力与支撑力的重要性的基础上，从考核与管理上限制滥用理解力，通过任命合适人员与建设联合团队来构建协商决策机制。

只敢领先半步

在和企业界朋友们的交流中，笔者还发现了一个大家都感觉困惑的地方：企业到底应该领先多少？真的只领先半步吗？

---

[1] 任正非．在 2016 年市场年中会议上的讲话——前进的路上不会铺满了鲜花．电邮讲话【2016】079 号．

[2] 任正非．在 2016 年市场年中会议上的讲话——前进的路上不会铺满了鲜花．电邮讲话【2016】079 号．

很多讲述华为的书籍和资料里都提到"领先半步"，如"在产品技术创新上，华为要保持技术领先，但只能是领先竞争对手半步，领先三步就会成为'先烈'"[①]。

要理解"领先半步"，读者应先正确理解华为所处的产业背景。华为主体所处的通信行业是一个长产业链环境，即需要多个运营商、设备商、终端商的配合才能保证全程全网的体验。例如，华为无线领先做出的特性，如果终端厂商跟不上，就不能充分发挥特性带来的性能提升；如果运营商的传送网建设跟不上，同样会制约新特性的发挥；如果其他基站设备商不能及时跟进，终端厂商就没有快速实现的动力。所以华为在需要整网协同的功能特性上只能领先半步，不然就很可能成为"先烈"。

但这不是唯一的领先策略。华为也提黑科技，也要进入无人区。一方面是责任的原因，华为已经走在通信设备商的前列，"创立引导理论的责任已经到来。华为也不能光剪羊毛，谢谢西方公司前30年对华为的领航。"[②]另一方面，成功进入无人区之后产生的价值很大，"突进了无人区，没有竞争对手，踩不到别人的脚，商业生态环境就会改善"[③]。事实上，华为无线的 SingleRAN、分布式基站、AAU 等创新都是领先了行业一大步的。这些基站的实现与形态上的创新并不依赖于水平产业链，可以直接给客户创造价值。

---

① 《华为公司的核心价值观》，2007 年修改版。

② 任正非．全国科技创新大会上发言的内部撰写稿——为祖国百年科技振兴而努力奋斗．2016.

③ 任正非．在销售项目经理资源池第一期学员座谈会上的讲话．电邮讲话【2014】066 号．

所以说，领先多少关键还要瞄准客户需求与价值，审视产业链成熟度。由于对客户当时实际的需求状况不管不顾，北电的 100G 光传输创新成为拖垮自己的重要因素之一。提前 10 年闯入 OLED 无人区的三星，却获得了智能手机屏幕领域的最强竞争力。

齐头并进的多路径开发

纵深战略框架强调多路径开发与"范弗里特弹药量"重点投入，认为这些都是有价值的浪费。但这并不意味着要齐头并进，均匀发力，而应根据其成熟度，边投边看，不断调整投入。"在离我们有 10 亿光年的地方，至少投一个芝麻；离我们 200 光年的地方，投一个苹果；离我们 5 公里的地方，投入范弗里特弹药量。"[①]

一个产品或技术的应用受其相关技术成熟度、市场成熟度、周边产业成熟度等多个不确定因素的影响。因此，企业很多时候都很难准确预知产品或市场是否会兴起，或者什么时候兴起。传统的 PDCA（Plan-Do-Check-Analysis，计划—实施—检查—分析）模式在第一步计划时就无法保证正确，即使执行了计划也无从验证。面临高不确定性的领域，企业更应采用 PPAD（Plan-Prepared-Aware-Do）的模式来进行规划管理。

Plan——针对不确定性技术进行布局规划。

Prepared——首先要储备关键能力，特别是需要长周期但小

---

① 任正非 . 在日本研究所业务汇报会上的讲话 . 电邮讲话【2018】129 号 .

　　　　　　　　　　　　　　　　　　　　　　　　纵 深

投入的能力，例如专利布局、创新项目合作等；其次要准备好应对预案，明确出现哪些新情况应该如何响应变阵。

Aware——定期、不定期以及定向感知变化，才能适时加大投入。

Do——投入"范弗里特弹药量"，快速推出高质量产品。

不同角色的使用策略

战略框架就是让企业在制定与分解战略时有一个统一的框架模式。各行业或各企业由此制定出来的战略肯定大不相同。但企业如果有统一的框架即有一套统一的语言，无论是分析对手的战略还是内部的战略规划传递都会更为顺畅。

不同角色也都能从纵深战略框架中获益。纵深战略框架给出了一个实力战略的基本模型。领导者和计划者可以扩展视野，看到全局与未来，避免战略简单化。普通员工和执行者可以更有大局观，知道友军在哪里，知道该如何呼唤炮火或提供哪些援助。流程管理人员在制定流程制度时不再为不断调整的战略而焦头烂额，而是以建立健康的战略框架和循环为目标。

领导者、管理层与创业者——利用纵深战略框架，扩展视野与前瞻性

华为的管理层领导干部有四种能力要求，首重战略洞察能力。"干部需具备的四种能力：一是战略的洞察力与战斗的决断力，二是正确的执行力，三是准确的理解力。……第四种是人际

交往能力。我们选拔干部主要是这四种能力标准。""仅具备准确的理解力，适合在机关做干部；具备正确执行力，可以做个部门的副职；具备战略的洞察力与成功决断力的干部可以做部门一把手。"①

企业的战略讲究"力出一孔"。领导干部就是要立足广阔的战略视野，通过严谨的分析把握住不确定性，找到这"一孔"并决策发力。因此，领导干部要设计并利用好企业的全触角，及时感知竞争态势，提前预见机遇与问题。95% 的信息都能在企业内部获取到，管理层从多层面综合理解汇聚的信息，有助于尽早发现战略新机遇或战略执行中可能出现的偏差。

领导干部还要拒绝战略简单化。"不知道怎么踢，就往门里踢"② 绝不是好战略。领导者不能仅仅给出"搭一个教堂"的战略愿景。战略框架就相当于给出了一个建筑的基本框架：需要有地基、墙体、门窗、楼板、屋顶等基本结构，以及给排水、强弱电、燃气暖通等管网系统。领导者应从各层级审视行业、竞争对手以及自己企业的趋势、优劣以及各点联系，而不要被自己的经历与主要信息渠道束缚，才会有更宽广的视野。而且企业有一个统一的战略框架之后，领导者之间更有共同语言，更能理解彼此的利益与立场。

最后，领导干部的执行是将"力出一孔"的力落到实处，获取胜利。这不是只调动靠近"一孔"的组织发力，而是盯住"一孔"协同全身发力。领导干部在纵深战略框架的支撑下，更容易

---

① 任正非.任正非谈管理：正职 5 能力，副职 3 要求，华为接班人，就要这么选！.电邮其他【2019】048 号.

② 中国足球队第一任外国主教练施拉普纳的语录。

梳理清楚需要哪些支撑力量，从而更全面有效地将战略执行分解落地。

普通员工与执行层——更有大局观，构筑互助的支援体系

"我们的领军人物一定要有战略洞察力、结构思维能力，是有成功实践经验的优秀'全科医生'。"[①] 执行层中的领军人物需要有战略视野，普通员工如果想要脱颖而出也需要有战略视野。一位参加无线创新大赛的晋级员工，在得到专家团队指导后总结道："我有幸得到了三位专家的帮助，……他们对问题的思考角度和理解方式都对我产生了很大的触动，……我些许理解了顶级技术 Leader（领导者）们是如何站在更高的角度看待问题的，他们关注的技术痛点又是什么，什么样的解决方案才更具商业价值。"

普通员工理解纵深战略框架，一方面可以强化其战略洞察能力与结构思维能力，另一方面也能建立大局观，增强整个企业内部的协作能力。

基于统一的战略框架制定的战略规划，有助于全员明白自己所处的位置、前进的方向。员工也更能明白自己绩效对团队目标、周边团队目标和企业目标的影响。员工的自觉管理就源于此。

另外，"灰度"是一个很玄的概念。把握好管理与执行的灰

---

① 任正非 . 在无线大会上的讲话——我们要和时间赛跑 . 电邮讲话【2019】
022 号 .

度，不只是把握好人情世故，更要建立在大家都明白彼此的共同利益与方向的基础之上。所以，一个全员理解的战略框架，有助于员工的沟通与协作。

战略从来不是一成不变的。战略执行过程中总是会有各种意外、各种偏差。各部门与员工在执行过程中知道友军的位置与动向，才能明白可以向哪里呼叫炮火，谁可能随时向自己寻求援助。这三条加在一块儿，就是所谓的大局观。

我们在这里也给所有员工设计了一个简单的自我检查问题列表。HR（人力资源）与流程管理部门在设计流程与人力管理时也可以参考。

我的岗位是在公司的强点上吗？

这个岗位的关键输出是什么？

这个岗位未来几年应该有什么关键变化？

有哪些循环流经我的岗位？

我需要获取的支撑来自哪里？

我需要向哪些周边岗位提供什么样的支撑？

HR 与流程管理部门——以保障战略框架、循环与相互支撑为指导

流程是为战略服务的，更是为战略框架服务的。HR 和流程管理部门的一个很重要的职责就是，与领导管理层紧密配合，用流程制度与人员配置让规划的循环和架构转起来，形成势能。打通理解力、支撑力和资金流靠规划，更靠流程与制度。而且，"我

们绝大多数工作都是确定性工作，包括市场与解决方案、投标中，也至少有 70%~80% 是确定性工作"[①]。流程将战略框架中的支撑传递例行化之后，有利于释放领导干部的精力到对不确定性事物的决策上，而不必盯着每一个执行动作。

另外，纵深战略框架要求的强协同，如果全靠员工的自觉和点对点沟通将难以执行。因此，纵深战略框架需要有流程制度支撑，才能减少对人际关系和沟通能力的过分依赖。呼叫的炮火总得有个限度，"灰度"也应该有个范围。呼叫炮火与灰度不能演变成相互之间的推诿。怎样通过合理的多维奖惩机制与流程设计来保证团队既能独立攻坚又能协同作战，就是考验 HR 与流程管理部门功力的地方。

此外，流程部门一定要避免为流程而流程。"流程是为作战服务，是为多产粮食服务。""不产粮食的流程是多余流程，多余流程创造出来的复杂性，要逐步简化。"[②]

请扫描二维码
获取本章思维导图

请扫描二维码
回答问题获取勋章

---

① 任正非.在几内亚办事处的讲话——什么是确定性工作.电邮讲话【2017】143 号.

② 任正非.在质量与流程 IT 管理部员工座谈会上的讲话.电邮讲话【2016】094 号.